Diogenes Taschenbuch 24458

GEORGE WATSKY, geboren 1986 in San Francisco, ist ein amerikanischer Rap-Musiker, Lyriker, Dramatiker, Schauspieler und preisgekrönter Poetry-Slammer. Als Rapper hat er fünf Alben veröffentlicht, seine originellen und intelligenten Videos werden im Netz millionenfach angeklickt. Mit seinem jüngsten Album ›X Infinity‹ tourte er durch Nordamerika und Europa und gab im Sommer 2017 mehrere Konzerte in Deutschland. *Wie man es vermasselt* ist sein Prosadebüt.

George Watsky

Wie man es vermasselt

STORIES

Aus dem Amerikanischen
von Jenny Merling

Diogenes

Titel der 2016 bei Plume / Penguin, New York,
erschienenen Originalausgabe:
›How to Ruin Everything‹
Copyright © 2016 by George Watsky
Die deutsche Erstausgabe
erschien 2017 im Diogenes Verlag
Covermotiv: Copyright © Diogenes Verlag

*Für Mom und alle anderen Bibliothekarinnen
und Bibliothekare*

Veröffentlicht als Diogenes Taschenbuch, 2019
Alle deutschen Rechte vorbehalten
Copyright © 2017
Diogenes Verlag AG Zürich
www.diogenes.ch
50 / 19 / 36 / 1
ISBN 978 3 257 24458 8

Inhalt

Stoßzahn

Mid-City ist ein Stadtteil von Los Angeles, der vor allem dafür bekannt ist, dass er zwischen anderen Stadtteilen liegt. Im Norden und Süden eingerahmt von je einem -wood (Holly- beziehungsweise Ingle-), im Osten von Down- town, im Westen von Santa Monica, liegt Mid-City, das Oklahoma von L.A., genau in der Mitte der Stadt. Ich wohnte dort nach der Uni ein Jahr lang mit ein paar Freunden zusammen in einer Gegend, die kurz zuvor durch eine Reihe brutaler Schieße- reien auf offener Straße bekannt geworden war und außerdem die weltweit höchste Dichte an Reifen- händlern aufwies. Falls ich jemals fürs städtische Tourismusbüro arbeiten sollte, hätte ich schon den passenden Slogan: »Mid-City: Nicht gerade fami- lienfreundlich – bis auf die Mietpreise.«

Es muss aber tatsächlich Leute gegeben haben, die dort Kinder großzogen, denn bei uns um die Ecke – direkt gegenüber vom City Spa, einem her- untergekommenen Schwimmbad – gab es eine Kita namens Kinder Kids. Die hohe blaue Kita-Mauer war mit dichtgerolltem Stacheldraht gesichert, aber nicht etwa mit diesem stinknormalen, an dem man sich höchstens die Jeans aufreißt. Das hier war NATO-Kaliber: riesige, scharfkantige Stahlzacken, die einem das Bein abtrennen konnten und garantiert mit dem Schweißbrenner aus dem Rumpf eines ausrangierten Kriegsmarineschiffs geschnitten worden waren. Sorgte jedenfalls dafür, dass die Bösen draußen blieben und die Kids drinnen.

Wir waren alle zusammen aus Boston hierher und in das einstöckige, fincamäßige Haus mit Ziegeldach eingezogen. Die alte Geschichte: vier Collegejungs, die gemeinsam Hollywood im Sturm erobern wollten. Vorerst war der Sturm leider noch nicht mal ein Lüftchen, und wir fühlten uns in Mid-City dem Entertainment-Biz kein Stück näher als in Boston. Von unserem Haus aus konnten wir zwar in der Ferne, jenseits von Kinder Kids, Hollywood sehen, das sich mit hohen Mauern und Stacheldraht ganz eigener Art abschottete, aber wir waren draußen und lebten in einer Art Zwischenzustand. Ich konnte immerhin einen Auftritt bei einem Poetry-Slam auf HBO vorweisen, doch der war schon ein paar Jahre her, und seitdem war ich meinem Karriereziel »Rapper und allseits beliebter A-Promi« noch nicht viel näher gekommen. Ab und zu flog ich ins echte Oklahoma und trat mit meinen Spoken-Word-Texten in irgendeiner Studentenkneipe auf, aber meistens hingen meine Freunde und ich auf der Couch ab, glotzten stundenlang die Doku-Serie *Der gefährlichste Job Alaskas,* suchten halbherzig nach einem Job, warteten darauf, dass das Telefon klingelte, und langweilten uns ansonsten zu Tode. Wir steckten fest zwischen *nicht mehr* und *noch nicht.*

An einem Augustabend saß ich mit meinem Mitbewohner Jackson, einem aufstrebenden Filmemacher, der keine Ahnung hatte, wie gut er eigentlich aussah, im Garten hinterm Haus. Wir tranken Bier und unterhielten uns über unsere Pläne für den Sommer. Jackson wollte in ein paar Wochen zum hundertsten Geburtstag seiner Großtante June nach Denver fahren. Ich hatte sie nie kennengelernt, aber ihr legendärer Ruf eilte ihr voraus. Die alte Dame, erzählte mir Jackson, habe die verrücktesten Ideen, wie aus einem düsteren, blutrünstigen Märchen der Brüder Grimm entsprungen. Sie liebte alles, was exotisch, versteinert oder ausgestopft war. Tante June bezeichnete sich selbst als Mineralien-Freak, und so wie ein Deadhead keinen Auftritt der Grateful Dead verpasst, ließ sie keine Gesteinsbörse aus. Gemeinsam mit ihrem Sohn – Mitte siebzig und erzkonservativ – verbrachte sie ihre Freizeit auf Edelstein- und Fossilienschnäppchenjagd in Lagerhallen, die an den Wochenenden drauf für Rodeo- oder Monstertruckshows dienten. Wenn Tante June einen mochte, steckte sie einem einen kleinen Quarz zu, den man ab sofort als Glücksbringer mit sich herumzutragen hatte. Wenn man sie das nächste Mal traf, zog sie ihren eigenen Quarz aus der Tasche und rief: »Zeig her!« Konnte man seinen nicht vorweisen, schuldete man ihr fünf Cent. Hatte man ihn parat, bekam man fünf Cent von ihr. Tante June duldete keine Ausreden – wenn man was vorzuweisen hatte, schloss sie einen für immer ins Herz. Wenn man sie enttäuschte, war's das. Zweite Chance? Fehlanzeige.

Außerdem hatte June eine ganze spezielle Leidenschaft: Narwale. Um diesen arktischen Wal, einen Cousin des Belugas, ranken sich aufgrund seines riesigen Stoßzahns viele Legenden. Genau genommen handelt es sich dabei um einen übergroßen Eckzahn, der die Lippe des Wals durchstößt. Als ich Tante June endlich kennenlernte, stellte ich fest, dass ihr gesamtes Haus vom Keller bis zum Dach mit Narwalen bevölkert war: Es gab bunte Origamiversionen, Glasfigürchen, und an der Kühlschranktür hing ein Foto von ihr, wie sie triumphierend über einem blutigen Narwalkadaver mit abgesägtem Horn steht. Das Foto war einige

Jahre zuvor auf einer Kreuzfahrt mit ihrem Sohn durch die kanadische Arktis entstanden. Als das Tier ausgeweidet war, hatte sie den Stoßzahn ganz legal gekauft, es gibt nämlich eine Ausnahmeregelung im Gesetz für bedrohte Arten, die es den Inuit erlaubt, die Tiere weiterhin für den eigenen Bedarf zu jagen. So viel Krimskrams, Nippes und Plunder Tante June schon gesammelt hatte, der Stoßzahn war ihr absolutes Lieblingsstück.

Zu ihrem Leidwesen gelten Narwalstoßzähne aber als Elfenbein, und es ist somit illegal, sie in die USA einzuführen. Das Gesetz richtet sich eigentlich gegen afrikanische Elefantenwilderer, aber auch die Narwale verfangen sich in diesem rechtlichen Schleppnetz. Tante June sah sich also gezwungen, ihren geliebten Stoßzahn in Vancouver zurückzulassen, wo er die folgenden Jahre im Schrank der Tochter einer Nachbarin einstaubte. Sie hatte ihre Familie immer wieder angefleht, das gute Stück endlich zu ihr zu holen, aber bis jetzt war niemand dazu bereit gewesen.

Als Jackson mir das alles erzählt hatte, wurde uns schnell klar: Das war eine Geschichte, von der wir Teil werden wollten. Die Route Los Angeles–Vancouver–Denver–Los Angeles stellt ein gleichschenkliges Dreieck dar, jede Seite an die tausend Meilen lang. Tante June hatte in dreizehn Tagen

Geburtstag. Wir hatten ein Auto. Mehr als genug Zeit. Und absolut nichts Besseres zu tun.

Ich war dank *Bambi* und *Wilbur und Charlotte* seit gut zehn Jahren Vegetarier und hatte anfangs Bedenken. Wir wollten hier immerhin ein Stück von einem seltenen Meeressäuger über die Grenze schmuggeln, der gejagt, ausgeweidet, fürs Erinnerungsalbum fotografiert, in Einzelteile zerhackt und verkauft worden war. Und dann gab es ja auch noch dieses leidige Gesetz. Trotzdem. Nach zwanzig führen einem runde Geburtstage vor allem die eigene Sterblichkeit vor Augen: dreißig, vierzig, fünfzig, sechzig – alles potentiell bedrückende Momente im Leben eines Menschen. Hundert zu werden ist dagegen, als würde man dem Sensenmann beide Mittelfinger zeigen. Und wenn Tante June es nun so weit gebracht hatte, wer waren wir denn, ihr diesen Herzenswunsch abzuschlagen. Sie war in einer Zeit aufgewachsen, da diente Waltran als Lampenöl, Gitarren wurden mit Darmsaiten bespannt, und Schweinehirn galt als Delikatesse. Ihr jetzt als verwöhnter Millennial mit Moral zu kommen, das wäre ein Schlag ins Gesicht ihrer gesamten Generation.

Je länger Jackson und ich darüber redeten und je näher ich dem Boden meiner Bierflasche kam, desto einleuchtender erschien uns alles. Ich glaube sowieso, niemand nimmt sich bewusst vor, in den internationalen Elfenbeinschmuggel einzusteigen. Es passiert einfach eines Tages.

12. August

Wie viele rastlose Menschen fahre ich für mein Leben gern Auto. Autofahren gibt mir ein Ziel und einen Weg vor, und die immer neuen Landschaften, die draußen vorbeifliegen, erzeugen die angenehme Illusion, voranzukommen. In der zehnten Klasse hatte ich einmal eine besonders schlimme Phase mit Panikattacken und Schlafstörungen. Ich lag nachts im Bett und starrte zu dem Riss hoch, den das Loma-Prieta-Erdbeben von 89 in der Zimmerdecke hinterlassen hatte. Wenn ich das nicht mehr aushielt, rief ich einen Freund an, und wir machten eine Mitternachts-Spritztour im silbernen Volvo-Kombi meiner Mutter. Mal fuhren wir die fünfundsiebzig Meilen nach Santa Cruz, mal die hundertfünfzig bis Lake Tahoe und einmal sogar die sechshundertfünfzig Meilen bis nach Portland – und zurück. Am Ende drehten wir jedes Mal wieder um und fuhren nach Hause, ohne dass meine Eltern mein Verschwinden bemerkt hätten.

Aber mittlerweile besaß ich ein eigenes Auto,

einen praktischen blauen Subaru Outback, der übrigens aus irgendeinem Grund mit Lesben in Verbindung gebracht wird. Das heißt wohl, dass Lesben unauffällige, verlässliche Autos mögen, die einen sicher von A nach B bringen, und wenn der Subaru Outback kein schlagendes Argument für die Stabilität gleichgeschlechtlicher Familien ist, dann weiß ich auch nicht. Mein Auto war vielleicht nicht sonderlich glamourös, aber Jacksons mintgrüner Toyota Camry von 1994 mit der kaputten Klimaanlage war nun wirklich keine Konkurrenz, und so wurde mein Outback zum Dienst eingezogen.

Unser Freund Zach wollte bis San Francisco mitfahren, und während wir nach Fort Tejon die Berge allmählich hinter uns ließen und uns den Erdbeerfeldern des Central Valley näherten, besprachen Jackson und ich unseren Plan. Als wir bei der Harris Cattle Ranch wegen des Gestanks die Fenster schließen mussten, war bereits klar, wie unglaublich unvorbereitet wir waren. Ich hatte einfach Wechselklamotten für ein paar Tage in meinen lila Rucksack geworfen, und wir hatten mit Lydia in Vancouver telefoniert, der Hüterin des Stoßzahns. Über den kriminellen Aspekt unseres geplanten Verbrechens hatten wir dagegen noch gar nicht nachgedacht: Wie sollten wir hundertzwanzig Zentimeter illegales Elfenbein in meinem nicht abschließbaren Kofferraum vor den Grenzposten verstecken, deren Job es war, genau so was zu finden? Also fuhren wir in Modesto vom Highway 5 ab. Wir würden erst mal einen kleinen Abstecher zum Yosemite-Nationalpark machen und uns in Ruhe überlegen, wie wir vorgehen wollten.

Wir verstecken den Stoßzahn in der Innenverkleidung des Autos. Wir wickeln ihn in eine Decke und schnallen ihn auf den Dachgepäckträger. Wir nähen ihn in einen Sitzbezug ein oder binden ihn unten am Fahrgestell fest. Bei kreativen Prozessen ist es ja normal, dass man erst mal ein paar schlechte Ideen verwerfen muss, bevor man dann eine richtig gute hat. Wir hatten sehr viele schlechte Ideen. Am Ende einigten wir uns darauf, dass die einfachste Taktik die beste war: Wir würden den Stoßzahn im Kofferraum verstauen, irgendwas drüberlegen, hoffen, dass niemand den Wagen durchsuchte, und falls doch – uns einfach dumm stellen. Der Plan passte perfekt zu unserem Auto, fanden wir. Unspektakulär und solide. Solange es keine unangenehmen Überraschungen gab, würde alles glattgehen.

Die erste unangenehme Überraschung trat nach knapp vierzig Minuten auf dem Highway 132 auf. Keine Ahnung, wieso, aber Reifenpannen passieren ja gerne nach siebzehn Uhr, wenn alle Werkstätten schon zu sind. Als wir mitbekamen, dass ein Reifen Luft ließ, fuhren wir schon zu lange auf einer verschlungenen, einspurigen Straße, um noch umzukehren. Als wir endlich holpernd das verstaubte Bergarbeiterstädtchen Coulterville erreichten, hatte die Tankstelle mit angeschlossener Werkstatt und Mini-Markt wie erwartet bereits zu. Wir hielten am Straßenrand, untersuchten den Reifen und zogen einen langen Nagel heraus. Wir hatten keinen Handyempfang, waren meilenweit von der nächsten Pannenhilfe entfernt und erst seit ein paar Stunden unterwegs – aus der Ferne schien uns das Dickicht von Reifenläden in Mid-City gehässig auszulachen.

Irgendwann fanden wir dann doch noch raus, wie man den Wagenheber, der im Kofferraum lag, benutzt, und rollten etwas später nach Tuolumne Meadows – wegen des zu kleinen Ersatzrads mit etwas Schlagseite. Die riesigen Granitfelswände des Half Dome und des El Capitan ragten schräg über das Armaturenbrett. Im Dorf angekommen, aßen wir bei einer alten Freundin von mir aus San Francisco zu Abend, die jetzt als Ranger im Yosemite-Nationalpark arbeitete. Laura und ich waren seinerzeit gemeinsam dem Schulsport entkommen, indem wir stattdessen einen Salsakurs besucht hatten, der uns angerechnet wurde. Heute war sie die Hüterin des Yosemite-Archivs und entschied darüber, wem zu Forschungszwecken Einlass gewährt wurde und wem nicht. Von allen Menschen auf dem Planeten hat eine Nationalpark-Angestellte vermutlich mit am meisten Grund, Elfenbeinschmuggel scheiße zu finden. Meine alte Schulsportfluchtkomplizin konnte aber durchaus nachvollziehen, dass es in Sachen Moral auch mal Abwägungen gibt und Umweltschutz und Liebe nicht immer miteinander vereinbar sind. Wir verließen den Park zwar nach wie vor mit leichter Schieflage, aber wenigstens mit ihrem Segen. Vor dem nächsten Morgen würden wir keine Werkstatt finden, und so rumpelten wir, immer dicht am Seitenstreifen, die letzten drei Stunden nach San Francisco.

13. August

Durch einen kosmischen Zufall kamen wir genau rechtzeitig zur Geburtstagsparty meines Vaters in der Bay Area an. Nachdem wir Zach im Mission District abgesetzt und den Reifen gewechselt hatten, machten wir uns auf nach Inverness, einem Ort kurz hinter Point Reyes an der Küste von West

Marin. Meine Eltern wohnen in San Francisco immer noch im dem Haus, in dem ich aufgewachsen bin, aber sie verbringen mittlerweile viel Zeit in dem Haus in Inverness, das der Familie meiner Mutter seit den Fünfzigern gehört. Früher war es fast immer an Fremde vermietet, aber jetzt, wo die Kinder aus dem Haus sind, nutzen Mom und Dad es häufig selbst. Auf der frischrenovierten Holzveranda, auf der sich meine Eltern dreißig Jahre zuvor das Ja-Wort gegeben hatten, standen alternde Beatpoeten aus Bolinas und eine Menge Psychologen herum (darunter Saul, der beste Freund meines Vaters) und aßen Fleisch vom Grill. Insgesamt waren vielleicht zwanzig Leute da, aber für meinen Vater war das schon eine Riesenmenge. Ich weiß nicht mehr, warum er seinen achtundsechzigsten Geburtstag so groß feierte, seinen siebzigsten dann aber mehr oder weniger unter den Tisch fallen ließ, aber er hat sich von runden Geburtstagen noch nie beeindrucken lassen.

Ich weiß ja eigentlich auch, dass sie nichts bedeuten, aber ich mag sie trotzdem. Wir Menschen messen den Vielfachen von zehn eine gewisse Bedeutung bei, weil wir nun mal zehn Finger haben. Hätten wir an jeder Hand sechs, würden wir es beim zwölften, vierundzwanzigsten, sechsunddreißigsten und achtundvierzigsten Geburtstag krachen lassen. Haben wir aber nicht. Schon als Kind hatte ich davon geträumt, mal bei einem dreistelligen Geburtstag dabei zu sein, was nicht unwesentlich zu meiner Lust beitrug, mich bei Tante Junes Feier einzuschleichen. Ich hatte zu meiner letzten noch lebenden Großmutter, der Mutter meines Vaters, nie ein besonders enges Verhältnis gehabt, und als sie im Alter von neunundneunzig Jahren und elf Monaten starb, trauerte ich um die verpasste Chance zum runden Geburtstag genauso sehr wie um die Verstorbene. Mein Vater selbst war erleichtert, seine herrschsüchtige und dominante Mutter los zu sein, die Ehre, hundert zu werden, hatte sie seiner Meinung nach sowieso nicht verdient. Grandma Syde besaß eine Härte, die ich in Jacksons Beschreibungen von Tante June wiedererkannte, zwischen den beiden gab es jedoch einen fundamentalen Unterschied im Stil: Wenn Tante June etwas wollte, egal, wie verrückt es war, dann bat sie schlicht und ergreifend darum. Syde hingegen zog subtile Manipulation vor. Dass mein Vater zu dem liebevollen, zurückhaltenden Mann wurde, der er heute ist, liegt vor allem daran, dass er sich schwor, nie so zu werden wie sie.

Zu seinem Geburtstag brachte ich meinem Vater lediglich neue Gründe mit, sich um mich zu sorgen. Er wusste nicht, was er von unserem geplanten

Coup halten sollte. Einerseits war er ein gesetzes-
treuer, mehr oder weniger gläubiger Jude, der sich
sowieso ständig Gedanken um die schlechten – und
auch um manche von den guten – Entscheidun-
gen machte, die ich im Laufe meines Lebens getroffen hatte. Andererseits versteht er auch was von
Stoßzähnen. Er ist selbst ein halber Mineralien-
Freak, hatte mir zum zehnten Geburtstag einen
ausgestopften Leguan geschenkt, und in seinem
Arbeitszimmer türmen sich komplette *National-
Geographic*-Jahrgänge. Dad hatte um 1960 herum
als Teenager mal ein Praktikum im American Mu-
seum of Natural History gemacht, und auf einem
Familienausflug nach Manhattan führte er mich
durch seine alte Wirkungsstätte, zeigte mir jeden
einzelnen Schmetterlingskasten in den verschlungenen Gängen, in denen er sich Jahrzehnte nach
seinem Praktikum immer noch bestens auskannte,
und versuchte meine Begeisterung für die Evolution zu wecken, dafür, wie alles Leben eingeteilt
und begriffen werden kann.

Er hatte dort unter einem Mann namens J. P.
Chapin gearbeitet, einem passionierten Ornitho-
logen und überzeugten Kolonialisten. Chapin, der
Autor des 1932 erschienenen Buchs *Birds of the Bel-
gian Congo*, konnte mit Stolz von sich behaupten,
die Existenz des sagenumwobenen Kongopfaus be-

wiesen zu haben. Nicht ganz so stolz war er darauf, dass er das einzige jemals gesichtete Exemplar einer seltenen Unterart des Afrikanischen Scharlachgimpels abgeschossen hatte, womit er diese Spezies mit einem Schuss zugleich entdeckte und ausrottete. Chapin war der siebzehnte Präsident des berühmten Explorers Club, des angesehensten der damals so beliebten Weiße-Männer-entdecken-Dinge-die-es-schon-immer-gab-Klubs. Als Mitglieder des Klubs 1951 ein vollständig erhaltenes Wollhaarmammut im sibirischen Eis fanden, dessen Fleisch bestens konserviert war, war ihr erster Gedanke nicht etwa, es der Öffentlichkeit zugänglich zu machen. Nein, sie organisierten stattdessen mit diesem zehntausend Jahre lang ganz hinten im Gefrierfach der Natur vergessenen Fleischstück ein exklusives Mammut-Festmahl. Denn die drängendste Frage, die diese großartige Entdeckung für die Gelehrtenrunde aufwarf, lautete: Verdammt, wie *schmeckt* denn Mammutfleisch eigentlich? Als ich diese Geschichte im Alter von zehn Jahren hörte, leuchtete mir das vollkommen ein.

Wir ließen San Francisco hinter uns und fuhren nun durch die nordkalifornischen Trinity Alps bis zur kleinen Hütte meines Onkels und meiner Tante in der Nähe von Hyampom. Jackson und ich verbrachten dort einen Tag, ließen Steine übers Wasser titschen und freuten uns über die Libellen und die Adler, die über uns hinwegflogen. Dann machten wir uns wieder auf nach Norden. Unser nächster Halt war Seattle, wo Jacksons Bruder als Wassertaxikapitän arbeitete und morgens um vier aufstehen musste, um Pendler vom Festland zu ihren Arbeitsstellen auf den kleinen Inseln vor der Küste zu schippern. In der Nacht verbrachten Jackson und ich die letzten Stunden vor Beginn unserer Schmugglerkarriere in Decken gekuschelt im dunklen Wohnzimmer und stellten uns den schlimmstmöglichen Ausgang unseres Unterfangens vor.

»Der Typ hatte in Mexiko Gras verkauft, und dann haben die dem zwei Morde angehängt.« Die Geschichte stammte aus *Horror Trips – Wenn Reisen zum Alptraum werden,* Jacksons Lieblings-Reality-Serie über Reisende, die Gesetze brachen und deren Reisen … na ja, zum Alptraum wurden. In jeder Folge, die Jackson nacherzählte, hatte der Missetäter am Ende ein byzantinisches Gerichtsverfahren am Hals, hockte ohne Kontaktmöglichkeit zu seiner Familie fest, musste trockenes Brot essen, das von Maden nur so wimmelte, und kratzte Nachrichten in die Steinwände seines Verlieses, das er sich mit einem sexuell unersättlichen Bodybuilder-Typ namens Tiny teilen musste.

Per Münzwurf bestimmten wir, dass Jackson uns nach Kanada fahren und ich den Rückweg übernehmen würde. Während wir uns, zwischen Wäldern und Bergen, allmählich der Grenze und der ersten tatsächlich riskanten Situation näherten, verlor das Abenteuer, dessen Helden wir hatten werden wollen, zusehends an Reiz. Wir können jederzeit einen Rückzieher machen, versicherten wir einander, das wäre keine Schande. Nur stimmte das leider nicht – es wäre eine entehrende, vernichtende Schande. Obwohl die Stimmung im Auto immer mehr sank, fuhren wir weiter und reihten uns in die Warteschlange am Grenzübertritt ein.

Schließlich waren wir dran.

»Ihren Reisepass, bitte. Was ist der Grund Ihres Aufenthalts in Kanada?«

»Wir besuchen eine Freundin der Familie.« Jackson übernahm das Reden und reichte dem Beamten unsere Pässe.

»Und was machen Sie da?«

»Wir gehen zusammen wandern«, gab Jackson

an – das war das Alibi, das wir uns zurechtgelegt hatten.

»Ach ja? Wo denn?«

Weiter als bis zum Stichwort »wandern« waren wir bei unserer Geschichte nicht gekommen. Jackson schluckte. »Keine Ahnung.«

Der Beamte sah von den Pässen auf.

»Haben Sie irgendwelche Drogen, Waffen oder Alkohol dabei?«

»Nein«, sagte Jackson. Er klang nicht gerade überzeugend.

»Fahren Sie bitte rechts ran, stellen Sie den Motor ab, und warten Sie drüben im Zollbüro.«

Durchs Fenster des Zollbüros sahen wir zu, wie eine halbe Hundestaffel an den Autotüren herumschnüffelte und ein Beamter das Wageninnere durchwühlte, jeden einzelnen Gegenstand in die Hand nahm und untersuchte.

Jackson lehnte sich zu mir herüber. »Die finden doch nichts, oder?«, flüsterte er.

»Pssst!«, machte der Beamte am Schreibtisch.

Ich zuckte mit den Schultern. Eigentlich hatten wir jegliches Gefahrengut vor dem Grenzübertritt beseitigt. Nach einer hitzigen, aber ergebnislosen Debatte darüber, ob Hunde psychedelische Drogen riechen können, hatten wir sogar mein letztes Stück Shroom-Schokolade bei Jacksons Bruder in

Seattle gelassen und somit ein reines Gewissen. Tatsächlich gab der Beamte irgendwann auf und kam zu uns in den Warteraum.

»Wer von Ihnen ist George?«

Ich hob die Hand und ging auf ihn zu, auf das Schlimmste gefasst.

»Sie sind also Musiker, hm?«

»So was Ähnliches, ja.«

»Und Sie gehen demnächst auf Tour?«

Der Beamte reichte mir mit ernstem Gesicht meinen Kalender und lächelte dann überraschend. »Viel Spaß!«

Obwohl wir kurz darauf den Stempel im Reisepass und das rosa Einreiseformular in der Tasche hatten, das uns offiziell in Kanada willkommen hieß, kam uns die Durchsuchung wie ein schlechtes Omen vor. Bestimmt standen wir jetzt auf irgendeiner internationalen Liste zwielichtiger Gestalten, die uns beim Verlassen des Landes eine weitere Durchsuchung einbringen würde.

Wir fuhren direkt nach Vancouver weiter und gaben uns große Mühe, dabei nichts Verdächtiges zu tun. Sobald unsere Handys sich ins internationale Roaming eingewählt hatten, riefen wir Lydia an und sagten ihr, dass wir bald da sein würden. Vor dem Fenster zog die gespenstisch fremde Landschaft mit ihren Tim-Hortons-Filialen, Entfernungsangaben in Kilometern und verschlafenen Seitenstraßen vorbei.

»Das findet ihr totenstill? Ihr hättet mal hier sein sollen, als die Canucks das Cup-Finale verloren haben«, begrüßte uns Lydia. »Da konnte man einzelne Herzen brechen hören.«

Ihre Wohnung war blitzblank und spärlich dekoriert. Ich wartete ungeduldig, während sie und Jackson über Leute aus Denver tratschten, die sie beide über Tante June kannten. Endlich führte sie uns ins Schlafzimmer. Der Stoßzahn lag schon auf ihrem Bett bereit, halb in die Decke eingesunken. Ein faszinierendes Meisterwerk der Natur: ein gewundener Speer, dessen Spiralringe unten weit waren und sich nach oben hin mit mathematischer Präzision immer mehr verengten. Der Stoßzahn war kompakt, tödlich und gleichzeitig wunderschön, ebenso geisterhaft wie greifbar. Jetzt konnte ich Tante Junes Besessenheit verstehen. Auch Lydia schien es nicht ganz leicht zu fallen, sich von ihm zu trennen. Sie wusste ja, dass wir gekommen waren, um ihn mitzunehmen, und half uns gern. Aber als Jackson ihr das schwarze Plastikrohr abnehmen wollte, in dem er steckte, flackerte in ihren Augen kurz eine Gollum-mäßige Gier auf. Dann ließ sie los, und der Stoßzahn gehörte uns.

In der Küche verpackte sie die Beute für den Transport. Dabei schüttete sie sich ein paar lose Elfenbeinstückchen aus dem Plastikrohr in die Hand, winzige Partikel, die von der Basis des Stoßzahns abgesplittert waren, dort, wo er einst mit dem Schädel verbunden gewesen war. Sie wollte sie gerade in den Mülleimer werfen, da durchzuckte mich der Gedanke, dass Narwalstoßzähne, und sei es in Form von Spänen, bestimmt irgendwelche geisterabwehrenden/potenzsteigernden/halluzinogenen oder sonstwie magischen Kräfte besaßen.

»Warte mal, die nehm ich als Souvenir mit.«

Sie schüttete die Stücke in einen kleinen Zip-Beutel und gab ihn mir. Dann gingen wir hinaus, um das Plastikrohr im Auto zu verstauen. Während ich es mit meiner Schmutzwäsche bedeckte, besprachen wir das weitere Vorgehen. Jackson und ich hielten es für das Klügste, erst spätnachts, im Schutze der Dunkelheit, zurück über die Grenze zu fahren. Das hieß, dass wir noch ein paar Stunden totzuschlagen hatten.

»Kommt doch einfach wirklich mit mir wandern«, schlug Lydia vor.

Am Stadtrand von Vancouver gibt es ein kleines Skigebiet namens Grouse Mountain, dessen Piste man im Sommer hochwandern kann. Der Spitzname der fast vertikalen Route, »der Todesaufstieg«, hat für die Heerscharen von Fitnessmasochisten in der Stadt offenbar einen verführerischen Klang. Lydia wollte an diesem Nachmittag ohnehin für einen bald anstehenden Triathlon trainieren, was für den Durchschnittskanadier gar nicht so ungewöhnlich ist, wie ich überrascht erfuhr. Wir hatten ja gewusst, dass sie wandern gehen wollte, das war schließlich die Basis unseres wackligen Alibis gewesen, und wodurch wird ein wackliges Alibi besser? Genau, indem man es wahr macht.

Also joggten wir gemeinsam mit zwei von Lydias Trainingsfreunden, die in teure Sportkleidung gehüllt waren, vom Parkplatz zum Fuß des Bergs, wo uns eine Parkwächterin gerade das schmiedeeiserne Tor vor der Nase zuschlagen wollte.

»Schluss für heute, wir machen zu!«, rief sie.

Lydia schob das Tor unbeeindruckt mit der Schulter ein Stück auf, und wir schlüpften schnell hindurch, bevor es hinter uns metallisch krachend ins Schloss fiel. Vor uns stand ein riesiges Warnschild: »WANDERN AUF EIGENE GEFAHR. ES WIRD KEINERLEI HAFTUNG ÜBERNOMMEN FÜR VERLETZUNGEN ODER TODESFÄLLE DURCH LAWINEN, STEINSCHLAG, SCHLUCHTEN, KLÜFTE, GLETSCHERSPALTEN, WASSERFÄLLE, PLÖTZLICHE WETTERUMSCHWÜNGE, HAUS-, WILDTIERE ODER WEITERE GEFAHRENQUELLEN.« An einem Zaun ein paar Meter weiter warnte ein zweites Schild, dass hier vor kurzem Schwarzbären gesichtet worden waren. *Was ist eigentlich der Unterschied zwischen einer Schlucht und einer Kluft?*, überlegte ich. *Das ist doch eine unglaublich spitzfindige Unterscheidung.* Wahrscheinlich war das Formular für die Schlucht-Todesfälle irgendwann voll gewesen, und da hatten sie eben ein neues mit Kluft-Todesfällen angefangen. Die Parkwächterin rief uns noch einmal halbherzig etwas hinterher. Geistig war sie schon längst im Feierabend, wahrscheinlich wollte sie uns lediglich noch mal darauf hinweisen, dass im Falle des Falles niemand unsere Leichen vom Berghang runterholen würde.

»Wer als Erster oben ist!«

Lydia und ihre Freunde sprinteten los wie kleine Road Runner und waren Sekunden später in einer Staubwolke verschwunden.

Der »Todesaufstieg« ist so steil, dass Holzstufen – oder eher Leitersprossen – in den Berg gehauen werden mussten. Jackson und ich quälten uns hinauf und hatten nach einer Ewigkeit gerade mal den Stein erreicht, der das erste Viertel der Strecke markierte. Wir dachten über die Ironie des Schicksals nach: Hier, auf einem kanadischen Berg, würden wir sterben, bevor wir überhaupt dazu kamen, das Land zu berauben. Wir schleppten unsere

Couch-Potato-Plauzen weiter keuchend den Berg hoch, wurden mit jedem schmerzhaften Schritt langsamer, und all unsere Ängste strömten zusammen und schäumten über. Wir hatten immer noch die Hälfte der Strecke vor uns, als Jackson plötzlich stehen blieb, hochrot im Gesicht und mit irrem Blick.

»Wir werden so was von im Gefängnis landen.«

Als wir endlich oben ankamen, erfuhren wir, dass die Seilbahn, die uns wieder ins Tal bringen sollte, eine Panne hatte. Das machte uns aber nicht mehr allzu viel aus. Wir rangen nach Atem, genossen den Ausblick über Vancouvers wunderschöne Skyline, die der Sonnenuntergang rosarot färbte, und waren einfach nur glücklich, nicht tot in einer Kluft zu liegen. Die Seilbahn wurde schließlich repariert, wir fuhren im Dämmerlicht den Berg wieder hinunter und fühlten uns auf einmal unverwundbar.

Wir verabschiedeten uns von Lydia und näherten uns um ein Uhr morgens der Grenze. Um diese Zeit, dachten wir, standen die Chancen am besten, dass die müden Grenzposten lieber weiter Diamond Mine spielten, als unsere Körperöffnungen zu durchsuchen. Wir fuhren schweigend. Jacksons Handy klingelte. Sein Dad rief aus West-Massachusetts an, wo es jetzt vier Uhr morgens war, und beschwor ihn umzukehren, es sei noch nicht zu spät. Unsere Entscheidung stand jedoch fest, erklärte ihm Jackson und legte auf. Dann rief er seine Freundin an.

»Falls du in zwanzig Minuten nicht von uns hörst, ist was schiefgegangen«, warnte er sie. Dann stellte er die Frage, die ihn schon den ganzen Abend umtrieb.

»Falls ich für fünf Jahre ins Gefängnis muss, wartest du dann auf mich?«

Wir sahen starr geradeaus. Der Grenzübergang kam immer näher. Dieses Mal mussten wir uns nicht in eine Schlange einreihen. Dieses Mal war unser Alibi wasserdicht, wir hätten stundenlang in allen Details von unserer Wanderung erzählen können. Ich hielt an.

»Ihre Pässe, bitte.«

Ich händigte sie dem Mann so selbstbewusst wie möglich aus.

»Grund für Ihren Aufenthalt in Kanada?«

»Wir wollten den ›Todesaufstieg‹ hochwandern.«

Der Beamte überflog unsere Dokumente und gab uns die Pässe zurück.

»Schönen Abend noch.«

Ich wartete auf weitere Fragen, aber der Mann winkte uns einfach durch.

Das war's?

Ein paar letzte kanadische Straßenkurven, und dann gelangten wir schon auf die I-5 und waren in den USA. Wir lauschten auf Sirenen. Nichts.

Das war's.

Wir schalteten das Radio ein, drehten die Lautstärke auf, grölten mit und hielten Kurs auf Seattle. Bei der erstbesten Kneipe hielten wir an, knapp vor der letzten Runde, und stießen auf uns an. Jegliche Angst war vergessen. Wir waren zwei eiskalte Schmuggler, vor uns tausend Meilen offene Straße und hinter uns im Auto ein Meter zwanzig illegale Ware.

16. August

Es gibt im Wesentlichen zwei Routen von Vancouver nach Denver. Die südliche schneidet ein Stück von Oregon ab, macht einen Schlenker durch Utah, kriecht am unteren Ende von Wyoming entlang und führt dann hinunter nach Colorado. Die nördliche Route verläuft durch Montana, bevor sie Wyoming von oben nach unten durchquert, über Casper und Cheyenne. Ich weiß nicht mehr, warum, jedenfalls entschieden wir uns für die nördliche Route und fuhren auf dem Weg nach Billings, wo wir eine Nacht in einem kleinen günstigen Motel gebucht hatten, hunderte von Meilen lang im Sonnenlicht durch herrlich dichte immergrüne Wälder.

Als wir kurz nach Mitternacht in Billings ankamen, verpasste ich die Abzweigung zu unserem Motel. Außer uns war weit und breit niemand zu sehen, also wendete ich mitten auf der Straße, über die doppelte gelbe Linie hinweg.

»Was machst du denn da?!«, fauchte Jackson sofort.

»Alter, hier ist doch kein Mensch.«

Ich war genervt, aber eigentlich hatte er recht. Wir hatten genug Zeit, um nach Denver zu kommen. Unnötige Risiken einzugehen, war einfach nur dumm. Also trafen wir folgende Abmachung: Wir würden uns von jetzt an streng an die Verkehrsregeln halten. Auf keinen Fall zu schnell fahren. Sooft wie möglich mit Tempomat.

Ich bog diesmal vorsichtig ab und stellte das Auto auf dem unasphaltierten Parkplatz neben einer Reihe von Sattelschleppern ab. Mottenwolken umschwebten die Motellampen und dämpften ihr Licht.

17. August

Ich dachte immer, die tatsächliche Höchstgeschwindigkeit läge zehn Meilen über der, die auf den Schildern steht. Ich kann Jackson also schlecht vorwerfen, dass er seine eigene Regel brach und den Tempomat in einer 75er-Zone auf 84 Meilen pro Stunde setzte. Aber am Vorabend von Tante Junes Geburtstag, nur noch eine Stunde von Colorado entfernt, hörten wir auf einmal Sirengeheul, die Rocky Mountains vor uns flackerten blau und rot, und im Rückspiegel näherte sich ein Polizeiauto.

Wir kriegen höchstens einen Strafzettel, keine große Sache, beruhigten wir einander. Jackson fuhr rechts ran. Ein gut dreißigjähriger Streifenpolizist mit beginnender Glatze schlenderte auf uns zu.

Er beugte sich zum Fahrerfenster herunter. »Sie können sich denken, wieso ich Sie angehalten habe.«

»Tut mir wirklich leid, Sir, ich habe gerade nicht auf den Tacho geachtet«, sagte Jackson.

»Führerschein und Fahrzeugpapiere. Wo kommen die Herren denn her?«

»Eigentlich aus Los Angeles. Jetzt aus Vancouver. Wir wollen nach Denver.«

Der Polizist hob die buschigen Brauen. »Was habt ihr denn in Vancouver gemacht, Jungs?«

Jackson blinzelte nervös. »Familienbesuch.«

»Hm.« Der Polizist lehnte sich vor und sah sich im Auto um.

»Ihr habt doch sicher nichts dagegen, wenn ich euch getrennt voneinander ein paar Fragen stelle, oder?«

»Überhaupt nicht«, log Jackson.

Der Polizist ging mit ihm zu seinem Streifenwagen, um ihn als Ersten zu befragen, und ich versuchte, den Verlauf des Gesprächs anhand ihrer Gesten zu erahnen. Nachdem er mit Jackson fertig war, kam der Polizist zurück zu mir.

»Solange du die Wahrheit sagst, haben wir kein Problem«, versicherte er mir.

Da Jackson und ich keine Zeit gehabt hatten, unsere Geschichten abzugleichen, hielt ich mich an die Fakten: Wir waren von L. A. nach San Francisco gefahren, hatten dort mit meinem Vater Geburtstag gefeiert, dann Jacksons Bruder in Seattle besucht, dann eine Freundin in Vancouver, und jetzt waren wir auf dem Weg zum Geburtstag einer alten Dame in Denver.

»Habt ihr irgendwelche Drogen dabei?«

»Nein, Sir.«

»Dann ist ja gut. Ich frag nur, weil eure Strecke eine ziemlich beliebte Drogenroute ist.«

»Ach, wirklich?«

»Ja, wirklich. Ihr habt bestimmt nichts dagegen, wenn ich mir euer Auto mal ein bisschen näher
angucke, oder?« Er sah mich prüfend an. »Riecht
irgendwie komisch da drin.«

Ich hatte nicht den Eindruck, dass er sich auf
eine Diskussion einlassen würde, also sagte ich ja.
Der Polizist befahl Jackson und mir, am Straßenrand zu warten, rief Verstärkung und fing an, unser
Auto zu durchsuchen. Ich klammerte mich an die
Hoffnung, dass ein Streifenpolizist aus Wyoming
wahrscheinlich nicht nach Narwalstoßzähnen Aus-
schau hielt und nicht einmal einen erkennen würde, wenn er ihn fand. Er drückte das Ohr gegen die
Türverkleidung und klopfte gegen das Plastik.
Dann entdeckte er etwas in der einen Sitztasche.

»Was ist *das* denn?«

»Kopfschmerztabletten«, antwortete Jackson.

Der Polizist öffnete die Packung. »Advil sind
doch normalerweise rot«, murmelte er und stopfte
sie zurück in meinen Kulturbeutel.

»Das sind diese neuen Gelkapseln.«

Er suchte immer verbissener weiter und arbeitete sich nach hinten durch, bis er beim Kofferraum
ankam und in dem Klamottenberg wühlte, unter
dem unser Geheimnis versteckt war. Dann nahm er
sich meinen kleinen lila Rucksack vor und sah
schließlich mit einem Grinsen auf.

»Und was haben wir hier Hübsches?«

Er hielt eine durchsichtige Tüte mit verdächtig aussehendem weißem Inhalt hoch. Wer hätte das gedacht – auf den ersten Blick sieht ein Zip-Beutel mit Stoßzahn-Bröseln einem Meth-Tütchen zum Verwechseln ähnlich.

»Das sind Muscheln«, sagte ich hastig, »vom Meer.«

Er betrachtete den Inhalt des Tütchens genauer und legte ihn enttäuscht zurück. Und dann war seine Hand direkt neben dem Stoßzahn. Meine Kiefer mahlten, mir schlug das Herz bis zum Hals, die Zeit schien stehenzubleiben. Da griff seine Hand nach etwas und er grinste wieder von einem Ohr zum anderen.

»Und wem gehört *das* hier?«

Jackson und ich sahen uns an. War schön, dich zu kennen. Dito.

»Ich dachte, ihr hättet keine Drogen dabei?«

Der Polizist hielt eine kleine Glaspfeife in der Hand. Nicht den riesigen Stoßzahn genau daneben. Nicht das Stück Shroom-Schokolade, das ich in Seattle wieder eingesammelt hatte. Nein, nur diese winzigkleine One-Hitter, die in irgendeiner Tasche meines lila Rucksacks gelegen hatte, mit verkrusteten Resten von vor einem halben Jahr im Pfeifenkopf, ein Gegenstand, von dem ich nicht mal mehr gewusst hatte, dass ich ihn überhaupt besaß, und der den kanadischen Grenzposten seltsamerweise nicht in die Hände gefallen war, obwohl die alles so gründlich durchsucht hatten, dass sie hinterher meine Tourdaten auswendig kannten. Ein Ding, das unsere Mission von Anfang an hätte scheitern lassen können, stattdessen aber lieber auf den allerunpassendsten Moment gewartet hatte.

»Wir mögen hier in Wyoming keine Lügner.«

Bevor ich's mich versah, stand ich mit den Händen auf dem Rücken am Streifenwagen, und Handschellen bissen mir in die Handgelenke wie Piranhas. Jackson, der ein schlechtes Gewissen hatte, weil er zu schnell gefahren war, flehte den Polizisten an, ihn an meiner Stelle mitzunehmen. Vergeblich. So fuhren wir noch ein Stück den Interstate 25 South entlang, gemeinsam, aber getrennt, Jackson am Steuer meines Subaru, ich auf dem Rücksitz des Streifenwagens, bis wir an der Ausfahrt 140 nach Douglas abbogen und Jackson am Horizont verschwand. Der Polizist, der mir durch das Gitter zwischen uns im Rückspiegel tadelnde Blicke zuwarf, hatte keine Ahnung, dass ihm gerade ein Elfenbeinschmuggel durch die Lappen ging, der ihm garantiert eine Beförderung eingebracht hätte. Jetzt war Jackson allein unterwegs nach Denver, unsere kostbare Beute sicher im Kofferraum, und noch zweihundert Meilen und fünfzehn Stunden bis zur Feier.

Auf der stillen Polizeiwache von Converse County ging dann alles sehr schnell. Ich reichte dem Beamten meinen Führerschein mit dem gelangweilten Schlaubergergesicht, das ich mit achtzehn beim Fototermin in der Zulassungsstelle in San Francisco aufgesetzt hatte. Ein weiterer Grund für die Beamten, den Kopf über mich zu schütteln. Mein Handy und mein Portemonnaie wanderten in einen Klarsichtbeutel, und dann wurde ein erkennungsdienstliches Foto von mir gemacht. Diesmal bemühte ich mich um einen neutralen Gesichtsausdruck.

Meine Unterbringung war spartanisch. Ein Metallklo ohne Brille und Deckel. Eine flackernde Neonröhre, die die ganze Nacht anblieb. Eine dünne Matratze und eine Wolldecke, die, wenn ich sie diagonal drapierte – eine Ecke an meiner Schulter und die andere in Höhe meiner Knöchel –, etwa sechzig Prozent meines Körpers bedeckte. Ich bekam etwas zu essen: ein halbes Sandwich (graues Brot und unidentifizierbarer Fleischbelag) und dazu einen kleinen abgepackten Obstsalat. Sah immerhin besser aus als der Schulkantinenfraß früher. Ich rührte das Essen nicht an, war aber fasziniert von dem grellorangen Göffel, den es dazu gab. Gefängnisse mussten wahrscheinlich am Besteckbudget sparen (Gabel + Löffel = $$, Göffel = $), und die Neonfarbe sollte die Insassen wohl davon abhalten, sie auf den Gefängnishof zu schmuggeln und einander damit zu lynchen. Man musste schon *sehr* wütend sein, um jemanden mit einem Göffel abzustechen, ging mir im Halbschlaf durch den Kopf. Die lebhafteste Erinnerung an meine Nacht im Gefängnis ist die an meine eiskalten Füße. Nimm einem Mann die Socken weg, und er bereut sein Verbrechen sofort.

18. August

Am Morgen von Tante Junes hundertstem Geburtstag bekam ich einen orangen Einteiler, Sandalen und glücklicherweise auch ein Paar Socken in die Hand gedrückt. Ich fragte, ob ich den Göffel als Souvenir behalten dürfte.

»Vom Gefängnis gibt's keine Souvenirs.«

Die Zellentür wurde geschlossen, damit ich mich umziehen konnte, und ich zog den viel zu großen Einteiler an und steckte mir den Göffel heimlich in die Socke. Eine Minute später kam der Wärter zurück, legte mir Handschellen und Fußfesseln an, in denen ich nur winzige schlurfende Schritte machen konnte, schubste mich hinaus auf den Gang und führte mich in den kleinen holzgetäfelten Verhandlungsraum, in den wir zu viert gerade so hineinpassten: ich, der Gerichtsdiener, der junge Richter und der riesenhafte zweite Insasse, neben dem ich Platz nehmen sollte. Ich konnte es nicht fassen: Tiny!

Tiny hieß in Wirklichkeit Ralph Lumley. Er wog nach vorsichtiger Schätzung hundertfünfzig Kilo und sah in seinem orangen Overall aus wie ein Kürbis, hatte strähnige fettige Haare, braungefleckte Zähne und grüne, schartige Zehennägel. Wie ich bald erfuhr, war er festgenommen worden, weil er die Auflage nicht erfüllt hatte, sich als verurteilter Sexualstraftäter bei den Behörden zu melden, als er nach Wyoming kam. Er arbeitete als Aushilfe auf dem Jahrmarkt, der gerade in der Stadt war und den die Polizei zum Anlass genommen hatte, nach möglichen Sexualstraftätern zu fahnden. Das Stacheldraht-Dickicht bei Kinder Kids kam mir auf einmal sehr vernünftig vor.

Ralph und ich hatten eine »gemeinsame Anhörung«, das war, erklärte uns der Richter, in Wyoming so üblich. Unsere Ellbogen berührten sich, und meine Schulter drückte gegen Lumleys Oberarm, dessen Fett auf meine Seite der Bank hinüberquoll. Er war als Erster dran. Ich starrte auf seine Fußnägel, während der Richter die umfangreiche

Liste seiner Vorstrafen verlas wie einen sehr langen Einkaufszettel: ein sexueller Übergriff in Oregon, ein exhibitionistischer Vorfall in Idaho ... Schließlich kam Mr. Lumley selbst zu Wort. Er schilderte seine traurige Kindheit, seine kaputte Familie und sein unstetes Leben, stritt aber nichts ab und beantwortete die Fragen des Richters mit der gelangweilten Miene eines Mannes, der das nicht zum ersten Mal tat. Das Gefängnis von Converse County, sagte der Richter am Ende mit einem Seufzen, werde wohl nur ein kurzer Zwischenstopp auf Ralph Lumleys langer Odyssee durch das Strafsystem von Wyoming sein.

»Okay.« Er drehte sich auf seinem Bürostuhl herum. »Jetzt zu Ihnen.«

Nach Lumleys Vorlage wirkte meine Geschichte mit dem verkrusteten Harzrest in der Pfeife so jämmerlich wie ein halb aufgeblasener Luftballon.

»Und dafür haben die Sie eine Nacht hierbehalten?!«

Ich solle mir in Kalifornien einen Ausweis zum Bezug von medizinischem Marihuana besorgen, riet mir der Richter, verurteilte mich zu einem Jahr Bewährung ohne Auflagen und scheuchte mich aus seinem Verhandlungsraum, offensichtlich genervt von dieser Zeitverschwendung. Wyoming ist schon ein komischer Staat – erst wird man für einen winzigen Marihuanarückstand verhaftet, dann kriegt man Kiffertipps von einem Richter. Ich schlurfte einen Gang entlang, um meine Zivilklamotten wieder in Empfang zu nehmen, Ralph Lumley schlurfte in die andere Richtung.

Ich bekam mein Portemonnaie, Handy, Kleingeld und eine Quittung über die 1,77 Dollar ausgehändigt, die der Staat Wyoming für meine Festnahme einbehielt, und spazierte dann die Stufen des Gerichtsgebäudes hinunter in den strahlenden Sonnenschein. Während ich Jackson am Telefon auf den neusten Stand brachte, kniff ich die Augen zu und stellte fest, dass ein paar Straßen weiter tatsächlich der Jahrmarkt in vollem Gange war. Auf dem Rummel kaufte ich mir einen Cowboyhut, eine Portion Nachos und eine Limonade, hockte mich auf einen Zaun und sah einer Rodeoshow zu, erleichtert, dass mich die Gefängniszeit innerlich nicht völlig hatte abstumpfen lassen und ich immer noch die kleinen Freuden des Lebens genießen konnte, Jalapeños zum Beispiel. Kurz schoss mir durch den Kopf, dass einige der Jahrmarktleute hier vielleicht gern wüssten, wo ihr Freund Ralph steckte, ich verfolgte den Gedanken dann aber doch nicht weiter.

Eine Stunde später saßen Jackson, seine Eltern und ich gemeinsam in einem Mietwagen und fuhren exakt zwei Meilen unter der Geschwindigkeits-begrenzung in Richtung Denver. Mein Subaru parkte dort vor unserem Hotel, in dem Jackson auch den Stoßzahn zwischengelagert hatte, bevor er sich mit seinen Eltern wieder auf den Weg mach-te, um mich abzuholen. Im Denver Hilton stritten Jackson und ich eine Weile um die Hemden und Krawatten, die uns seine Eltern mitgebracht hat-ten, bis ich schließlich nachgab und mir schmollend das übergroße, lachsfarbene Button-down-Hemd überzog, das keiner haben wollte.

Wir kamen eine halbe Stunde vor den ersten Gästen im Pinehurst Country Club an. Tante June stand auf dem Gang vor dem Speisesaal und war bereits wegen irgendetwas sauer. Sie war eine kleine Frau mit dichten grauen Locken und gebeugtem Rücken, eindeutig nicht mehr die Jüngste, aber sie entsprach auch nicht dem Bild, das ich von einer Hundertjährigen hatte. Tante June strotzte vor Le-benskraft und wirkte von den Feierlichkeiten eher genervt. Wozu das ganze Getue?, schien sie sich zu fragen.

»Tante June, wärst du so lieb und würdest mal kurz einen Blick hier drauf werfen?«, sagte Jackson höflich.

»Worum geht's denn?«, fragte sie mürrisch zu-rück.

Jackson schraubte den Deckel des schwarzen Plastikrohrs ab und reichte es ihr. Tante June zog den Inhalt vorsichtig heraus. Ein Zoll gewundenes Elfenbein nach dem anderen kam zum Vorschein, und ihre frostige Miene schmolz dahin.

»Ihr habt's geschafft …«, flüsterte sie erst noch ungläubig. Dann lauter: »Ihr habt's geschafft! Ihr habt's geschafft!« Schließlich brüllte sie: »IHR HABT'S WIRKLICH GESCHAFFT!«

Tante June hüpfte durch den Gang und reckte den Stoßzahn triumphierend in die Höhe wie Zeus seinen Blitz.

Ich hatte sie ja erst nach hundert Jahren kennengelernt, aber an ihrem großen Geburtstag waren Jackson und ich ihre besten Freunde. Nach und nach trafen die anderen Geburtstagsgäste ein, und sie packte uns jedes Mal am Arm, schob uns durch den Saal, stellte uns als ihre Helden vor und erkundigte sich alle paar Minuten, ob wir noch genug zu trinken hatten. Ihr Mineralien-Freak von einem Sohn – über die Glatze gekämmter Haarrest, bis zum Bauchnabel hochgezogene Khakihosen – schenkte uns lediglich ein schmallippiges Lächeln. Er wollte Kriminelle nicht beglückwünschen, konnte jedoch schlecht die Ehrengäste seiner Mutter beleidigen. Auf Bitten von Jacksons Vater verschwiegen wir Tante June meine Nacht im Gefängnis. Sie habe keinerlei Verständnis für Drogen, »waren eben früher andere Zeiten«, erklärte er. Ich glaube jedoch, sie hätte zu allem ihren Segen gegeben, was im Dienste des Stoßzahns geschah. Ich musste an einen Satz denken, den ich mal in einem Philosophieseminar gehört hatte: *Was aus Liebe getan wird, geschieht immer jenseits von Gut und Böse.*

Tante June bat uns, vor unserer Heimreise noch einmal bei ihr vorbeizuschauen. Sie schrieb jedem von uns in zittriger Altdamenschrift einen Scheck über tausend Dollar aus und zeigte uns dann stolz ihre Schätze: versteinerte Mammutbaumstücke, grapefruitgroße Geoden, in Bernstein eingeschlossene Insekten. Vor allem aber durften wir ihre Narwalsammlung bewundern: die gerahmten Aquarelle, die seltenen Bücher zum Thema und den Ehrenplatz mitten auf ihrem Esstisch, wo ihr neuester Schatz ausgestellt werden würde, das Herzstück der Sammlung. Bevor Jackson und ich wieder losfuhren, drückte sie jedem von uns noch einen kleinen Quarz in die Hand, den wir immer bei uns tragen sollten, allzeit bereit, ihn vorzuzeigen.

Zurück in Mid-City machten wir es uns erst mal wieder auf der Couch bequem. Den Scheck legte ich auf meinen Schreibtisch zu den anderen Souvenirs, meinem orangen Göffel, dem kleinen Quarz und dem Tütchen Stoßzahnsplitter. Im Laufe der nächsten Monate telefonierten wir noch ein paar Mal mit Tante June und plauderten über Lautsprecher mit ihr.

Kurz vor ihrem hundertundzweiten Geburtstag meldete sie sich wieder bei Jackson. Nachdem sie im *National Geographic* eine Fotostrecke über Mammutstoßzähne gesehen hatte, war sie nun absolut fasziniert davon und wollte wissen, ob uns die sibirische Tundra nicht reizen würde. Sie habe überlegt, dass man am besten im Winter eine Hütte dort mietete, um die Schneeschmelze im Frühjahr abzuwarten, wenn das russische Eis sein uraltes Elfenbein preisgab. Es würde sicher kein leichtes Unterfangen, aber zwei gutaussehende junge Männer wie wir könnten damit durchaus ein hübsches Sümmchen verdienen ... Wir lachten. Und fingen an, darüber nachzudenken. Wie würde man das am besten machen? Auf Craigslist gab es keine Angebote für sibirische Hütten, so viel hatten wir bereits rausgefunden. Wir dachten sogar über genauere Daten nach, aber mittlerweile füllten sich unsere Kalender immer mehr mit Arbeit, und wir hatten für Verbrechen nicht mehr so viel Zeit wie früher. Trotzdem ein schöner Gedanke – endlose, verschneite Wälder bis zum Horizont, weit, weit weg von Mid-City.

Fa kiu

Ich mach mir einfach Sorgen um dich«, sagte Mom am Abendbrottisch unter Tränen zu mir. Ich war vierzehn. »Nicht, dass du irgendwann noch ... *Häuser klaust*!«

Ich hielt den Blick auf die Zedernholztischplatte gesenkt, die nach jahrelanger begeisterter Benutzung als Zeichenunterlage ganz pockennarbig und eingedellt war, und dachte darüber nach, wie man das überhaupt bewerkstelligen würde. Das Haus einfach so vom Fundament hochheben? Es Stein für Stein abtragen und woanders wieder aufbauen? Einziehen, während die Besitzer im Urlaub waren, und sich dann darin verbarrikadieren? Ergab alles wenig Sinn. Aber nach dem heutigen Gespräch mit den zwei Polizisten im Büro des Schuldirektors sah meine Mutter meinen künftigen, betrüblichen Lebensweg schon deutlich vor sich: Hier ein Schulverweis, da eine Suspendierung, und ehe man's sich versah ... Hausdiebstahl.

Ich musste bereits im Kindergarten das erste Mal

zum Direktor, da hieß ich noch Jorge Watsky. Es ging um ein absolut dämliches, bizarres und vor allem völlig vermeidbares Vergehen, auf das noch viele weitere folgen sollten. Die Buena Vista Elementary School im Potrero Hill District in San Francisco, die Kindergarten und Grundschule umfasste, war eine sogenannte Sprachimmersionsschule, was bedeutete, dass von dem Augenblick, in dem uns Mom und Dad am Eingang absetzten, bis zum Augenblick, in dem sie uns abholten, ausschließlich Spanisch gesprochen wurde. Die Klassen waren klein und die Lehrer sehr engagiert. Die einzige Möglichkeit, unbeachtet zu bleiben, bestand darin, Englisch zu sprechen.

Eines Tages – ich war erst wenige Monate im Kindergarten und mein Verständnis der spanischen Sprache noch lückenhaft – saß ich während der Märchenstunde im Schneidersitz auf dem Fußboden und lauschte Catarina, zunehmend abgelenkt. Catarina, wie die meisten Lehrerinnen an der Buena Vista eine optimistische, junge (in meinen damaligen Augen aber natürlich uralte) Frau, trug ein buntes, lockeres mexikanisches Kleid, aus dessen Ärmelausschnitt ihre Achselbehaarung hervorschaute. Ihr Kleid faszinierte mich, vor allem die Dunkelheit darunter, so riesig und geheimnisvoll. Als Kind kommt einem ja alles größer vor. Und dann schickte mich Catarina auch schon aus dem Zimmer. Auf dem Schulflur herrschte bis auf den Klang meiner Schritte und meines klopfenden Herzens absolute Stille. Der Direktor wollte verständlicherweise von mir wissen, wieso ich meiner Lehrerin denn bloß unter das Kleid gekrochen war.

»*¿Por qué, Jorge? ¿Por qué?*«

»Weil ich –«

»*No, Jorge*«, unterbrach mich der Direktor. »*En español.*«

»*Quería ver lo que hay ahí abajo.*«

Es war tatsächlich so simpel: Ich hatte nur sehen wollen, was darunter war.

In den Weihnachtsferien meines zweiten Grundschuljahrs an der Buena Vista baten meine Eltern mich und meinen Bruder zu einem Gespräch an ebenjenen Esstisch, der damals erst wenige Schmisse aufwies und an dem ich sechs Jahre später übers Häuserklauen nachgrübeln würde. Die angespannte Stille und die Sitzordnung – wir auf der einen, meine Eltern auf der anderen Seite des Tisches – sorgten bei mir sofort für ein flaues Gefühl im Magen. Geheimnisse lagen in der Luft, Konsequenzen warteten darauf, auf uns herniederzufahren. Das kannte ich nur zu gut: Genau so fühlte es sich an, wenn man ins Büro des Direktors geschickt wurde.

Wir hätten nichts angestellt, versicherten uns

unsere Eltern, im Gegenteil: Es gäbe großartige Neuigkeiten. Sie hätten eine ganz tolle neue Schule für uns gefunden, die viel näher bei unserem Haus im Richmond District lag.

Ich hatte mir gar nichts dabei gedacht, als ich ihnen von der Pausenregelung an der Buena Vista erzählte: Ein Ton aus der Trillerpfeife des Aufsichtslehrers war das Signal, sich ordentlich aufzustellen, um in die Klassenzimmer zurückzugehen. Zwei Pfiffe bedeuteten: Erdbebenübung. Und bei drei Pfiffen musste man sich blitzschnell auf den Bauch legen, um keinen Querschläger aus dem Park nebenan abzubekommen, einem beliebten Drogenumschlagplatz, den nur ein Maschendrahtzaun von unserer Schule trennte. Es war zwar noch nie einem Kind etwas passiert, aber wenn wieder einmal Schüsse aus dem Park ertönten, wurden unsere Lehrer doch immer etwas nervös.

An der neuen Schule wird es euch bestimmt gefallen, sagten unsere Eltern. *Wie denn auch nicht, das Schulmotto lautet »Seid Freunde!«, und als Maskottchen gibt es das lustige, lachende Alamo-Krokodil. Außerdem gehen von der Alamo viele Schüler später an die Estacada, die beste Middle School der Stadt. Und das Schönste: Es ist alles schon organisiert. Nach den Winterferien geht's los.*

›Frohes neues Jahr‹ heißt auf Kantonesisch *kung hai fat choi*, ›Furz‹ heißt *fang pi*, und ›Blumenbrücke‹ *fa kiu* – eine phantastische Möglichkeit, auf dem Pausenplatz zu fluchen, ohne dafür Ärger zu bekommen. Das ist alles, woran ich mich aus dem Chinesischunterricht erinnere – die Chinesisch-Klasse war die einzige, in der noch Platz war und in die mein Bruder und ich mitten im Schuljahr wechseln konnten. Wir hatten zweimal pro Woche Kantonesisch und Kalligraphie, doch bei mir blieb so gut wie nichts hängen. An der Buena Vista hatte es eine bunte Mischung verschiedenster Ethnien gegeben, Latinokinder aus dem Mission District, schwarze Kinder, weiße Kinder mit Batik-T-Shirts und Hippie-Eltern. Vielleicht hatten wir die Unterschiede zwischen uns nie wirklich wahrgenommen, weil wir alle zusammen angefangen hatten, oder wir waren einfach zu jung dafür gewesen. An der Alamo hingegen war ich sofort ein Fremdling.

Ich bekam einen neuen Spitznamen, aus Jorge wurde Weißbrot. Und das war nicht als Kompliment gemeint. An der Alamo gab es so viele Schulzuwanderer wie mich, dass die Schule aus allen Nähten platzte und neben dem Hauptgebäude provisorische Fertigbau-Bungalows aufgestellt worden waren, in denen wir Unterricht hatten. Die

Stärken der Alamo waren gleichzeitig schuld an ihren finanziellen Problemen, ein Teufelskreis. Die Schule hatte zu wenig Geld, weil sie überfüllt war. Sie war überfüllt, weil sie so beliebt war. Sie war so beliebt, weil die Schüler dort so gute Leistungen erbrachten. Und weil die Schüler dort so gute Leistungen erbrachten, hatte die Schule ständig Geldprobleme. In San Francisco werden öffentliche Schulen nämlich entsprechend ihrer Bedürftigkeit gefördert: Die Schulen mit den höchsten Ergebnissen bei den standardisierten Kontrollprüfungen bekommen am wenigsten Geld. Am besten schneiden dabei regelmäßig die Schulen mit einem hohen Prozentsatz asiatischer Kinder ab.

Die Alamo, wo knapp fünfzehn Drittklässler auf den Nachnamen Wong hörten, war da keine Ausnahme. Die Kinder aßen hier mittags Frühstücksfleisch-Musubi und ungekochte Instantnudeln, streuten das Würzpulver über die Nudeln und knabberten sie wie Chips. Montagmorgens war die sonntägliche Predigt in der Chinese Presbyterian Church eines der Hauptgesprächsthemen. Zum chinesischen Neujahrsfest wünschten wir einander »kung hai fat choi«, und während die anderen Kinder in der Mittagspause die roten und goldenen Umschläge, die sie von ihren Verwandten bekommen hatten, aufeinanderstapelten und ihre kleinen

Bargeldwolkenkratzer verglichen, saß ich daneben und verging vor Neid.

Kurz darauf hatten meine Eltern noch einmal großartige Neuigkeiten für meinen Bruder und mich: Wir bekamen Zahnspangen. Man könnte jetzt einwenden, dass eine feste Spange in der Grundschule nicht gleich ein gesellschaftliches Todesurteil ist. Jeder hat eine, jeder gibt mit seinen farblich auf den jeweils anstehenden Feiertag abgestimmten Gummis an – orange und schwarz zum Beispiel (Halloween), oder auch grün (St. Patrick's Day, natürlich) –, und jeder schwärmt, wenn er seine Spange wieder los ist, davon, wie glatt sich die Zähne anfühlen. Ich bekam aber keine normale. Ich bekam eine mit Headgear, einem mittelalterlich anmutenden Metallgestell, das sich außen um meinen Überbiss spannte, mit Gummibändern an den hinteren Backenzähnen befestigt war und hinten am Hals mit einem gepolsterten Gurt fixiert wurde, der den Nackenschweiß aufsaugte und bald nach vergammeltem Käse roch. Meine Eltern und mein Kieferorthopäde verschworen sich gegen mich, und ich musste das Ding mehrere Monate lang sogar in der Schule tragen. Mein damaliger Standardlook bestand aus diesem Gestell, meinem schwarzen Lieblingsbasecap mit dem extrem nach innen gebogenen roten Schirm und einem Rollkragenpulli.

Unsicherheit hat verschiedene Gesichter – manche Menschen ziehen sich zurück, andere gehen zum Angriff über. Ich wurde laut. Ich versuchte, den Spott zu neutralisieren, indem ich mich exponierte, ich drängte mich in jede Stille, aus Angst, dass jemand anders sie mit einer Beleidigung füllen könnte. Mein Reservoir an neunmalklugen Sprüchen war schier unerschöpflich, und ich verbrachte meine Grundschulzeit damit, hilflos dabei zuzusehen, wie sie einer nach dem anderen meinem Mund entschlüpften, diesem Kerker mit seinen kieferorthopädischen Fesseln und dem erdrückenden Schulessen-Mundgeruch.

»Übrigens heißt es *Oktopoden,* nicht *Oktopusse.*«

In der dritten Klasse renkte ich mir beim Melden regelmäßig fast den Arm aus, bis Mrs. Luchesi mich endlich entnervt drannahm. In der vierten Klasse konnte mich Mr. Gomez irgendwann einfach nicht mehr ertragen und stellte meinen Tisch raus auf den Flur. In der fünften Klasse rebellierte ich gegen Mrs. Averys Regel, dass nur Mädchen im Unterricht eine Mütze tragen durften, weil sie nun mal ab und zu einen Bad-Hair-Day hätten.

»Das gibt's auch bei Jungs, gucken Sie mal!«, rief ich.

Da ich mein Basecap fast nie absetzte und mir

auch nicht allzu regelmäßig die Haare wusch, hatte ich schlimme Schuppen. Mrs. Avery und ich folgten bald schon einem hübsch eingespielten Skript: Ich nahm mein Lieblingscap ab, um ihr meinen fettigen, verfilzten Mopp zu zeigen, kratzte mir kurz den juckenden Kopf, so dass ein dichtes Schneetreiben auf meinen Tisch niederging, und setzte mein Cap wieder auf. Sie bestand darauf, dass ich es wieder absetzte, ich sagte irgendwas Freches zu ihr, und schon war ich auf dem Weg in Direktorin Darcys Büro.

Ich habe es alles noch genau vor Augen: Darcy Bustamantes Schreibtisch vor mir, das Fenster mit Aussicht auf den Schulhof über ihrer rechten Schulter, durch das an schönen Tagen die Sonne hereinschien, ihre blonden, zu einem Bienenkorb hochtoupierten Haare, ihre besorgte, tief gerunzelte Stirn, ihre Warnungen vor der Gefahr, auf die schiefe Bahn zu geraten. Ich nickte unterdessen brav, träumte dabei vor mich hin oder betrachtete das gerahmte Poster über ihrer linken Schulter, auf dem ein leuchtend roter Apfel auf weißem Grund zu sehen war und darunter der Slogan: ALLES, WAS ICH WISSEN MUSS, HABE ICH IM KINDERGARTEN GELERNT.

Ja, klar, dachte ich bei mir. *Das könnt ihr vielleicht dem kleinen Jorge erzählen.*

Im Gegensatz zur Alamo gab sich die Estacada Middle School keinerlei Mühe, es dem Übeltäter gemütlich zu machen. Es gab im Büro des Direktors keine Aussicht und auch keine putzigen Motivationsposter. Milchglasfenster mit eingesetztem Drahtgitter ließen ein winziges bisschen Licht herein, das den unzuverlässigen Neonröhren an der Decke jedoch kaum eine Hilfe war. Abgesehen von den grauen Styropordeckenplatten, dem Linoleumfußboden und Direktor Lim selbst, einem kleinen Chinesen mit dünnem Schnurrbart, bestand alles in diesem Raum aus dem schweren Walnussholz, mit dem das Gebäude 1929 ausgestattet worden war: die Tür, die Wandverkleidung, die Stühle und der imposante Schreibtisch. Alles voller Kerben und Kratzer, unzählige Male abgeschliffen und neu lackiert. Der Schreibtisch des Direktors erinnerte mich an unseren Esstisch zu Hause. Wenn ich mit der Hand über seine Kratzer strich, stellte ich mir vor, sie stammten von den Fingernägeln von Kindern, die in den dreißiger Jahren an diesem Tisch gezüchtigt worden waren.

An städtischen Schulen ist das Leben kein Ponyhof. Es ist sicher kein Zufall, dass die Alamo nach dem berühmten Fort Alamo in Texas benannt wurde und *estacada* auf Spanisch »Gatter, Palisade« oder auch »Militärgefängnis« bedeutet. Oder dass die meisten der in den 1920er Jahren erbauten Schulen in San Francisco mit ihrem spanischen Neo-Kolonialstil dem San-Quentin-State-Hochsicherheitsgefängnis auf der anderen Seite der Bucht auffällig ähnlich sehen. Bis auf Sport hatte ich in allen Fächern nur Einsen, dennoch war mein Verhältnis zur Lehrerschaft angespannt. Die Estacada war keine schlechte Schule, doch bei fünfhundert Schülern pro Jahrgang und chronisch überarbeiteten, unterbezahlten Lehrern funktionierte das System nur mit Disziplin, Ritalin und Respekt vor Autorität. Sonst drohte die völlige Anarchie.

Ich aber wollte alles genau wissen und fragte ständig nach dem Warum. *Warum* dürfen wir in der Freistunde nicht auf den Schulhof? *Warum* darf ich nicht Kaugummi kauen? *Warum* muss ich die Nationalhymne mitsingen? Und *warum* darf man in Aufsätzen keinen Satz mit »und« anfangen? Ich bekam auf meine Fragen nie eine befriedigende Antwort. Und wenn die graue Gegensprechanlage im Klassenraum ertönte, wusste ich schon, wer wieder mal zum Direktor sollte.

Irgendwann war ich mein Zahnspangengestell, die Schuppen und den Rollkragenpulli los, aber ein Außenseiter blieb ich. Also experimentierte ich mit verschiedenen George-Versionen herum, um vielleicht doch noch eine Gruppe zu finden, zu der ich gehören konnte. Ich spielte Schlagzeug im Schulorchester. Ich saß im Baseballteam auf der Bank. Ich tauchte genau einmal beim Schachclub auf, an dem Tag, als die Fotos fürs Jahrbuch gemacht wurden. Ich kandidierte in der sechsten Klasse als Schatzmeister der Schülervertretung, das Amt mit den wenigsten Mitbewerbern, und wurde tatsächlich in den Schülerrat gewählt, der fortan aus mir und sechzehn asiatischen Mädchen bestand.

Ich probierte verschiedenste Jeansstile aus, trug einen Monat lang ein zerrissenes Stonewashed-Modell, im nächsten Monat Baggyjeans. Ich kaufte mir bei Aéropostale eine von diesen unglaublich weiten Raverhosen, zog die Schnürsenkel aus meinen dunkelblauen ›And 1‹-Turnschuhen und steckte ein zusammengerolltes Paar Socken unter ihre Zunge, so dass meine Füße aussahen wie die einer Anime-Figur. Wochen im Voraus plante ich mein Outfit für den ersten Schultag (in der siebten Klasse war es zum Beispiel eine rote Polyesterhose und eine rote Funktionsweste von Old Navy). Ich versuchte, mir die Haare hochzugelen, das war damals Mode. Schwarze, glatte asiatische Haare eignen sich perfekt dazu: einfach ein bisschen Gel auf den Kamm, einmal damit durch die Haare, und bäm! – perfekte Igelstacheln. Meine jüdisch-widerspenstigen Locken waren da leider weniger kooperativ, Gel in den Haaren sorgte bei mir lediglich für eine glitschige Dauerwelle.

In der siebten Klasse, im Frühjahr, kam es dann zum FUBU-Debakel. An einem Wochenende fuhr ich mit dem Bus Nummer 5 zu einem Laden in der Market Street, der diese extraweiten Girbaud-Jeans mit den roten Streifen unter den Knien und den funktionslosen diagonalen Reißverschlüssen verkaufte. Außerdem die neuesten Sachen von afroamerikanischen Hip-Hop-Marken wie Rhino, Phat Farm und natürlich FUBU. Ich spazierte durch den Laden, und plötzlich sah ich es. Ich wusste sofort, dass ich das Goldene Vlies gefunden hatte, das mich in die höheren gesellschaftlichen Kreise der Schule katapultieren würde: ein riesengroßes hellblaues Baseballtrikot, das mir bis zu den Knien hing. FUBU stand in weißer Schreibschrift quer über der Brust.

Ich trug das Teil genau einmal, bevor es in den Schrank zurückhängte und nie wieder herausholte, denn beim Betreten des Klassenzimmers wurde ich sofort ausgelacht.

Weißt du nicht, was FUBU heißt?, fragten meine Klassenkameraden.

For Us By Us.

Hochrot im Gesicht stopfte ich das T-Shirt bei

der ersten Gelegenheit in meinen Spind und lief den Rest des Tages im Unterhemd herum.

Man kann aber nicht sagen, dass ich gar keine Freunde gehabt hätte. Es gab Schüler, die mich beim Mittagessen neben ihnen sitzen ließen und mit denen ich manchmal in den Gängen herumalberte. Bryan Wong, Jeffrey Chu, Oliver Li und Will Hsiang duldeten mich wie Kramer, die Nebenfigur aus *Seinfeld*, die immer mal wieder kurz reinschneit. Aber wenn ich fragte, ob ich mit ins Ferienlager ihrer Kirchengemeinde kommen könnte oder vielleicht bei ihrem asiatischen Basketballteam mitmachen dürfte, sahen sie nur stumm zu Boden. Ich hatte keine echten Freunde, mit denen man nach der Schule was macht oder über seine Probleme redet. Die genauso viel Zeit mit einem verbringen wollen wie man selbst mit ihnen.

Aber immerhin gab es den Donnerstag, auf den ich mich jede Woche freuen konnte. Donnerstag war Nacho-Tag bei uns an der Schule, meine allwöchentliche Erlösung von dem täglichen rechteckigen Pizzastück, das so fettig war, dass man seinen Plastikteller umdrehen konnte und es kleben blieb. Ich überstand die Estacada dank einer Diät aus Chips, Sprite und Vorfreude: Auch nächste Woche würde es wieder einen Donnerstag geben, würde der Hauswirtschaftskurs in der Stunde vor der Mittagspause auf dem Schulhof wieder den Käsekessel anheizen, und ich könnte mir für zwei Dollar fünfzig eine Portion gelbe Maischips kaufen, obendrauf reichlich *queso,* selbstgemachtes Chili und Jalapeños.

Die Jalapeños reichten übrigens nie für alle. Vielleicht habe ich da einen gewissen Starrsinn von meinem Vater geerbt, der nicht müde wird zu betonen, dass ein Papaya-King-Hotdog ohne Sauerkraut schlicht kein Papaya-King-Hotdog ist. Jedenfalls war ich schon immer entschieden der Meinung, dass Nachos ohne Jalapeños irgendwie nackt sind, und entwickelte ausgefeilte Strategien, um rechtzeitig in der Schlange zu stehen und noch welche abzukriegen. Manchmal behauptete ich ein paar Minuten vor der Pausenglocke, mir wäre schlecht, damit ich auf die Toilette durfte, und rannte dann stattdessen blitzschnell raus auf den Schulhof. Manchmal schwänzte ich auch die komplette letzte Stunde vor der Mittagspause und nahm einen Eintrag in Kauf. Jede Minute zählte, denn schon eine Viertelstunde im Voraus bildete sich eine Schlange, und ich durfte höchstens an sechster Stelle stehen, um eine realistische Chance zu haben. Das lag nicht etwa daran, dass die öffentlichen Schulen in den USA besonders kleine Jalapeñogläser geliefert bekommen, sondern an den Nachdränglern.

Nachdrängeln ist eins der verabscheuungswürdigsten Verbrechen überhaupt. Im Gegensatz zum klassischen Vordrängeln braucht es dafür einen Komplizen, der dem Drängler erlaubt, sich *hinter* ihm anzustellen. Für Nachdrängelkomplizen gibt es einen eigenen Kreis der Hölle – rückgratlose Schleimer sind das, die ohne Nachteil für sich selbst die armen Teufel hinter sich ins Unglück stürzen. Nachdrängeln hat im komplexen sozialen Gefüge einer Schule verheerende Folgen. Ich habe Jungs gesehen, die sich so verzweifelt beliebt machen wollten, dass sie in der Nacho-Schlange fünf oder sogar sechs von den coolen Schülern nachdrängeln ließen, wobei jeder Nachdrängler selbst auch wieder ein potentieller Nachdrängelkomplize wurde und das Ganze völlig ausartete. Einmal stand ich an vierter Stelle und musste dann hilflos zusehen, wie der Anfang der Schlange plötzlich wucherte wie ein Tumor und ich auf einmal Nummer fünfunddreißig war. Und natürlich bekam Kind Nummer vierunddreißig die allerletzten Jalapeños serviert. Ja, ich habe schon geweint in der Nacho-Schlange. Aber nie bin ich so tief gesunken, dass ich mich als Nachdrängelkomplize hergegeben hätte.

Der Mittagspausen-Schulhof war eine Steppe mit streng durch Bänke abgetrennten Stammesterritorien: Es gab die Coolen – hauptsächlich Asiaten, einige wenige Schwarze und Latinos und ein, zwei Weiße, die aus irgendeinem Grund als cool genug angesehen wurden. Dann das Frischfleisch (will heißen: frisch importiert – den Namen hatten sich natürlich die Coolen ausgedacht), die ausschließlich Schwarz und Weiß trugen und sich Socken unter die Zunge ihrer K-Swiss-Schuhe stopften. Dann gab es noch die Russen (die nicht zu den Weißen gezählt wurden), mehrere Sorten Nerds (Musiknerds, Wissenschaftsnerds und Theaternerds, obwohl die meisten von denen eh drinnen aßen) und dann noch die sogenannten AZN-Pryde-Girls (Mädchen, die die Jahrbuchseiten ihrer Freundinnen mit selbstgezeichneten Bildern von Anime-Figuren oder Bands wie *The Tiger Lilies* verschönerten). Hier und da gab es Überlappungen zwischen den einzelnen Cliquen, aber im Großen und Ganzen standen die Grenzen fest und wurden gewahrt.

Wenn es aber einen Klebstoff gab, der dieses fragmentierte soziale Universum zusammenhielt, dann war es Hip-Hop. Natürlich teilten wir noch andere kulturelle Bezugspunkte – Gap, das Einkaufszentrum in Stonestown, die Giants und die Niners, Pokémon und Hello Kitty –, aber die am weitesten verbreitete gemeinsame Sprache war Rap. An der Estacada erinnerten uns eigentlich nur zwei Dinge regelmäßig daran, dass wir alle Menschen waren: Wenn man einen Sender im Radio einstellte, dann 106,1 FM – Hip-Hop und R'n'B auf KMEL. Und wenn sich am Ende der Mittagspause die Möwen auf dem Schuldach zusammenrotteten, um sich über unsere Essensabfälle herzumachen, kämpften wir alle im selben Krieg und rannten, während um uns herum die Bomben niedergingen, gemeinsam in Deckung.

In der achten Klasse schenkten mir meine Eltern zu Weihnachten einen riesigen schwarzen Ghettoblaster von Sony. Ich nahm das Ding jeden Tag mit in die Schule, schob es während des Unterrichts unter mein Pult, wenn die Lehrer das erlaubten, verstaute es diagonal in meinem Spind, wenn nicht, schleppte es in den Pausen mit mir herum und ließ ununterbrochen Nellys Album *Country Grammar* laufen. Das war die erste CD, die ich mir bei Tower Records auf der Columbus Avenue kaufte. Bald folgten Platten von Mystikal, Eminem, OutKast, Roy Jones Jr., Jadakiss und Cam'ron. Nach der Schule schaute ich mir auf BET die Show *106 & Park* an, völlig elektrisiert von den wöchentlichen Freestyle-Friday-Battles. Und als in dem Jahr auch noch MC Jin, ein Amerikaner chinesischer Herkunft aus Queens, der in einem Mix aus Englisch und Kantonesisch rappte, sieben Mal hintereinander den Freestyle Friday gewann und als erster asiatischer Solorapper von einem großen Plattenlabel unter Vertrag genommen wurde, rastete die Estacada komplett aus. Ich liebte die Wortspiele beim Rap, die Außenseiter-Romantik und die Tatsache, dass man seinen Feinden mit der Kraft seines Geistes entgegentreten konnte. Ich hatte das Gefühl, im Hip-Hop endlich mein Ding gefunden zu haben. Mit zwölf konnte ich aber natürlich noch nicht zwischen den Texten und dem Lebensstil unterscheiden und lernte Lyrics übers Kokaindealen, über Armut, Mord und schmutzigen Sex auswendig, als wären es Bibelverse. Es waren Botschaften aus einer Welt, die mit der meinen nichts zu tun hatte und in der ein falscher Schritt weit schlimmere Konsequenzen hatte als ein Gang ins Büro des Direktors.

Es gab damals wenig Gelegenheiten, meine Rap-Künste vorzuführen, aber eine fand ich doch: Ich wollte den Schulball nutzen, um mir ein völlig neues Image zuzulegen. Der Tag kam. Der DJ, ein älterer Cousin unserer Schülerratspräsidentin, fuhr in einem Honda Civic mit selbst angeschraubten Spoilern auf dem Schulparkplatz vor und fing an, mit seinen Freunden sein Equipment auszuladen. Während sie Kartons mit Schallplatten, alte Turntables mit Riemenantrieb, ein billiges Mischpult, ein Mikro und jede Menge Kabelsalat reinschleppten, verwandelten die Mädels vom Schulballkomitee die stinkende, abgeranzte Turnhalle in eine stinkende, abgeranzte Turnhalle voller Luftschlangen und Ballons.

Nach und nach trafen die ersten Schüler ein, und der DJ begann mit seiner sorgfältig zusammengestellten Playlist aus Hip-Hop und R'n'B aus den aktuellen Top 40. Die Coolen versuchten sich in der Mitte der Tanzfläche an Freakdance, wir Gemeinsterblichen bildeten einen lockeren Kreis um sie, die Jungs auf der einen, die Mädchen auf der anderen Seite. Als die Stimmung auf dem Höhepunkt war, legte der DJ eine langsame Nummer von K-Ci & JoJo auf, und jeder Junge steuerte schnurstracks auf das Mädchen zu, in das er verknallt war und dessen Aufenthaltsort in der Turnhalle er den ganzen Abend im Auge behalten hatte. Ich genoss die dreieinhalb Minuten mit Valeries Kopf an meiner Schulter und ihren Brüsten an meinem Hemd – bis das Lied zu Ende war, wir verschämt auseinandertraten und sich die Geschlechter wieder trennten wie Wasser und Öl.

Nach diesem Tanz war dann mein großer Moment gekommen. Als der DJ gerade abgelenkt war, schnappte ich mir das Mikro und freestylte so lange ich konnte, rappte vor meinen verwirrten Mitschülern stimmbrüchig, aber leidenschaftlich gegen das gerade laufende Lied an, bis mir der wütende DJ den Ton abdrehte und sich sein Mikro zurückholte. Guerilla-Freestyle ist wie Rodeo. Man weiß genau, irgendwann wird man sowieso abgeworfen, es geht nur darum, so lange wie möglich dabeizubleiben. Ich stolzierte von dannen, mitten in eine tanzende Gruppe hinein, absolut überzeugt, mit meinen Reimen gerade die Welt aus den Angeln gehoben zu haben. Aber die Party ging weiter wie gehabt. Die Coolen freakten vor sich hin, alle zwanzig Minuten bildeten Jungs und Mädchen für ein langsames Lied kurz Paare, ansonsten standen wir rum und versuchten, möglichst nichts Peinliches zu machen, und zuckten ab und zu zusammen, wenn – *popp!* – wieder mal jemand auf einen Luftballon getreten war.

Unsere Lehrer mussten knallhart sein, sonst machten die Schüler, was sie wollten. Kinder können Schwäche riechen. Aber alle waren sich einig, dass Charlies Strafe ebenso ausgefallen wie unnötig grausam war. Von einem Dreizehnjährigen zu verlangen, dass er mit den Fingernägeln die festgestampften, schwarz angelaufenen Kaugummis vom Holzboden der Turnhalle kratzt, in der seit Roosevelts Zeiten an hundertachtzig Tagen im Jahr (hundertfünfundachtzig, wenn man die Schulbälle mitzählt) tausendfünfhundert Kinder herumgetrampelt sind, das war, als würde man jemanden mit einem Buttermesser zum Holzfällen schicken.

Mit Mr. Marsden – einem schlanken Mann Anfang vierzig mit beginnender Glatze, Shorts bis knapp über den Knubbelknien, einer Trillerpfeife, die ihm hilflos auf der Brust herumhüpfte, und einer rasselnden Kette mit Generalschlüsseln am Gürtel – standen wir aber ohnehin auf Kriegsfuß. Er sprach stets in schüchternen, dafür umso unberechenbareren Salven, und hielt er einen Schüler für einen Störenfried, rauschte ein Schwall von Beschimpfungen auf ihn herab wie Salz aus einem Streuer, dessen Deckel nicht festgeschraubt ist. Es war überhaupt sehr leicht, Mr. Marsden zur Weißglut zu bringen, doch er hatte einen wunden Punkt: Er hasste es, wenn jemand seine kanadische Herkunft erwähnte. Ich habe zwar nie recht verstanden, was daran peinlich sein soll, nördlich der Grenze geboren zu sein, fand es aber faszinierend, dass eine schlichte Tatsachenfeststellung als Waffe dienen konnte. Charlie hatte ihn eines Tages während des Aufwärmtrainings als »verrückten Kanadier« bezeichnet. Mr. Marsdens Gesicht wurde daraufhin so rot wie das Ahornblatt auf der Nationalflagge, und Charlies Schicksal war besiegelt.

So wenig er Charlie auch leiden konnte, das war

nichts gegen den Hass, den er mir entgegenbrachte. Und ich kann ihm nicht mal einen Vorwurf machen. Ich war eine absolute Null in Sport. Ich kam chronisch zu spät, gab Widerworte und war schrecklich ungelenk. Oft entkam ich zudem seinen Strafen, indem ich geschickt die Schlupflöcher in den Schulregeln ausnutzte. Für die Sportnote war es unter anderem relevant, dass man immer in der dunkelblau-gelben Sportuniform des San Francisco Unified School District in der Turnhalle aufkreuzte. Es stand jedoch nicht dabei, in *wessen* Uniform. Wenn ich meine also wieder mal zu Hause vergessen hatte, holte ich mir einfach was aus der großen Tonne in der Ecke der Umkleide, in der liegengebliebene Sportsachen gesammelt wurden, und war für diesen Tag jemand anderes.

Immer öfter war ich Katashi. Vor Katashi Yamada, der zur Frischfleisch-Clique gehörte, hatten alle eine Heidenangst. Einmal sitzengeblieben, weil er zu oft geschwänzt hatte, überragte er alle in seiner Klasse und war bekannt für seine langen, blondierten Ponysträhnen und dafür, dass er nie was anderes trug als ein weißes T-Shirt, schwarze Jeans, eine schwarze Jacke und Baseball-Batter-Handschuhe mit abgeschnittenen Fingerspitzen, deren scharfkantige Ränder einem ohne viel Aufwand eine nette Wunde verpassen konnten. Nicht einmal die ganzen Möchtegern-Macker auf dem Schulhof wagten es, sich mit Katashi anzulegen. Einmal meinte ich während der Mittagspause plötzlich, einen *fang pi* zu riechen, stellte dann aber fest, dass Katashi mir mit seinem gepimpten Feuerzeug mit der Zehn-Zentimeter-Flamme die Haare angezündet hatte. Er hatte nicht mal was gegen mich persönlich, ihm war nur langweilig. Ein paar Wochen später war ihm im Physikunterricht wieder mal langweilig und er nahm einfach so zwei Blöcke Trockeneis in die Hand. Er musste mit Erfrierungen an den Fingern zum Arzt und blieb die nächste Woche zu Hause. Danach wurden seine Besuche in der Schule immer spärlicher, bis sie schließlich ganz ausblieben.

Als ich seine Uniform in der Fundsachen-Tonne entdeckte, gab ich mir überhaupt keine Mühe mehr, an mein Sportzeug zu denken. Immer öfter lieh ich mir seine stinkigen, riesigen Klamotten aus. *Katashi Yamada* stand quer über meiner Brust, und ich musste die Shorts zwar alle paar Meter hochziehen, aber ich schenkte Mr. Marsden jedes Mal, wenn ich während der Aufwärmrunden an ihm vorbeilief, ein strahlendes Lächeln. Sosehr es ihn fuchste, er konnte mir keinen Verstoß gegen die Regeln nachweisen.

Ich hangelte mich von Nacho-Tag zu Nacho-Tag

durch die Middle School, von einem Besuch beim Direktor zum nächsten, und immer schleppte ich meinen Ghettoblaster mit mir herum, meine angespannte Energie, den gerechten Zorn all der Rap-Musik, die ich hörte und mit der ich kompensierte, dass ich meinen Platz im Leben noch immer nicht gefunden hatte. Ich war fest davon überzeugt, dass ich die Kraft in mir trug, die Feinde zu besiegen, die mich außen vor lassen wollten – wenn ich nur wüsste, wer die denn eigentlich waren. Ich war stets bereit für den ultimativen Kampf, für den Moment, in dem mich der Wu-Tang Clan willkommen heißen, in dem mein wahres Ich triumphal aus einem Häuflein jämmerlicher Asche aufsteigen würde.

Und dann kam dieser Moment tatsächlich, in der achten Klasse, an dem sonnigen Freitagnachmittag vor den Frühjahrsferien, auf dem Flur vor der Umkleide, fünf Minuten vor Ende der Sportstunde, sieben Wochen vor meiner Entlassung aus dem Militärgefängnis der Estacada. Nur noch eine einzige Mathestunde stand zwischen mir und den Ferien, die nächste Klasse wartete schon draußen vor der Umkleide, aber Mr. Marsden und seine Trillerpfeife versperrten uns den Weg hinaus. Ich hatte die Regel schon immer besonders unfair gefunden, dass wir noch dableiben mussten, obwohl der Sportunterricht bereits zu Ende war, und bat Mr. Marsden um eine Erklärung.

»*Warum*, Mr. Watsky?«, keifte er. »Weil es noch nicht geklingelt hat, *darum!*«

Ich fühlte, dass der Moment für den Showdown gekommen war, die Gelegenheit, auf die ich immer gewartet hatte. Sehr zur Verwirrung von Mr. Marsden fummelte ich an den Knöpfen meines Ghettoblasters herum, bis *Ride wit me* erschallte, mein Lieblingslied auf *Country Grammar,* und nahm eine herausfordernde Haltung ein.

Und dann fing ich an, Mr. Marsden ins Gesicht zu rappen, mit aller Leidenschaft, die ich in mir hatte, als könnte ich ihn und seine ungerechten Regeln mit der Kraft meiner Wortspiele in die Knie zwingen. Ich habe keine Ahnung, was ich genau gesagt habe. Ich nehme mal an, es war ein wirres Medley aus den wenig jugendfreien Texten meiner damaligen Lieblingslieder. Die anderen Schüler müssen ziemlich verdattert verfolgt haben, wie da einer von ihnen seinen Lehrer zu einem Rap-Battle herausforderte. Ich reimte und reimte, bis mich das schrille Klingelzeichen mitten im Satz unterbrach. Dann rannte ich weg und ließ den verblüfften Mr. Marsden einfach stehen. Wenig später, auf dem Weg zur Mathestunde, hatte ich die Konfrontation schon wieder vergessen. Aber fünfzehn Minuten vor Schluss und damit vor Ferienbeginn ertönte die graue Gegensprechanlage, und ich verspürte das mir bestens vertraute flaue Gefühl im Magen.

Es war mein letzter Besuch beim Direktor an der Estacada.

Morddrohung gegenüber einem Staatsangestellten, so lautete die Anklage. Und das war in Kalifornien eine Straftat, erklärten mir die beiden Polizisten, die mit dem Direktor auf mich warteten, und dass es allein von ihrer Laune abhinge, ob sie mich sofort in den Jugendknast verfrachteten oder später. Ich fragte, wo Mr. Marsden sei, weil ich mich bei ihm entschuldigen wolle. Er sei nebenan, sagte Mr. Lim, aber noch viel zu aufgewühlt, um mich zu sehen.

Direktor Lim, seine Stellvertreterin Victoria Crowder, die Polizisten und meine Mutter fanden schließlich einen Kompromiss, um mich vor dem Jugendknast zu bewahren: Mein Name wurde von der Liste der Jahrgangsbesten gestrichen, ich durfte nicht mit auf die Klassenfahrt nach Washington, D.C., bekam eine fünftägige Suspendierung und blieb danach auf Bewährung: Wenn ich mich in den letzten Wochen der achten Klasse noch einmal danebenbenahm, flog ich von der Schule. Ich würde gern behaupten, dass ich das Ganze damals mit Humor nahm, aber ich war nun mal der Junge, der in der Nacho-Schlange weinte. Zwar wurde ich von Schulautoritäten bestraft, für die ich wenig Respekt übrighatte, doch auf keinen Fall wollte ich meine Mom noch mehr enttäuschen, der ich ansah, dass sie sich allmählich fragte, ob ich nur manchmal Mist baute oder ein hoffnungsloser Fall war.

»Ich werd schon keine Häuser klauen«, versprach ich ihr zu Hause, während ich auf den alten, ramponierten Esstisch starrte und an die gutgemeinten Gespräche und Standpauken der letzten Jahre zurückdachte.

Als ich nach meiner Suspendierung an die Schule zurückkehrte, riss ich mich zusammen und ließ mir auch wirklich nichts mehr zu Schulden kommen. Sieben Nacho-Tage später war ich frei.

Im Jahr darauf, ich war längst an der Highschool, erfuhr ich, dass Mr. Marsden entlassen worden war. Er hatte einem Störenfried, der entgegen den Schulregeln auf dem Gang gerannt war, mit einem seiner Generalschlüssel eins verpasst. Ich dachte kurz darüber nach, ob ich ihn wohl an den Rand des Wahnsinns getrieben hatte und der arme Missetäter nur der letzte Tropfen gewesen war, der das Fass zum Überlaufen brachte. Ich denke aber, dass Mr. Marsdens Probleme tiefer lagen. Im Rückblick erkenne ich mich mehr in ihm wieder, als ich damals zugegeben hätte.

Vielleicht hatte er keine Eltern, die ihm beigebracht hatten, stolz auf seine kanadischen Wurzeln zu sein oder dass es einen Unterschied gibt zwischen rechtens und gerecht. Ich hoffe aber sehr, dass ich mich täusche. Dass er genauso viel Glück hatte wie ich, dass er eine Familie hatte, der er so viel bedeutete wie ich meiner. Ich hoffe, dass er nach seinem Rauswurf seine Mom irgendwo in Yukon angerufen hat und sie unter Tränen zu ihm gesagt hat: *Ach Schatz, ich mach mir einfach Sorgen um dich … Heute ziehst du einem Schüler eins mit dem Schlüssel über, und als Nächstes klaust du Blockhütten!* Und dass er dann erst darüber nachgedacht hat, wie das überhaupt gehen soll, sich danach aber fest vorgenommen hat, ihr das Gegenteil zu beweisen.

Blutgruppe 0

Der Marktplatz im spanischen Pamplona war brechend voll: überall betrunkene, schwitzende Männer, denen der Alkohol aus jeder Pore drang. Hier auf der Plaza del Castillo fand gerade der Chupinazo statt, der Auftakt der alljährlichen Fiestas de San Fermín rund um den traditionellen Stierlauf. Platz und Luft waren ein knappes Gut, es war wie beim Kampf um die Armlehne im Flugzeug – die Alphamännchen machten sich breit, und der Rest von uns musste mit dem vorliebnehmen, was übrig blieb, hielt sich an Laternenpfählen fest oder gab auf und ließ sich einfach vom Mahlstrom mitreißen. Pamplona war ein Ort für echte Männer, da waren Tim, Robbie und ich uns einig gewesen, und darum die perfekte erste Station für unseren Rucksackurlaub nach dem Highschool-Abschluss. Während wir uns am Rande des Gedränges an eine stuckverzierte Hauswand drückten, fragte ich mich, was für ein Mann ich denn eigentlich war.

Als Kind hatte ich mir manchmal das Schreckensszenario einer Welt ausgemalt, in der es nicht mehr genug Platz für alle gab. Irgendwann musste es ja dazu kommen, eines Tages würde das exponentielle Bevölkerungswachstum die Erde an ihre Grenzen bringen, jeder Quadratmeter Land würde vor Menschen wimmeln, alle Wiesen, Gebirge, Wälder und Wüsten wären gerammelt voll und man könnte alles nur noch im Stehen machen: essen, schlafen, Sex haben, gebären … Letzteres am besten im Handstand, so dass eines Tages ein Kind aus der sich windenden Masse nach oben ploppen und eine neue Generation begründen würde, die auf den Köpfen ihrer Ahnen aufwuchs, bis auch diese neue Schicht irgendwann überfüllt war.

In der dichten Chupinazo-Menge – ich sah nur noch Hinterköpfe und ein wenig Himmel – schien mir meine kindliche Horrorvorstellung gar nicht mehr so weit hergeholt. Ab und zu tauchte von irgendwoher eine Hand mit einer Sektflasche oder einem Colabecher auf wie ein Flugzeug, das überraschend die Wolkendecke durchbricht, und zwischen Bartstoppeln klappte ein Mund weit auf. Der dazugehörige Mann trank so schnell und viel er konnte, ehe ihm die nächste Bewegung der Menge die Flasche vom Mund schlug und dabei einen dunklen Latz auf seinem weißen T-Shirt hinterließ.

Dunkelrote Flecken hatte hier fast jeder, denn das beliebteste Getränk bei den Fiestas de San Fermín war der Kalimotxo, ein grauenhafter Mix aus Cola und billigem Rotwein. Hatte man einmal damit angefangen, war es ratsam, möglichst den Pegel zu halten, wollte man nicht nur den Stieren, sondern auch dem berüchtigten Pamplona-Kater entkommen.

Leere Sektflaschen wurden einfach auf das Kopfsteinpflaster geworfen, und die weiße Leinenhose, die zusammen mit dem weißen Hemd, der roten Schärpe und dem dazu passenden traditionellen Polyesterhalstuch *made in China* zur Festivaluniform gehörte, hatte einen Kordelzug, der – wann und wo auch immer nötig – diskretes Pinkeln erlaubte. Ich war stolz, Teil dieser torkelnden Masse zu sein, ein Wo-ist-Walter unter vielen. Ich holte tief Luft und streckte die Brust raus.

Robbie, Tim und ich wagten uns genau einen Schritt von unserer Wand weg, da wurden wir schon von der Flutwelle mitgerissen, die sich auf den steinernen Pavillon in der Mitte des Platzes zubewegte. Ich klammerte mich an einen Zipfel von Robbies Hemd wie ein Bergsteiger an sein Seil und versuchte, um die Pissepfützen und Sektflaschenscherben am Boden herumzunavigieren.

»Sag mal, wo ist eigentlich Tim?«

Ich konnte Robbie über das deutsche, spanische und russische Gejohle hinweg kaum verstehen. Ein Korken knallte direkt neben meinem rechten Ohr, eine Flasche zerbrach direkt neben meinem linken Fuß. *Olé, olé, olé, olé!,* grölte die Menge. Wir suchten die rülpsenden Wogen hektisch nach Tims braunem Wuschelkopf ab und schrien uns heiser, aber der Lärm verschluckte unsere Rufe, Tim hätte genauso gut einen Meter neben uns stehen können oder zehn. Nach einigen endlosen Minuten hatten wir uns an den Rand des Platzes vorgekämpft, wo sich der Wald aus Ellbogen ein wenig lichtete.

»Tim! Tim!«

Ich entdeckte ihn als Erster. Er stand unweit von uns und sah noch blasser aus als sonst.

»Hey, Jungs.«

Er schwankte wie ein Jengaturm kurz vorm Einsturz. Und dann sah ich auch warum.

Mir war das Blut zunächst gar nicht aufgefallen, weil es genau die Farbe von Tims Schärpe und Halstuch hatte, aber nun sah ich, dass sein linkes Hosenbein bis zum Knie hinauf rot und sein linker Fuß nur noch eine rote Masse war, in der man undeutlich den schwarzen Riemen seines Flip-Flops erkennen konnte.

»Ich fühl mich ein bisschen komisch.«

Robbie und ich legten uns je einen Arm von Tim über die Schulter und schleppten ihn wie Jesus Christus in die nächste Gasse hinein, an einer Kirche vorbei. Meine Jorge-Watsky-Zeiten waren ewig her und ich konnte kaum noch Spanisch, aber ich versuchte trotzdem, einen Passanten um Hilfe zu bitten.

»*Lo siento, ¿dónde está …?*«, fing ich an und stockte.

Moment mal, hieß es *el hospital* oder *la hospital?*

Mit dem richtigen Geschlecht habe ich bei den spanischen Wörtern schon immer Mühe gehabt. In Zweifelsfällen halte ich mich an Klischees.

Heilberufe passen traditionell besser zu Frauen, aber am Ende sind es doch eher Männer, die irgendetwas Hirnverbranntes anstellen und dann ins Krankenhaus müssen, also …

»*¿Dónde está* el *hospital?*«

Zugegeben, es war schon ziemlich dämlich von uns, da in Flip-Flops herumzulaufen. Ein paar Zentimeter weiter, dann wäre Tims Fußrückenarterie durchtrennt worden und er wäre innerhalb von zehn Minuten verblutet, erklärte uns der Arzt. Wir kamen schnell dran, da sich die meisten Stierlauf-Besucher erst verletzen, wenn die Stiere laufen. Im Moment gab es im Krankenhaus also noch genug

Betten und Hände, die sich um durchtrennte Sehnen kümmern konnten.

»Ich hab meine Zehen erst überhaupt nicht mehr bewegen können«, erzählte Tim und betrachtete stolz seinen Streckverband.

Sobald klar war, dass er überleben würde, wandten sich unsere Gedanken dem Stierlauf am nächsten Morgen zu. Tim musste auf jeden Fall die nächsten Tage im Krankenhaus verbringen, aber reichte das für Robbie und mich als Ausrede, um die Mission komplett abzubrechen? Ich überlegte, ob wir unseren Freunden zu Hause später einfach erzählen könnten, wir hätten Tag und Nacht an Tims Bett wachen, ihm den Schweiß von der Stirn tupfen und seine Bettpfanne leeren müssen. *Wir waren am Boden zerstört*, würde ich behaupten. *Wir wollten ja unbedingt mitlaufen, aber wir konnten unseren verletzten Bruder natürlich nicht im Stich lassen.* Dummerweise bat Tim uns in dem Moment, die Mission in seinem Namen zu Ende zu bringen.

»Bitte. Ihr wisst doch, ich wollte unbedingt mitlaufen, aber tja …« Er deutete auf sein Bein.

Also machten Robbie und ich uns am nächsten Morgen auf den Weg. Es war noch dunkel. Ich band meinen Gürtel ein wenig fester und drehte den Knoten meines Halstuchs zur Seite, damit man den Fleck mit Tims Blut auf meinem Hemd besser sehen konnte. Ein kühler Windhauch kroch mir unter die dünne Leinenuniform, und ich bekam eine Gänsehaut. Keine Ahnung, ob wir am Anfang oder am Ende der gut achthundert Meter langen Strecke standen, auf jeden Fall war es trotz der frühen Stunde schon voll, und über den Holzabsperrungen zu beiden Seiten der Gasse platzten die Wohnungen vor Zuschauern aus allen Nähten. Die Meute von der Plaza del Castillo hatte seit gestern anscheinend einfach weitergetrunken, die Nacht durchgemacht, und dann waren die Männer, deren Kampfeslust in umgekehrtem Verhältnis zu ihrem Gleichgewichtssinn stand, unter Grölen und Kotzen hierhergetorkelt. Unglaublicher Mut und unglaubliche Dummheit, ging mir auf, das waren die Schlüssel zu einem frühen Tod.

Während wir unsere Plätze einnahmen, überlegte ich, ob es eine Möglichkeit gab, mein Leben doch noch ein wenig zu verlängern. *War es klüger, dicht bei Rob zu bleiben, oder war sich hier jeder selbst der Nächste? Sollte ich mich an die Wand drücken und die Menge an mir vorbeirammeln lassen? Lieber langsam losjoggen und versuchen, mich in der Masse der Läufer zu verlieren? Oder doch besser nach vorne sprinten und irgendwo aus einem Ausgang schlüpfen?* Bilder zogen vor meinem geistigen Auge vorbei, erst noch unscharf, dann immer klarer: Auf den Hörnern eines riesigen Mutantenstiers aufgespießt, wurde ich hin und her geschleudert wie eine Stoffpuppe. Die Welt wirbelte um mich herum, und als ich an mir herabblickte, sah ich zwei ausgefranste Ohren, ein Paar Nüstern mit Nasenring, aus denen Dampf strömte, und zwei blutige Hörnerspitzen, die aus meinem Körper ragten – eine durch mein Brustbein, die andere auf Höhe meiner Weichteile.

Mein Herz schlug schneller, und die Angst wurde immer größer. Wieso machte ich mir eigentlich schon beim Gedanken, vor einer Kuh wegzurennen, fast in die Hose, wo doch im Laufe der Jahrhunderte überall auf der Welt, überall auf diesem blutgetränkten Kontinent Millionen ganz normaler junger Männer in den Krieg gezogen waren, bereit, den Tod zu bringen und ihm ins Gesicht zu sehen? Was hatten die bloß, was ich nicht hatte? Na ja, da kam mir gleich eine ganze Liste von Dingen in den Sinn: eine gute Sache, für die sie stritten … eine Bedrohung, vor der sie ihre Familien und ihre Heimat verteidigen mussten … oder, wie die altnordischen »Berserker« – die legendären Wikingerkrieger, die in einem tranceartigen Rausch kämpften und mit ihren handgeschmiedeten Äxten Gliedmaßen im Akkord abhackten – große Mengen Alkohol und halluzinogene Pilze.

Ich empfand noch nicht mal Hass, egal wie viel Mühe ich mir gab. Ich betrachtete den Stier zwar durchaus als meinen Feind, aber ich wusste aus den Artikeln, die ich im Vorfeld über das San-Fermín-Fest gelesen hatte, wie das alles ablief. Während ich hier mein Bandana zurechtrückte, bekamen die Stiere Vaseline in die Augen gerieben, damit sie schlecht sahen, und wurden von den Wärtern geschlagen, damit sie dann völlig aufgepeitscht aus dem Gatter preschten, in das zweite Gehege, wo sie erst einmal gegen die Wände taumelten, weil man ihnen ein Stück ihres linken Horns abgesägt und damit ihren Gleichgewichtssinn beeinträchtigt hatte. Dort warteten auch schon die berittenen Picadores, die ihnen in Rücken und Nacken stachen, damit sie, wenn der Stierkampf begann, nicht mehr die Köpfe heben und sich gegen die Banderilleros wehren konnten, die zu Fuß um sie herumflitzten und immer wieder mit lustig bunten Speeren auf sie einstachen. Und wenn dann endlich der Matador mit flatterndem Umhang und blitzender Klinge seinen Auftritt hatte, waren die Stiere bereits so schwach und benommen, dass man ihnen nur noch einen schnellen Tod wünschen konnte. Doch manchmal schaffte es der Matador nicht, das Rückenmark sauber zu durchtrennen, und das verwundete, fast ohnmächtige Tier wurde an den Hörnern aus der Arena geschleift, wo ihm die Ohren und der Schwanz abgeschnitten wurden, die dann der Matador als Trophäe für seine Heldentat bekam.

Während Robbie und ich uns noch mental zu rüsten versuchten, wurden unsere Kameraden um uns herum immer ungeduldiger und begannen schließlich, die Polizisten hinter der Sperrholzwand mit leeren Bierflaschen zu bewerfen. Ein paar Mutige kletterten sogar hinauf und warfen sich wie Stagediver direkt auf die Beamten.

Und dann wurde das Gatter geöffnet.

Ich würde ja gern behaupten, dass ich dort einen richtigen Krawall mit allem, was dazugehört, erlebt habe, aber einen Schlagstock habe ich nicht abgekriegt, also zählt das wohl nicht. Ich erinnere mich nur noch an verschwommene Farben – rot, weiß, die dunkelblauen Polizeiuniformen, die grauen Haare einer älteren Dame, einer unschuldigen Zuschauerin, die zwischen die Fronten geraten war. Soweit ich es mitbekommen habe, wurde aber niemand ernsthaft verletzt. Wir hielten uns bei diesen Bullen an dieselbe weise Strategie wie bei echten: Wir rannten weg.

Robbie und ich hatten viel Übung darin, vor der Polizei wegzulaufen. Freitagabends jagten die nämlich gerne betrunkene Highschool-Kids durch die Wälder von San Francisco. Ich war dabei als Einziger immer nüchtern, aber nicht etwa, weil ich prinzipiell gegen Alkoholkonsum vor der Volljährigkeit gewesen wäre. Das Trinken hatte damals meiner Meinung nach nur mehr mit Gruppenzwang als mit Rebellion zu tun, und an der Highschool versuchte ich mittlerweile eher aufzufallen als dazuzugehören.

In der zwölften Klasse löste die Polizei einmal eine Party unter freiem Himmel auf, und während Robbie und ich vor den blitzenden Taschenlampen wegrannten, fühlte ich plötzlich etwas Lebendiges, Weiches an meinem Fuß. Ich blickte hinunter, und auf dem Waldboden lag ein Eulenjunges mit zerzaustem Gefieder, dessen rechter Flügel verdreht war, und gab leise Klagelaute von sich. Wir waren uns sofort einig, dass wir es nicht zurücklassen konnten, wickelten den Vogel in Robbies Jacke und rannten mit ihm weiter. Als wir in Sicherheit waren, fischten wir einen Pappkarton aus einer Mülltonne und setzten das Eulenbaby dort hinein. Es sah uns mit seinen glänzenden schwarzen Knopfaugen an. Kaum zu glauben, dass so ein kleines, verletzliches Wesen so weit oben in der Nahrungskette angesiedelt sein sollte. Ich schlug vor, es John zu taufen, Spitzname: Johnny. Wir fuhren mit dem 44er Nachtbus zum Park Animal Hospital (die wenigen Nachtbusse, die es in San Francisco gibt, heißen passenderweise Owl Busses), riefen bei der Nummer vom Bereitschaftsdienst an, die dort an der Glastür stand, und übergaben Johnny an jemanden, der sich besser um ihn kümmern konnte als wir.

Als Robbie und ich in Pamplona endlich aufhörten zu rennen, dachten wir nur an uns selbst. Wir standen da, die Hände auf die Knie gestützt, und überlegten, was wir jetzt bloß Tim erzählen sollten.

Da hob Robbie, immer noch keuchend, sein T-Shirt hoch und zeigte mir die etwa dreißig Zentimeter lange, bananen- und auberginenfarbene Ausrede, die ein Polizeischlagstock dort hinterlassen hatte.

*

»Komm rauf, Junge, ich hab genug Frühstück für zwei!«

Ein Mann Mitte vierzig hatte schwungvoll die Läden seines Balkons im zweiten Stock aufgestoßen und rief nun mit starkem französischem Akzent zu mir herunter. Die Morgensonne malte ein Streifenmuster aus Licht und Schatten auf den Gehweg, Fahrradfahrer klingelten, und Paris blinzelte sich den Schlaf aus den Augen. Hätte mich nicht gewundert, wenn hinter dem Mann jetzt zwei Rotkehlchen trällernd herausgeflattert wären oder die Mülltonnen eine Musicalnummer angestimmt hätten. *Der Typ will mir da oben doch bestimmt nur an die Wäsche und mich hinterher zu Bouillon verarbeiten,* dachte ich bei mir.

Paris war der zweite Stopp auf unserer Reise, aber nachdem Tim sich verletzt hatte, war sein Vater sofort ins Flugzeug gestiegen und von Kalifornien hierhergeflogen, um seinen Sohn wie nach einem Schultag abzuholen und wieder mit nach Hause zu nehmen. Unser Paris-Aufenthalt wurde also zu einer Abschiedsfeier für Tim. Ich versuchte, ihn und Robbie davon zu überzeugen, dass wir unserem Reisestil trotzdem treu bleiben sollten. *Schön für Tims Vater, dass er so viel Geld hat und uns eine schicke Unterkunft mit Wandleuchtern, Zierdeckchen und Zimmermädchen mit weißen Schürzen spendieren will. Na und? Uns geht es doch um Unabhängigkeit! Wir lassen uns sicher nicht korrumpieren und steigen in irgendeinem Schicki-Micki-Vier-Sterne-Hotel ab. Stimmt's?!*

Tim und Robbie schüttelten lediglich die Köpfe, und nach dem Abendessen trennten sich unsere Wege. Ich hätte mir ein Hostel leisten können, aber um mir und den anderen zu beweisen, was für ein

Mann ich war, beschloss ich, diese Nacht auf der Straße zu verbringen.

Ich strich erst mal über eine Stunde durch das fünfte Arrondissement und suchte erfolglos nach einem passenden Hauseingang – sie waren alle zu klein, zu exponiert, zu sehr im Getümmel oder wiederum zu einsam. Am Ende entschied ich mich für die Treppe unter dem Torbogen einer gotischen Kirche. Ich legte mich auf die oberste Stufe, stopfte mir meinen Rucksack unter den Kopf, zog die Arme aus den Jackenärmeln und unter mein T-Shirt, um sie zu wärmen, und schloss die Augen – bis mich, nach gefühlten zwei Sekunden, der Fremde vom Balkon herab mit seiner Einladung zum Frühstück (und wahrscheinlich auch zum Bewundern seiner Briefmarkensammlung) weckte.

»Nein, danke«, antwortete ich. Ich musste es dreimal sagen, bevor der Mann endlich mit einem Schulterzucken in seiner Wohnung verschwand. Vielleicht meinte er es ja tatsächlich nur gut, vielleicht hatte er wirklich bloß einem armen Gassenjungen helfen wollen, und mein Magen knurrte ehrlich gesagt auch schon. Aber lieber leide ich Hunger, als mit einem Franzosen eine Unterhaltung wie die folgende führen zu müssen: *Keinen Schinken für mich, bitte, sorry – nein, Croissants mag ich auch nicht – danke, nein, auch keine Eier bitte – nein, nein, es ist keine Lebensmittelunverträglichkeit – und nein, ich möchte auch keine Banane – ja, ich weiß, aber ich … na ja, ich mag einfach keine Bananen.* Allein schon bei der Vorstellung, wie ich jedes peinliche Klischee über verwöhnte amerikanische Touris bestätigte, wurde mir ganz anders.

Ein paar Stunden später traf ich bei Tim und Robbie im Hotel ein, dessen viele Annehmlichkeiten ich natürlich geflissentlich übersah. Wir zogen uns für das Abschiedsessen um. Ich band meine lavendelfarbene Krawatte zu einem perfekten Windsorknoten (worauf ich mehrmals hinwies) und zog einen blaugrünen Pullover an, der perfekt zu meinen Manschettenknöpfen passte, wenn auch weniger gut zu dem Aussteiger-Image, das ich doch eigentlich pflegen wollte. Robbie hatte endlich Gelegenheit, seine Brogues auszuführen, und Tim trug Jeans, ein neues Paar Krücken und ein Hemd, bei dem er die obersten beiden Knöpfe offen ließ – ganz der Vater.

»Heute Abend geht alles auf mich«, erklärte dieser vor dem Essen. Andy Somerhill sieht aus wie ein Tim, der zu lange in der Sonne gelegen hat und dann mit Photoshop zehn Zentimeter in die Länge gezogen wurde. Ein Versicherungstycoon, der nach strengen Grundsätzen lebt: *Man muss das Leben genießen, sonst hat es keinen Sinn,* und *Was eine Frau nicht weiß, macht sie nicht heiß.* Zusammen mit drei oder vier Freunden, die auch gerade ihren Abschluss in Paris feierten, saßen wir an einem großen runden Tisch, mir gegenüber Mr. Somerhill und links von mir seine Schwägerin, eine mehrfach geschiedene Dame, die ich hier Lady Brett Ashley nennen werde.

»Darf ich dich mal was Persönliches fragen?«, wandte sie sich an mich, während wir die Speisekarte studierten. »Welche Blutgruppe hast du eigentlich?«

»Ich glaube, ich bin Null.« Es war schon lange her, dass ich mal Blut gespendet hatte.

»Im *Ernst*? Wusste ich's doch!«

Lady Brett streichelte mir den Arm und wirkte beeindruckt. Ich wollte mir meine Nervosität auf keinen Fall anmerken lassen und überließ ihr meinen Arm als Kratzbaum.

Es sah aus, als würde Lady Bretts Perlenkette von einem Magneten in den tiefen Ausschnitt ihres Kleides hinabgezogen – die Perlen glitten über eine weite Ebene regelmäßig auf einer Yacht vor Mallorca, Ibiza oder Martinique wettergegerbter Haut und stürzten sich dann geradezu hinein in den sagenumwobenen, schwarzen Abgrund, der Männer willenlos macht, in den Schatten zwischen den

Klippen ihrer vorspringenden Silikonbrüste. Vielleicht hatte sie mich verhext oder so. Ich hatte eigentlich nichts für Silikon übrig, aber wenn Mrs. Ashleys Kette wieder mal ein Stück runterrutschte, hatte ich meine liebe Mühe, ihr nicht mit dem Blick zu folgen.

»Fünf Sehnen durchtrennt? Wie besoffen wart ihr Jungs denn bloß?«

»Um ehrlich zu sein waren wir völlig nüchtern«, gab ich zu, worauf sie die Augen verdrehte. »Ich meine, wir hatten auf jeden Fall vor, was zu trinken«, schob ich schnell hinterher. »Wir waren bloß noch nicht dazu gekommen.«

»Na dann – probier mal den Portwein.« Sie hielt mir mit kokettem Lächeln ein kleines Glas mit einer dunkelroten Flüssigkeit hin.

Ich hatte Lady Brett nicht erzählt, dass ich noch nie im Leben betrunken gewesen war und vor ein paar Tagen überhaupt zum ersten Mal Alkohol getrunken hatte – was hier in Europa mit meinen achtzehn Jahren ja legal war – oder dass ich zu Hause immer der freiwillige Fahrer vom Dienst gewesen war und nach Partys meine hackedichten Freunde mit dem gebrauchten Volvo-Kombi meiner Mutter nach Hause gefahren hatte.

Portwein sei etwas Exquisites, ein Dessertwein, klärte mich Brett auf.

»Aber man muss sich ja das Süße nicht fürs Dessert aufheben, oder?« Von Glas zu Glas wurde sie vertraulicher, legte mir den Arm um die Schultern, stupste mich neckisch in die Seite oder drückte meine Hand. Erst kam mir Portwein wie Kalimotxo für Reiche vor, aber nach und nach tranken wir uns durch die Karte, und jedes Glas schmeckte besser als das davor. Und je mehr Portwein ich trank, desto schwindeliger wurde mir und desto anziehender fand ich Brett. Während einer kurzen Pause in unserer Unterhaltung fiel ihr Blick auf meinen armseligen Gemüseteller. Sie runzelte die Stirn. Was denn mit mir los sei?

»Ich bin Vegetarier.«

»Ganz bestimmt nicht. Nein, nein, nein, nein, *nein*«, widersprach Brett. »Blutgruppe Null ist doch der Ur-Typ, das bedeutet, du bist der geborene Anführer. Du bist extrovertiert und selbstbewusst. Und du brauchst Fleisch …«, Brett nahm einen Löffel von ihrem Lammragout, »… damit du genug Testosteron hast.« Sie hob den Löffel. »Komm schon, nur einen Bissen …«

Ich war seit vier Jahren Vegetarier und bisher kein einziges Mal schwach geworden. Klar, es kam vor, dass ich irgendwo eingeladen war und hinterher feststellte, dass Hühnerbrühe in der Sauce gewesen war, oder dass ich mir eine Tüte Chips mit

ominösen »natürlichen Aromen« in der Zutatenliste kaufte. Aber bewusst hatte ich die Regeln nie
gebrochen.

*Ich bin mir zwar alles andere als sicher, aber wer
weiß*, dachte ich, *vielleicht hat Lady Brett ja recht.
Vielleicht bin ich wirklich selbstbewusst und der
geborene Anführer. Vielleicht sollte ich einfach mal
machen, was diese fremde Frau sagt. Vielleicht will
sie ja wirklich mit mir ins Bett …*

Sie führte mir den Löffel an den Mund, und zwar
unter Einsatz ihres ganzen Körpers. Das Lammragout schwebte auf mich zu, und Lady Bretts
Schultern folgten ihm, wobei sich die Träger ihres Kleides ein wenig lockerten und ihr Dekolleté
geradezu gebieterisch meine Aufmerksamkeit ver-
langte. In meinem Kopf mahnte eine leise Stimme,
ich dürfe hier nicht vier prinzipientreue Jahre für
diese Verführerin über den Haufen werfen, deren
Hintern sich gerade Zentimeter um wohlgeformten
Zentimeter vom Stuhl hob, bis das Ragout direkt
unter meiner Nase war. Doch da berührte der Löffel schon meine Unterlippe und das Lamm meine
Oberlippe, und ich schluckte, so schnell ich konnte.

An diesem Abend tanzte ich zum ersten Mal
engumschlungen mit einer geschiedenen Frau. Tim
saß in der Ecke, hatte das Bein hochgelegt, hielt sich
an seinem Drink fest und musste zusehen, wie sich

sein Vater und seine Stieftante mit seinen Freunden vergnügten. Der Türsteher des ersten Clubs, bei dem wir es versucht hatten, hatte sofort kategorisch erklärt, dass man mit Krücken nicht reindürfe, und so waren wir in dieser verschwitzten, pulsierenden Höhle hier gelandet. Es war ein bisschen wie beim Chupinazo oder wie bei einem Schulball, bei dem die Aufsichtspersonen ihren Job an den Nagel gehängt und sich einfach unter die Jugendlichen gemischt hatten.

Ich hielt Tanzen für meine Chance, Lady Brett zu beeindrucken, und konzentrierte mich auf einen möglichst präzisen Rhythmus meiner Hüften und einen weder zu festen noch zu lockeren Druck meiner Hände an ihrer Schulter und ihrem Rücken. Ab und zu löste ich mich von ihr, wirbelte sie herum und zog sie dann wieder nah zu mir heran, so dass ihr rechter Oberschenkel zwischen meinen Beinen landete. *Was für ein begnadeter, reifer, leidenschaftlicher Tänzer – und das in seinem Alter,* ich konnte ihre Gedanken förmlich hören. Sie hatte die Wange an meine Schulter gelehnt und ich küsste ihren Hals. Vermutlich bekam sie zu diesem Zeitpunkt jedoch schon nicht mehr allzu viel mit und hing bloß noch in meinen Armen, während ich sie wie einen Sandsack über die Tanzfläche zerrte.

»Brett, tanz doch mal mit Robert!«, rief auf einmal Tims Vater. Mrs. Ashley machte sich mühsam von mir los und tappte unsicher davon.

Plötzlich war ich allein, mein Rausch fast verflogen, und ich brauchte dringend ein Glas Portwein. Zu viele Menschen um mich herum. Ich irrte zwischen schwankenden, tanzenden Grüppchen umher und trat bei jedem Schritt irgendjemandem auf den Fuß. Ich drängelte mich durch ein Dickicht von französischen Mackern mit zurückgegelten Haaren und durch Schwaden von Parfum und Aftershave zur Bar vor.

Etwas bestellen zu wollen, aber vom Barkeeper ignoriert zu werden, gehört zu den demütigendsten Situationen im Leben eines Mannes. Nachdem ich mich mühsam durch die Schichten der Wartenden vorgekämpft hatte, stand ich endlich am Tresen. Ich krempelte mir innerlich die Ärmel hoch, ließ meine Fingerknöchel knacken und winkte dann zaghaft dem Barkeeper. Der sah jedoch durch mich hindurch, als wäre ich unsichtbar, und kümmerte sich stattdessen um die Kerle neben mir, die lautstark Unmengen an Shots und komplizierten Cocktails bestellten. Irgendwann, es muss Wochen später gewesen sein, bekam ich endlich meinen Portwein und bedankte mich artig mit einem Lächeln und einem *»merci«*.

Ich nippte an meinem Glas und erblickte Robbie, wie er engumschlungen mit Lady Brett zu einem Lil-Jon-Song tanzte. Mir war sofort klar, was ein geborener Anführer in so einem Moment tat.

Ich musste Robbie umbringen.

Ich wollte es eigentlich nicht, Robbie ist ja echt ein super Typ, aber von solchen Nebensächlichkeiten lässt sich ein Alphamännchen nicht aufhalten. Zum Glück half mir Mrs. Ashley aus dieser moralischen Zwickmühle heraus, indem sie sehr plötzlich den Club verließ – mit dem Mann ihrer Schwester. Also musste ich meinen besten Freund doch nicht töten.

Am nächsten Morgen wachte ich mit dem ersten Kater meines Lebens auf.

Zwei Wochen noch reisten Robbie und ich ohne Tim weiter. Wir kauften uns eine Schachtel fertig gerollter Joints in Amsterdam, flohen vor einer Straßenschlacht in einem Fischerdorf namens Hjørring in Dänemark, bestaunten von einer Fähre aus die norwegischen Fjorde, fuhren mit unserem Eurail-Ticket quer über die Skandinavische Halbinsel und ließen uns dabei unser komplettes Gepäck klauen, verbrachten eine Nacht im Bahnhof von Helsinki, bekamen am nächsten Morgen Übergangsreisepässe ausgehändigt, nahmen das nächste Schiff nach Deutschland, wanderten durch die

Schweizer Alpen und gelangten schließlich bis nach Rom. Zehn Länder, drei Wochen, Tausende von geschlechtsreifen europäischen Mädchen, und wir haben's nicht geschafft, auch nur eine davon flachzulegen.

Mein schönster Moment auf dieser Reise war ein ganz ruhiger. Nachdem Rob und ich festgestellt hatten, dass unser Gepäck geklaut worden war, stiegen wir am nächsten Bahnhof aus. Wir waren in einer kleinen schwedischen Stadt gelandet und liefen einfach drauflos. Nach einer Weile kamen wir an einen wunderschönen See. Wir setzten uns ans Ufer und rauchten unseren letzten Amsterdamer Joint. Robbie schlug vor, ihn Johnny 2 zu taufen.

»Verstehste, Johnny der Joint?«

Wir rauchten ihn, bis wir uns die Finger verbrannten, und sahen dabei auf den friedlichen See hinaus. In dem Moment hatte ich kein schlechtes Gewissen mehr, dass ich mich vor dem Stierlauf gedrückt hatte. Ich bereute lediglich, dass ich mir von Lady Brett den Löffel in den Mund hatte schieben lassen. Wann ist ein Mann ein Mann? Viel mehr interessierte mich inzwischen die Frage, was einen Menschen zum Menschen macht. Geld, Abenteuerlust, Testosteron? Da fielen mir ein paar andere, weniger maskuline Wörter ein: Besonnenheit, Gelassenheit, Mitgefühl.

Ich sah Robbie in die geröteten Augen. In ein paar Wochen würden sich unsere Wege trennen, weil wir in unterschiedlichen Städten studieren wollten. Aber ich war dankbar für vier phantastische Jahre und die tolle Reise mit ihm, und froh, endlich einen echten Freund gefunden zu haben.

»Ich glaub, unsere Aufgabe im Leben ist es, Erfahrungen zu machen«, sagte ich.

»Alter, der Joint hier ist auch echt ne Erfahrung.«

Unser kleiner Johnny hatte nun ebenfalls seine Aufgabe erfüllt. Ich legte den Stummel auf ein grünes Blatt, setzte das Blattschiffchen aufs Wasser und gab ihm einen kleinen Schubs. Es kenterte, die Glut erlosch, und der Stummel verschwand in den Tiefen des schwedischen Sees. Ein Wikinger-Schiffsgrab für Johnny 2.

Runter bis zum Filter

Selbsthass funktioniert ja überall auf der Welt, besonders gut klappt es damit aber in Los Angeles. Man hasst sich, weil man den ganzen Tag im Stau steht und nie irgendwo ankommt. Weil einem die Umwelt am Herzen liegen sollte, aber man sie ständig verpestet. Weil alle um einen herum so wahnsinnig schön sind. Die Schönen wiederum hassen sich, weil sie wissen, dass sie nicht ewig schön sein werden. Alle wollen jung bleiben, also hassen sich die, die nicht mehr jung sind. Aber die Jungen hassen sich auch, weil man erst mal ziemlich lange und ziemlich hart arbeiten muss, um in L.A. Erfolg zu haben, also hat man als junger Mensch meistens noch keinen – außer man ist Jennifer Lawrence. Eine so kreative Frau wie Jennifer Lawrence findet aber bestimmt auch noch einen Grund zum Selbsthass.

L.A. ist eine komplizierte Stadt, in der unaufhörlich die unterschiedlichsten Menschen kommen und gehen. Sie inhaliert einen mit ihren rasselnden

Bronchien, atmet einen wieder aus, und wenn man nicht aufpasst, hat man hinterher einen Nikotinfleck auf der Seele.

Seit zwanzig Jahren kündigen die Buchstabentafeln des Comedy Store auf dem Sunset Boulevard Pauly Shore an. HEUTE! THE COMEDY STORE MIT (irgendein Stand-up-Comedian, der gerade in ist) UND (immer) PAULY SHORE! Der Club gehört seinen Eltern, und die haben nie den Glauben an ihren Sohn verloren und ihn immer wieder auf die Bühne getrieben – damals, als er mit seiner Kiffer-Surfer-Figur ganz oben in Hollywood mitmischte, genauso wie später, als er nur noch in Filmen spielte, die direkt auf Video rauskamen, und heute, wo er mit einem Comedy-Programm durch die Unis tourt. So kam es auch, dass ich ihn 2010 in St. Louis bei der Party nach einer Messe für Comedians und Performer kennenlernte. Obwohl ich beteuerte, das sei wirklich nicht nötig, schleifte mich mein Agent durch den ganzen Raum zur Bar, wo Pauly saß.

»Hey Pauly, ich würde dir gern einen meiner Künstler vorstellen: George Watsky. Er ist gerade mit der Uni fertig und vor kurzem nach L. A. gezogen.«

Ich musste mich ganz schön zusammenreißen, ich stand hier immerhin vor The Weasel, und *Bud & Doyle: Total bio* war lange Zeit einer meiner

Lieblingsfilme. Aber ich tat cool und hielt ihn nicht lange auf. Jemand wie Pauly Shore geht nicht zu diesen Messe-Partys, um mit ambitionierten Nachwuchsschauspielern zu netzwerken, die an seinem ohnehin schon wackeligen Thron sägen, sondern um ein Mädchen aufzureißen, das er später ins Hotelzimmer mitnehmen kann. Er war trotzdem sehr viel netter zu mir, als er hätte sein müssen. Er gab mir sogar seine E-Mail-Adresse und meinte, wenn wir wieder in Los Angeles wären, könnten wir uns gern mal treffen. Wir verabschiedeten uns voneinander und wussten beide, dass das nicht passieren würde.

Im Februar 2010 waren Jackson und ich übergangsweise in eine möblierte Wohnung in Burbank gezogen. Auf den ersten Blick wirkten die Oakwood-Apartments toll – sauberer Teppichboden, in jeder Wohnung die gleichen Sofas und schmalen Betten, ein funktionierender Kühlschrank, anständiger Wasserdruck in der Dusche, genügend Parkplätze vor dem Haus, und nur zehn Minuten bis zur nächsten ›In-n-Out Burger‹-Filiale. Nach gerade mal einem Monat taten sich dann jedoch die Abgründe unserer neuen Nachbarschaft auf.

An einem Mittwoch im März saßen wir zusammen im Wohnzimmer, als wir plötzlich Sirenen hörten. In einer Großstadt hört man ja ständig von irgendwoher einen Krankenwagen, aber diesmal war es anders. Das Geheul kam immer näher, und es war auch nicht mehr nur eine einzelne Sirene, es war ein ganzer Chor, der da durcheinanderjaulte, untermalt vom Knattern eines Hubschraubers. Am nächsten Tag war auf allen Klatschseiten eine Luftaufnahme unseres Gebäudekomplexes zu sehen, und ich erfuhr, dass die Krankenwagen wegen des ehemaligen Teenie-Idols Corey Haim da gewesen waren. In letzter Zeit war es nicht mehr allzu gut für ihn gelaufen, und nun war er im Nachbarhaus an einer Überdosis gestorben, kurz nachdem Jackson und ich unsere letzten Umzugskartons ausgepackt hatten.

Jeden Tag streunten unerträglich niedliche Möchtegern-Kinderstars, die für die Pilotfolge einer Serie in der Stadt waren, in Gruppen über den Parkplatz, auf dem die Krankenwagen für Corey gestanden hatten. Falls sie überhaupt zur Schule gingen, dann auf eine »auf Hollywoods Ansprüche zugeschnittene« Schule, oder besser gesagt eine auf Hollywoods Ansprüche zugeschnittene »Schule«. Diese Zwölfjährigen mit den perfekt gestylten Haaren und superweißen Zähnen hingen bis spät in die Nacht ohne Aufsicht am Pool rum (mussten die nicht mal ins Bett?), rauchten Mentholzigaretten und besprachen ihre Karrierechancen miteinander.

»Guck mal, das grüne Armband hier – das wird mein Markenzeichen.«

Wir wohnten nur fünf Minuten von mehreren Eingangspforten für Hollywood entfernt. Zu Warner Bros. und Disney musste man bloß den Barham Boulevard hoch, und falls es da nicht klappte, konnte man immer noch zu Vivid Entertainment auf der anderen Seite des Hollywood Freeway. Die günstigen möblierten Oakwood-Apartments, die man monatsweise mieten konnte, zogen sowohl aufstrebende Kinderstars an als auch Drogenabhängige auf dem absteigenden Ast. Es hat nicht nur Corey Haim dort erwischt, er ist zusammen mit Rick James nur der bekannteste einer ganzen Reihe von Stars, die da ihr Leben ausgehaucht haben.

Nachdem der Gerichtsmediziner Coreys Leiche abgeholt hatte, ist wahrscheinlich gleich die Putzkolonne angerückt, hat seine Fotos und die leeren Pizzakartons in die Mülltonne geworfen, mal kurz überall drübergewischt und ein bisschen Raumspray versprüht, und schon wurde der nächsten lächelnden Familie aus Houston oder Indianapolis der Schlüssel übergeben. Uns wurde schnell klar, dass die Oakwood-Apartments so was wie U-Haft-Zellen waren: Für manche ging es von da ins Showbusiness hinein, für andere wieder hinaus.

Ich würde gern behaupten, dass das alles nichts

mit mir zu tun hatte, aber das wäre gelogen. Ich fing zwar erst ein paar Monate später an, zu Castings zu gehen, da hatten Jackson und ich bereits einen Mietvertrag für eine Wohnung in Mid-City unterschrieben, aber dann saß ich eben doch gemeinsam mit den Oakwood-Kids oder etwas älteren Ausgaben von ihnen im Wartezimmer, hielt mein Hochglanzfoto und die Drehbuchseiten mit meiner Szene in den verschwitzten Händen und flüsterte meinen markierten Text vor mich hin.

»Und, geht's dir wieder besser?«

»*Und,* geht's dir wieder besser?«

»Und, geht's dir … wieder *besser*?«

Bei meinem allerersten Vorsprechen in Los Angeles – es ging um die Hauptrolle in einem Spielfilm namens *Project X* für eins der richtig großen Studios – schaffte ich es bis unter die letzten drei. Ich wurde am Ende nicht genommen, steckte die Abfuhr aber recht locker weg. Wenn ich beim ersten Mal schon so weit gekommen war, würde es ja wohl nicht lange dauern, bis ich ein Star war.

Ich kam meinem Traum nie wieder so nah.

Generell kann man sagen: Je demütigender die Rolle, desto einfacher kriegt man sie. Mein erstes Vorsprechen war mittlerweile ein halbes Jahr her, und ich bekam nur noch Absagen. Ich sprach für die Rolle des nerdigen besten Freundes in einer Sitcom vor – und wurde abgelehnt. Für die Rolle eines Pizzaboten mit genau einer Zeile Text – abgelehnt. Für einen Werbespot, der nur online laufen sollte und für den »echte Hundefreunde« gesucht wurden – abgelehnt. Langsam, aber sicher lösten sich meine Prinzipien in Wohlgefallen auf. Ursprünglich war die Liste der Firmen, für die ich Werbung gemacht hätte, sehr kurz: die San Francisco Giants, Volvo und die Psychotherapiepraxis meines Vaters. Wenn man sich als junger Schauspieler für zu viele Angebote zu fein ist, macht das aber nicht gerade einen guten Eindruck bei Agenten, und moralische Maßstäbe konnte ich mir in meiner Situation nicht leisten. Zumindest redete ich mir das ein, als ich für einen Spot von Kentucky Fried Chicken vorsprach und in der nächsten Woche für eine PETA-Werbung. KFC wollte mich nicht, PETA schon. Ich war seit Monaten zum ersten Mal wieder eine Runde weitergekommen und sah in meiner Erleichterung geflissentlich darüber hinweg, dass PETA eigentlich scheiße ist und ich hier mit der Werbeabteilung zusammenarbeiten sollte, die zum Beispiel die hübsche Kampagne mit dem Slogan DEINE MAMA TÖTET TIERE! über dem Bild einer blutbespritzten Hausfrau, die einen Hasen aufschlitzt, verbrochen hatte. Oder die mit dem Slogan FÜR TIERE SIND ALLE MENSCHEN NAZIS. Millionen Plakatwände mit sexualisierten Fotos von Models und Pornostars. Und nicht zuletzt dieses unverzeihliche ANIMALS-CAN-MAKE-U-SMILE-Poster mit Justin Bieber.

Das war mir in dem Moment aber alles egal, denn ich war in der Endrunde, und das war das Einzige, das zählte. Um an diesen Punkt zu gelangen, musste man als Schauspieler einen anstrengenden Hindernislauf hinter sich bringen. Er begann mit dem ersten Vorsprechen, bei dem man in einem winzigen, stickigen Zimmer stundenlang mit lauter Doppelgängern von sich eingepfercht ausharren musste, bis man endlich fünf Minuten lang die Chance bekam, einen Castingassistenten zu überzeugen. Unter den Hunderten bei diesem ersten Durchlauf wurden wenige Glückliche zum Recall mit dem Castingchef eingeladen. Wenn sie dort weiterkamen, gab es einen zweiten Recall mit dem Regisseur. Und wenn man das alles überstanden hatte, landete man hier in der Endrunde beim ›Chemie-Vorsprechen‹, wo es darum ging, ob man mit seinem potentiellen Gegenüber in der Szene zusammenpasste. Und ein letztes Mal darum, wie gut man den Massen das Dreckszeug des Werbekunden schmackhaft machen konnte.

Da ich bei der PETA-Sache so weit gekommen war, stand natürlich fest, dass die Rolle demütigend sein musste. Das kleine rote Licht an der Kamera leuchtete auf, ich zog mein T-Shirt aus, und sofort machte sich eine Horde Produzenten Notizen zur Blässe meiner Haut und dem genauen Durchmesser meiner Brustwarzen. Ich starrte vor mich auf den Boden. Neben mir zog sich meine Szenenpartnerin »Jessica«, eine hübsche Blondine Anfang zwanzig, verschämt den Pullover aus und legte die Halskrause an, die für ihre Rolle vorgesehen war.

»Also, ich les den Voiceover-Teil«, verkündete der Regisseur gutgelaunt. »Irgendwelche Fragen?«

Jessica stand mit der Schaumstoffhalskrause und ihrem grauen BH da und warf mir einen unsicheren Blick zu.

»Nein? Super, dann los.«

Das Drehbuch befahl mir, in einer unsichtbaren Wand ein unsichtbares Loch mit unsichtbarer Spachtelmasse zu füllen. Ich achtete darauf, dass die Ränder der unsichtbaren Spachtelmasse auch ja ordentlich und glatt wurden, immerhin hing hier meine Schauspielkarriere von meinen Handwerkerfähigkeiten ab.

»Das ist Jessica«, las der Regisseur grinsend vor. »Sie leidet am SMFVLHES-Syndrom – ›Seit mein Freund vegan lebt, hat er Superkräfte‹. Das ist ziemlich schmerzhaft und kann passieren, wenn ein Mann Veganer wird und es seiner Freundin plötzlich besorgt wie ein Tantra-Pornostar.«

Mein Stichwort. Ich räusperte mich.

»Ach, da *bist* du ja. Und, geht's dir wieder besser?«, fragte ich Jessica so mitfühlend wie möglich, und war mir gleich sicher, dass ich das falsche Wort betont hatte. Jessica, der eigentliche Star des Werbespots, zuckte dramatisch mit den Schultern. Und das war's auch schon. Sie legte alles in dieses Schulterzucken, das nicht im Drehbuch stand, denn es war ihre einzige Möglichkeit, die Produzenten von sich zu überzeugen. Text hatte sie nämlich keinen. Dafür aber noch eine weitere Szene, eine Rückblende, in der sie voller Elan von hinten genommen wird, mutmaßlich kurz bevor sie dann mit dem Kopf das Loch in die Wand haut.

»Gar nicht schlecht«, sagte der Castingchef. »Und jetzt probieren wir das Ganze noch mal ein bisschen anders.«

Wir spielten die Szene also noch mal durch, und ich spachtelte wieder voller Enthusiasmus das unsichtbare Loch zu, wobei mir aufging, dass das Loch ja tatsächlich da war, nur die Wand war unsichtbar. Jessica zuckte eloquent mit den Schultern, wir zogen uns wieder an, und dann wurden die nächsten zwei hereingerufen. Die folgenden Tage nahm ich mein Handy sogar mit aufs Klo, für den Fall, dass die Agentur genau in dem Moment anrief.

Ich muss wohl ziemlich gut darin sein, unsichtbare Wände zu verspachteln. Mein Manager Ted rief mich an und erklärte aufgeregt, ich sei in der Warteschleife. (»In der Warteschleife sein« bedeutet, dass man in der engeren Auswahl ist und sich komplett freinehmen darf, um jederzeit verfügbar für eine Rolle zu sein, für die man noch keine Zusage hat.)

»Die vom Casting meinten aber, du hast das Ding so gut wie in der Tasche«, sagte Ted.

Es war egal, dass ich für eine abscheuliche Organisation einen völligen Idioten in einem Werbespot spielen würde, der auf einem schlechten Witz über brutalen Sex und der zweifelhaften Annahme beruhte, dass jeder mit einem Veganer ins Bett wollte. Wichtig war nur, dass ich die Rolle hatte. Ich war auf dem Weg zum Hollywood-Superstar, und es wurde Zeit, dass ich mir einen entsprechenden Lifestyle zulegte. Also feierte ich das Ereignis wie jeder angehende Schauspieler in L. A., der gerade für seinen ersten PETA-Spot gecastet wurde.

»Zieh's dir einfach möglichst schnell rein«, sagte Reggie und schob das Koks mit seiner Kreditkarte zusammen. Ich hatte ihn um eine Line für Anfänger gebeten, weil das mein erstes Mal war. Reiner Zufall, dass ich an dem Wochenende in Las Vegas landete. Ich mag Las Vegas gar nicht, es ist für mich die PETA unter den Städten. Außerdem bin ich im Kartenspielen eine Niete. Aber das Golden-Nugget-Casino hatte Reggie als treuem Kunden ein Hotelzimmer zur Verfügung gestellt, also bügelten ein paar Freunde und ich unsere besten gestreiften Hemden und stritten die ganze Fahrt nach Las Vegas darüber, welche Figur aus *Entourage* jeder von uns war.

Im Hotel drückte mir Reggie erst mal zwei Dosen Four Loko in die Hand, ein Energydrink-Wodka-Mix, der vor kurzem verboten worden war, weil, wie Reggie behauptete, mehrere Leute nach dem Genuss ins Koma gefallen seien und einigen sogar das Herz explodiert sei.

»Die Dosen hier sind aus Restbeständen der Originalproduktion, bevor sie die Rezeptur verdünnen mussten.«

Ich erinnere mich nur noch, wie ich vom Balkon der Ghostbar auf die glitzernden Lichter der künstlichen Wüstenstadt hinabsah, dann merkte, dass ich nicht mehr dort sein wollte, und allein abhaute.

Als ich aufwachte, lag ich auf dem Boden in unserem Hotelzimmer, Spucke tropfte mir aus dem Mund, und auf meiner Wange hatte sich das Teppichmuster eingedrückt. Durch einen Spalt an der Seite des Verdunkelungsvorhangs schlich sich ein heller Sonnenstrahl ins Zimmer. Ich sah mich um.

Meine Freunde schliefen auf den verschiedensten Möbelstücken und schnarchten friedlich vor sich hin. Mir pochten die Schläfen, und ich verstand nicht, wieso mir die Knie und Schienbeine so weh taten. Ich stöhnte gequält, und dann fielen mir Bruchstücke der vergangenen Nacht ein: Ich lief und lief und lief endlos lange vor mich hin, ich fror, zog die Arme in mein T-Shirt, schimpfte mit einem Security-Typen, der mir lediglich helfen wollte, den Weg zurück zum Hotel zu finden, und dann das Hupkonzert der Autos, als ich wie beim Frogger-Game zu Fuß den Las Vegas Strip überqueren wollte.

Ich stützte mich halb auf und versuchte, aus den unverständlichen Nachrichten auf meinem Handy den Abend zu rekonstruieren.

wo bsz du? bist d schin ggangen?
– Ja, bin schon weg.
hwllo?? zimmr nr?

Dann bekam ich eine E-Mail von Ted. »Die haben doch den anderen genommen.«

Ich sank zurück auf den Teppich.

Ich brauchte einen Wellness-Tag. Das heruntergekommene City Spa mit dem verblichenen Anstrich und dem Terrakotta-Vordach, an dem mehrere Ziegel fehlten, hatten Jackson und ich bislang immer links liegenlassen. Obwohl es nur fünf Minuten von unserer Wohnung entfernt lag, direkt gegenüber von der ›Kinder-Kids‹-Kita, waren wir noch nie auf die Idee gekommen, tatsächlich mal reinzugehen. Da wir auch sonst nie irgendwen rein- oder rausgehen sahen, waren wir zu dem Schluss gekommen, dass es wahrscheinlich eigentlich ein Puff oder so eine Tarnfirma zur Geldwäsche war. An dem Wochenende beschlossen wir aber, unseren von Hollywood geschundenen Seelen einen Wellness-Tag zu gönnen.

Ich hatte es bis dahin immer tunlichst vermieden, vor anderen Jungs nackt herumzulaufen. Bei uns an der Schule gab es zum Glück keine Gemeinschaftsduschen, aber besonders in der frühen Teenagerzeit hatte ich eine Heidenangst davor, dass mir jemand in der Sportumkleide die Hose – oder noch schlimmer: die Unterhose – runterzog. Deshalb trug ich unter meiner Sporthose stets zwei Paar Unterhosen: Boxershorts und darunter einen Feinripp-Slip. Sicher war sicher, und außerdem konnte ich so der Mode folgen und Boxershorts tragen, ohne auf den angenehmen Halt eines Slips verzichten zu müssen.

Aber heute war ich entschlossen, mein Leben

zu ändern. Jackson und ich betraten mit unseren Freunden Kush, Vito und Phil selbstbewusst das Etablissement. In L. A. hat fast jedes Geschäft an der Wand hinter der Kasse Fotos und Autogramme berühmter Leute hängen, das ist Tradition. Kleine Supermärkte, Waschsalons und Getränkeläden stellen stolz zur Schau, was für Promis zu ihren Kunden zählen. Manche dieser Wände sind über Jahrzehnte gehegt und gepflegt worden, man sieht Weltstars neben Soap-Sternchen aus den Achtzigern, deren Karriere schon lange vorbei ist, die aber immer noch saubere Wäsche brauchen. Irgendwo liest man meist einen Spruch wie »Mid-Wilshire Liquor – der Getränkeladen der Stars!« und soll sich wohl denken: *Also wenn ein abgehalfterter Glücksradmoderator wie Pat Sajak sich hier sein Bierchen holt, dann ist der Laden ja wohl auch gut genug für mich.*

Das City Spa auf der Burnside Avenue Ecke Pico Boulevard hat auch so eine Wand, aber dort hängt nur ein einziges Foto: Pauly Shore.

»Ist ja krass, den hab ich gerade letzte Woche in St. Louis getroffen«, erzählte ich meinen Freunden, während wir uns Handtücher und Spindschlüssel aushändigen ließen. Als Antwort bekam ich nur ein Knurren. Angeber kann eben keiner leiden. Der Empfangsraum des City Spa hatte einen Betonfußboden, war sparsam dekoriert und bis auf einen Angestellten und uns komplett leer. Als wir aber die Tür zu den Umkleiden öffneten, schlugen uns sofort Feuchtigkeit und ein Schwall aus Griechisch und Russisch entgegen. Schwitzende mittelalte und ältere Herren spazierten dort umher, manche mit einem Handtuch um die Hüften, manche nackt, wobei ihre kugelrunden Bäuche dankenswerterweise ihre Genitalien verdeckten. Angesichts der scheinschwangeren Männer hier fühlte ich mich augenblicklich rank, schlank und sexy, und entspannte mich. Wir zogen uns aus, mit unterschiedlichen Graden von Gelassenheit, und Jackson fing gleich mal an, Kush mit einem Birkenzweig zu peitschen.

Der exponierteste Teil des City Spas waren die etwa dreißig Schritte von der Umkleide zu den Becken. Während meine Freunde schon längst im Whirlpool saßen, stand ich noch bei den Duschen und zog mich umständlich unter meinem Handtuch aus. In meinem Schauspiel-Einführungskurs am College lautete eine der ersten Aufgaben, einmal quer durch den Raum zu laufen. Mehr nicht. Einfach einmal vom einen Ende zum anderen gehen, während der Rest des Kurses zusieht. Der Gedanke dahinter war, dass man sich unter so vielen Blicken plötzlich der vielen winzigen Bestandteile einer Tätigkeit bewusst wird, die sonst automatisch abläuft. Wie weit vorn oder hinten sind die Schultern? Wie genau verlagert sich das Gewicht von der Ferse auf den Ballen? Wie schnell geht man? Was machen die Hände eigentlich dabei? Und kann man sich so verhalten, als wäre man allein, wenn man genau weiß, man ist es nicht?

Daran erinnerte ich mich jetzt, setzte tapfer einen Fuß vor den anderen, und ehe ich's mich versah, saß ich im Whirlpool, das Wasser um mich herum blubberte, und ich lachte mit den anderen. Ich hätte mir diesen Stress überhaupt nicht machen müssen. Nachdem es dem riesigen Russen mit uns reichte und er sich aus dem Becken gestemmt hatte, sank der Wasserpegel zwar um zehn Zentimeter, aber dafür waren wir nun unter uns.

Bis plötzlich lautlos eine Gestalt ins Wasser glitt. Ich hatte nicht einmal mitbekommen, wie der Mann an das Becken herangetreten war, da saß er auch schon mir gegenüber, die Arme lässig auf den Rand gestützt. *Das kann doch jetzt nicht wahr sein,* dachte ich.

»Pauly Shore?!«

Es platzte einfach so aus mir heraus. Pauly musste noch nicht mal den Kopf drehen, um mich anzusehen. Sein Gesichtsausdruck veränderte sich kaum, nur ein winziges Stirnrunzeln beschied mir: *Geh mir ja nicht auf die Nerven,* und ein kurzes

Zucken seines Mundes besagte: *Jawohl, ich bin's – Pauly Shore.*

»Wir haben uns vor ein paar Wochen in St. Louis bei der Messe kennengelernt. Sie haben mir Ihre E-Mail-Adresse gegeben!«

»Ach was. Stimmt.«

Er wirkte enttäuscht, dass wir uns schon mal kennengelernt hatten, denn das hieß, dass ich ihn nicht als Fan erkannt und blöd angequatscht hatte. Ich hätte ihm am liebsten gesagt, dass ich tatsächlich ein großer Fan war und ihn auch ohne diese Begegnung blöd angequatscht hätte. Ich wollte Pauly Shore nicht traurig machen, zumal er, genau wie in St. Louis, so nett war, sich kurz mit mir zu unterhalten.

»Das ist hier mein Rückzugsort«, erklärte er mir. »Das ist der einzige Ort, an dem ich mich mal von dem ganzen verrückten Scheiß erholen kann.«

Ich konnte es nicht fassen. Pauly Shore mochte im vollen Ernst das schäbige Russen-Spa bei uns um die Ecke! Ich merkte, dass er keine Lust auf ein längeres Gespräch hatte, also beteiligte ich mich wieder an der Unterhaltung meiner Freunde, warf ab und zu ein »ja« oder ein »echt mal« ein, war aber innerlich nach wie vor ganz aufgewühlt von der Tatsache, dass da Pauly Shore mit uns im Whirlpool saß.

Dann ging mir auf, dass einer von uns beiden als Erster aufstehen musste. Entweder würde Pauly mich nackt sehen oder ich ihn. Mir wurde schlecht. Ich hatte nicht vorgehabt, auf dem Weg zur Selbstakzeptanz heute schon so weit zu gehen. Aber die Sache aussitzen, das konnte ich The Weasel nun auch nicht antun. Es ging hier schließlich um einen Mann, der sein ganzes Leben unter den Argusaugen der Öffentlichkeit verbracht, der Hochs und Tiefs kennengelernt, Bewunderung und Demütigung erlebt und sich immer wieder aufgerappelt hatte. *Ich werde Pauly Shore sicher nicht in noch eine kompromittierende Lage bringen,* sagte ich mir. *Schon gar nicht hier an seinem Rückzugsort.*

Ich würde den Whirlpool als Erster verlassen. Ich würde meine Ängste niederringen, mich stolz hinstellen und sagen, *sieh her, Pauly Shore, das bin ich, und heute werde ich mich nicht für meinen Körper schämen.*

Also stand ich auf, nickte The Weasel zum Abschied zu, stand noch einen Moment länger als nötig tropfend am Beckenrand, damit er merkte, wie sehr ich mich selbst akzeptierte, und ging dann rüber zum Schwimmbecken. Ich setzte ruhig einen Fuß vor den anderen, verlagerte mein Gewicht elegant von der Ferse auf den Ballen, meine Schultern waren entspannt, mein Kopf hoch erhoben, mein

Rücken kerzengerade, und ich fühlte mich, als würde mir die ganze Welt zusehen, und gleichzeitig auch, als wäre ich ganz allein.

Ich war gerade in das Chlorwasser gestiegen, als ich aus dem Augenwinkel mitbekam, dass Pauly Shore sich erhob. Ich konnte nicht anders, ich musste einfach kurz rübergucken. Und da spazierte dieser Mistkerl doch tatsächlich in aller Seelenruhe in einer Badehose mit der US-Flagge aus dem Raum. Während wir anderen weiter splitternackt im gemeinschaftlichen Dreckwasser saßen und runzlige Finger bekamen, zwinkerte Pauly bestimmt noch einmal kurz seinem Foto an der Wand zu und trat dann fröhlich vor sich hin pfeifend aus dem City Spa hinaus in den Smog von L. A. – ein Mann, der sich nicht kleinkriegen lässt.

Heute Abend schon was vor?

Winter 2008. Der frischrenovierte Veranstaltungsraum des studentischen Kulturzentrums der University of North Dakota war dezent beleuchtet und wirkte mit der Dartscheibe an der Wand und dem täuschend echt aussehenden Laminat im »Dielen«-Look wie ein moderner Partykeller. Draußen fielen weiße Flocken auf die Straßen von Grand Forks. Noch fünf Minuten bis zu meinem Auftritt, und es war genau niemand gekommen. Okay, ich war natürlich da und die Leute vom Kulturzentrum, zusammen also vier Personen. Dazu noch die beiden Jungs in der Ecke am Billardtisch, aber die hatten schon gesagt, dass sie Lyrik nicht mochten, und in dem Moment ging es mir ehrlich gesagt genauso.

Sorry, du, wir haben uns echt Mühe gegeben, deinen Auftritt zu promoten. Ist halt schwierig, Publikum ranzukriegen, wenn gleichzeitig ein Footballheimspiel läuft, und dann wird heute ja auch noch die Jagdsaison eröffnet, da sind natürlich viele

Studenten nach Hause gefahren … Hm, wieso haben wir dich eigentlich überhaupt für diesen Samstag gebucht?

Während der fünf Jahre, in denen ich mit meinen Spoken-Word-Texten durch die Unis des Landes tourte, absolvierte ich insgesamt 193 Auftritte. Es lief immer mehr oder weniger gleich ab: Mittwochabend druckte ich mir zu Hause in Boston die Verträge für meine drei Wochenendshows aus, tackerte sie mit den Fluginfos zusammen und schrieb die Telefonnummer meines Kontakts an der jeweiligen Uni drauf. Am Donnerstag verließ ich morgens noch im Dunkeln mit Rucksack, Kissen und einem kleinen Koffer meine Wohnung in Jamaica Plain, fuhr um 05:00 mit der Orange-Line-Metro von der Green Station los, stieg in Chinatown in die Red Line und fuhr bis Downtown Crossing, stieg da in den Silver-Line-Bus um und fuhr bis zum Logan Airport. Dort checkte ich für meinen 07:30-Flug nach Minneapolis, Chicago, Charlotte, Denver, Seattle oder Atlanta ein. Ich machte es mir mit meinem Kissen auf meinem Fensterplatz gemütlich, schlief sofort ein und wachte erst wieder auf, wenn das Flugzeug landete. Ich mietete mir bei Thrifty, Budget oder Enterprise ein Auto und fuhr zu meinem Donnerstagsauftritt. Wenn die Zeit reichte, machte ich vorher noch einen Zwischenstopp im

Motel (meistens Motel 6, Red Roof Inn oder La Quinta Inn and Suites) und stellte meine Sachen ab. Dann ging's zur Uni, wo ich mich mit den Studenten vom Kulturzentrum traf, die alle die gleichen T-Shirts mit der Aufschrift »STUDIERENDEN-PARLAMENT«, »KULTURZENTRUM« oder »HEUTE ABEND SCHON WAS VOR?« trugen und die ich nie im Leben wiedersehen würde, und plauderte mit ihnen, bis es endlich losging, über das schlimme Gewitter, das gerade vorüber oder den schlimmen Schneesturm, der gerade im Anzug war. Nach dem Auftritt setzte ich mich wieder in mein Mietauto, hielt unterwegs bei Walmart an und kaufte mir das eine oder andere kulinarische Trostpflaster, meistens irgendein Fertiggericht und eine Cola, und fuhr zurück zu meinem Zimmer im Motel 6, Red Roof oder La Quinta Inn and Suites, wo ich mir das Essen in der Mikrowelle warm machte, *The Daily Show* guckte, meine Cola trank und ohne Zähneputzen einschlief.

Während dieser Zeit habe ich gelernt, dass es in Kansas eine Stadt namens Manhattan gibt – die Einwohner nennen sie den Little Apple und gehen total ab, wenn man über die Jayhawks lästert. Aber wenn man am nächsten Abend in Laurence an der University of Kansas auftritt, kommt ein Seitenhieb auf die Wildcats viel besser an. Ich habe ge-

lernt, dass Casey's General Store gar kein Super-
markt ist, sondern bloß eine Tankstelle, wo es
ekelhafte Pizza gibt, und dass der lustige Name der
Kum-&-Go-Raststätten noch das Beste an ihnen
ist. Dass man bei den A&W-Filialen in Minnesota,
Wisconsin und im Norden von Iowa zum Milch-
shake frittierten Quietschkäse kriegt, der seinem
Namen alle Ehre macht, und es die unfrittierte Va-
riante dort an jeder Tanke gibt. Dass es nachts in
Minnesota manchmal so kalt ist, dass einem nach
dem ersten Schritt nach draußen der Naseninhalt
gefriert. Dass es in Iowa ein Cedar Rapids gibt,
nicht zu verwechseln mit Cedar Falls, Iowa, oder
mit Cedar Falls, Wisconsin, und auch ein Sioux
City, nicht zu verwechseln mit Sioux Falls, South
Dakota. Es gibt auch noch ein Sioux Rapids in
Iowa, aber die haben keine Uni. Ich habe gelernt,
dass Sioux City, Iowa, wegen der Schlachthöfe der
Firma Tyson Foods nach Dung riecht, und Cedar
Rapids, Iowa, wegen der General-Mills-Fabrik die
»Stadt der fünf Gerüche« genannt wird – morgens
duftet es manchmal nach Cocoa Puffs oder nach
Cheerios, aber wenn der Wind dreht, stinkt es auch
mal nach faulen Eiern.

Ich erinnere mich noch gut an Salina, Kansas.
Eine Stunde von Manhattan entfernt, gerade so
groß, dass sie da ihren eigenen Wasserturm haben.

In der Mitte der Stadt thront immer noch das verrostete Gitter mit dem Schriftzug H. D. LEE FLOUR MILL über den mittlerweile leerstehenden Kornspeichern aus Backstein, die durch einen Maschendrahtzaun abgeriegelt sind. Die einzigen Läden auf der Main Street, die noch halbwegs laufen, sind zwei Pizzerien, ansonsten halten sich nur Kneipen und die Methodistenkirche mit ihrem Bildrelief und dem eingemeißelten Spruch: UND WER NICHT SEIN KREUZ AUF SICH NIMMT UND FOLGT MIR NACH, DER IST MEINER NICHT WERT. Die Stadt ist ein Friedhof geschlossener Geschäfte mit ausgeblichenen Markisen und ZU-VERMIETEN-Schildern in den leeren Schaufenstern. Man kann da mitten am Tag drei Mal um den Block laufen, ohne einen anderen Fußgänger zu sehen. Draußen vor der Stadt steht am Wasserturm immer noch SALINA, KANSAS: RIGHT PLACE, RIGHT REASON, RIGHT NOW – ein Slogan, den sich jemand vor sehr langer Zeit ausgedacht haben muss.

Im Mittleren Westen gibt es viele Städte wie Salina, zwischen ihnen hunderte von Meilen mit rechteckigen Feldern und hie und da einer Scheune oder einem Silo. Die Main Street sieht immer gleich aus: eine Post, ein Café, ein Antiquitätenladen, eine Methodistenkirche, eine evangelische Kirche, eine katholische Kirche, drei oder vier

Kneipen, ein chinesisches Restaurant und jede Menge leere Schaufenster – verblichene Seiten einer früheren Ausgabe der USA.

Die Motels, in denen ich übernachtete, befanden sich meist ein Stück außerhalb, direkt am Freeway, neben einem Einkaufszentrum mit einem McDonald's, einem Sandwichladen und einer Rite-Aid-Filiale. An dem Tag, als ich im Motel 6 bei Manhattan eincheckte, wurden die lokalen Schlagzeilen gerade vom Tod eines Teenagers beherrscht. Der Junge war unter einer Weizenlawine begraben worden, als ein Zwischenboden im Silo über ihm zusammenbrach – er hatte gerade festgeklebten Weizen von der Decke geschlagen, eine der gefährlichsten Aufgaben in einem Getreidesilo, wie ich erfuhr. Seine Kollegen hatten noch versucht, ihn freizuschaufeln, aber als sie ihn rauszogen, war er schon erstickt.

Und nun schneite ich mit meinem kleinen Rollkoffer aus dem fernen Boston rein und wollte den Menschen hier die Ironie des Lebens erklären. Im Mittleren Westen studieren die jungen Leute die gleichen sinnlosen Fächer wie in New York und Boston – Philosophie, Moderner Tanz, Kunstgeschichte –, aber viele schlagen auch Pfade ein, die Ostküstenkids niemals betreten würden, Agrarwirtschaft und Viehzucht etwa. *Wie sollte ich bloß* einen Draht zu Leuten finden, die den Rest ihres Lebens Ernteerträge berechnen oder täglich bis zum Ellbogen in einer Kuh stecken würden? Klar, Texte über Liebe gingen immer. Aber was von Appleton, Wisconsin, bis Minot, North Dakota, am besten funktionierte, war Popkultur.

Als ich 2007 mit den Uni-Auftritten anfing, hatte ich einen Witz über Alanis Morissette im Programm, mit dem ich einfach immer Lacher erntete, egal, wo ich war. Drei Jahre später lachte niemand mehr. *Haben die mit einem Mal durchschaut, dass das Gedicht eigentlich scheiße ist?*, durchfuhr es mich. Bei meinem nächsten Auftritt ersetzte ich Alanis kurzerhand durch Britney Spears, ohne den Witz sonst zu verändern, und auf einmal lachten wieder alle. Zwei Jahre später fand Britney Spears keiner mehr komisch, ich setzte One Direction ein, und es funktionierte wieder. Während meiner Zeit auf Tour hatten also bereits zwei Promis an Bedeutung verloren. Ich wusste, dass diese Anspielungen meine Texte nicht zwangsläufig besser machten, aber mit Promiklatsch ist es wie mit Sport oder dem Wetter: immer gut für ein kurzes Gemeinschaftsgefühl bei einer Gruppe Menschen, die sonst nichts verbindet.

Doch selbst die besten Pop-Anspielungen nützen nichts, wenn keiner da ist. Lachen ist ansteckend, man braucht ein paar Ansteckungsopfer, damit es sich ausbreitet. Wenn zu viel Leere da ist, sterben die Witze schnell ab. Bei einem Auftritt vor einer sehr kleinen Gruppe finden genau genommen zwei Darbietungen statt: die auf der Bühne für das Publikum und diejenige des Publikums für den auf der Bühne. Kleinere Gruppen sitzen oft da und verziehen keine Miene, nur ab und zu zwingen sich ein paar gute Seelen zu einem Lachen, ein Akt der Menschlichkeit, der bestimmt schon viele durch die Lande tingelnde Entertainer davor bewahrt hat, sich in einem Motel-Badezimmer eine Pistole in den Mund zu stecken.

Mein Auftritt an der University of North Dakota war nicht der erste Reinfall dieser Art. Ich bin schon vor zehn gelangweilten Studenten aufgetreten, da war die Espressomaschine im Hintergrund lauter als ich, ich habe Nachmittagsvorstellungen an Berufsschulen gegeben, bei denen die Hälfte des Publikums auf dem Laptop *Warcraft* gespielt hat. Aber das hier war das erste Mal, dass buchstäblich niemand gekommen war. Ich war irgendwie erleichtert. Klar, es ist schon peinlich, einmal quer durchs Land zu fliegen und noch mal 350 Meilen in einem Mietauto zurückzulegen, nur um sich dann sein Honorar abzuholen und zurück ins Motel zu fahren, ohne etwas getan zu haben. Aber immer noch besser, als sich eine Stunde lang vor fünf Mann abzuquälen, weil es nun mal so im Vertrag steht.

Ich wartete mit den Leuten vom Kulturzentrum bis zur angekündigten Zeit. Niemand kam. Wir warteten zur Sicherheit noch fünf Minuten. Dann, als ich gerade gehen wollte, kamen drei Studenten zur Tür rein.

»Ach Mensch, super! Dann kannst du ja doch noch auftreten!«

Ich saß in der Falle. Es wurden drei Sessel für die Zuhörer geholt und in der Mitte des Raums zu einem Halbkreis angeordnet, jeweils gähnende anderthalb Meter voneinander entfernt. Es waren thronartige Riesenteile, in denen man mit den Ellbogen kaum an die Armlehnen reichte. Der rechte und der linke Sessel keilten mich an den Seiten ein, und der mittlere stand direkt vor meiner Nase.

Am nächsten Morgen fuhr ich von Grand Forks zurück nach Minneapolis. Die ganze Fahrt kam mir unwirklich vor, ich stand völlig neben mir. Reihen von Pick-ups zogen an mir vorbei, auf deren Ladeflächen wunderschöne, stumme Hirsche lagen, mit großen Geweihen, weißen und goldenen Flecken im Fell und demselben ausdruckslosen Blick wie mein Publikum am Abend zuvor. Kurz darauf passierte ich ein riesiges Plakat mit einem lachenden Baby, über dem stand: JEDER MENSCH, DER NICHT GEBOREN WIRD, FEHLT!

Ein paar Monate später war ich aber an der Truman State University in Kirksville, Missouri, und der Laden war brechend voll. Studenten saßen im Schneidersitz auf dem Boden oder oben auf der Galerie und ließen die Beine baumeln. Mein neuer Britney-Spears-Witz schlug ein wie eine Granate, und auch alle anderen Texte sorgten für Lacher, sogar die ohne popkulturelle Anspielungen, Wogen von Gelächter brandeten auf und verebbten genau an den richtigen Stellen, und dazwischen war es totenstill, die Leute wollten kein Wort verpassen. Meine Aufregung legte sich, die Sorge des Publikums, ich könnte mich blamieren, ebenfalls, und wir versuchten nicht mehr, einander etwas vorzuspielen, es war einfach nur noch ein Zuhören und ein Reagieren. Es gab keinen besonderen Grund, warum es hier anders lief als in Grand Forks, warum es ausgerechnet mit dem Publikum in Kirksville klickte, aber es gab eben auch keinen Grund, warum das nicht so sein sollte, und nach all den Shows wusste ich mittlerweile: Jeder einzelne Auftritt hat das Potential, einen größenwahnsinnig werden oder in Selbstzweifeln versinken zu lassen. Mal hat man das Gefühl, durch die eigene Energie mit allen Wesen auf diesem Planeten verbunden zu sein, mal ist es eher so, als wäre man von allem abgeschnitten und nicht einmal gut genug für den Bodensatz der Menschheit.

Nach der Show lag ich mit einer hübschen rothaarigen Agronomiestudentin in einem Kornfeld. So was passierte ab und zu nach gelungenen Auftritten. Schließlich ließen wir voneinander ab und sahen hoch zu der Sternendecke über uns, hunderte Meilen von St. Louis und seiner Lichtverschmutzung entfernt.

»Sehen wir uns wieder?«

»Klar.«

Ich habe den Feldern unter mir nie groß Beachtung geschenkt, wenn ich über sie hinwegflog, von oben sieht das alles bloß aus wie eine große, leere Fläche. Ich frage mich aber, wie viele halbnackte junge Leute man sehen würde, wenn man reinzoomen könnte.

Im Motel kratzte ich mit der Gabel den angebackenen Käse aus den Ecken der Verpackung meines Fertiggerichts. Die Ecken sind das Beste, die hebe ich mir immer bis zum Schluss auf. *Vielleicht sollte ich mal anfangen, mich auf Tour gesünder zu ernähren*, ging mir durch den Kopf, während ich mir die Zutatenliste auf der Rückseite durchlas.

»Weizen«, stand da.

Hat aber auch keine Eile.

Tränen & Baseball

»Fair« heißt, dass man kriegt, was man will.
Mein Dad (wahrscheinlich nicht ganz
ernst gemeint)

Mehr als der Geruch nach Mottenkugeln in der ganzen Wohnung, mehr als der metallische Geschmack des Leitungswassers, das Grandma immer abkochte, und mehr noch als der mit Blattgold verzierte Nachttopf aus dem siebzehnten Jahrhundert in der Wohnzimmerecke faszinierte mich die Tatsache, dass es bei Grandma im Haus keinen dreizehnten Stock gab. Er war einfach weg. Ein Rätsel. Alle anderen Etagen waren da, wo sie hingehörten, bis hinunter zum Keller, aber im Fahrstuhl kam nach dem Knopf mit der 12 direkt die 14.

»Wieso sagt denn da keiner was?«, fragte ich meinen Dad. New Yorker feilschten doch sonst um jeden Penny, aber hier war eine ganze Etage mit einem Dutzend Wohnungen und ihren Bewohnern in einem Paralleluniversum verschwunden, und sie nahmen das einfach so hin?

»Der vierzehnte Stock ist in Wahrheit der dreizehnte«, erklärte mir Dad. »Man nennt ihn nur den vierzehnten, weil Dreizehn eine Unglückszahl ist, da würde niemand wohnen wollen.«

»Aber die Leute wohnen doch trotzdem in der dreizehnten Etage. Sie nennen sie nur anders. Die lügen ja.«

»Mag sein, aber so fühlen sie sich besser. Es gibt einen alten Aberglauben, der mit dem sogenannten bösen Blick zu tun hat – das ist sowas wie … der Blick Gottes. Wenn man den auf sich zieht, zieht man auch das Unglück an.«

»Und wieso ist Dreizehn eine Unglückszahl?«

»Ich weiß es nicht. Ist eine alte Tradition.«

Mein Vater Paul Norman Watsky wurde an einem Freitag dem dreizehnten geboren, dem traditionellen Pechtag schlechthin.

1955 stand er, ein unsportlicher Zwölfjähriger, am Fenster der elterlichen Wohnung in Manhattan. Er blickte in die Straßenschlucht hinab, auf das Gewimmel der gelben Taxis dort unten, und überlegte, einfach rauszuspringen. Ob ein Mensch noch mal vom Boden abprallte wie ein Ball oder gleich liegen blieb? Was war wohl besser, kopfüber oder mit den

Füßen zuerst? Und wenn er sprang, würde seine Mutter dann endlich ihre Fehler eingestehen und sich entschuldigen für den ständigen Druck und die Drohungen und Manipulationen, unter denen auch sein Vater litt?

Wohl eher nicht.

Ich habe Grandma Syde als ängstliche Frau in Erinnerung. Sie hatte Angst vor dem Tod, vor allen möglichen Gefahren, vor Nichtjuden, davor, nicht geliebt zu werden. Sie war in Armut aufgewachsen, erlebte als junge Frau in New York die Weltwirtschaftskrise, und bis zuletzt mussten wir bei jedem Restaurantbesuch für sie aufpassen, ob die Luft rein war, damit sie heimlich das übriggebliebene Brot aus dem Körbchen und die Butterpäckchen in eine Serviette wickeln und in die Handtasche stecken konnte. Mein Dad war ein Einzelkind, der einzige Mensch, über den sie absolute Macht hatte, und sie überschüttete ihn abwechselnd mit Demütigungen oder zuckrigem Lob. Sie tat alles, um ihn kleinzuhalten und ja nicht unabhängig werden zu lassen, und am liebsten hätte sie bestimmt auch ihn in eine Serviette gewickelt und in der Handtasche mit sich herumgetragen.

Dad sagt immer, dass Dr. Luloff ihm das Leben gerettet hat. Harry Luloff sah nicht sonderlich beeindruckend aus, nicht einmal in den Augen eines

Zwölfjährigen. Er war freudianischer Psychoanalytiker, Kettenraucher, hatte eine Glatze, trug kurzärmlige weiße Hemden, und er erwartete nichts von seinen Patienten. Geduldig ertrug er, dass Dad die ersten zwei Jahre kein Wort sagte und stattdessen während der Therapiestunden Modellflugzeuge und Schiffe baute, die er dann mit nach Hause nahm und dort zerstörte. Dad hatte vor ihm sechs andere Therapeuten ausprobiert und abgelehnt (oder sie ihn), aber mit Dr. Luloff verstand er sich. Das lag nicht einmal daran, was Dr. Luloff tat, sondern vielmehr daran, was nicht.

»Er war der erste Erwachsene, bei dem ich nicht das Gefühl hatte, dass er irgendetwas von mir wollte«, hat mir Dad einmal erzählt.

Als Student an der NYU ging Dad nur noch einmal die Woche zu ihm, nicht mehr dreimal, und wollte sich auch nicht mehr aus dem Fenster stürzen. Er hatte aber immer noch große Probleme im Umgang mit Gleichaltrigen. Einen einsamen Sommer lang arbeitete er in der Poststelle bei Reynolds & Co., der Ferienjob war eine einzige Qual, seine Kollegen dort, lauter harte Kerle, konnten ihn allem Anschein nach nicht ausstehen. Dr. Luloff schlug ihm vor, doch mal den Sportteil der Zeitung zu lesen.

Diese Idee gefiel Dad gar nicht. Er hielt Sport für

eine sinnlose Ablenkung von den wirklich wichtigen Dingen im Leben: Opium fürs Volk, erfunden, damit die dummen Lemminge ihr Geld zum Fenster rauswarfen. Doch Dr. Luloff bestand darauf. Es klang nach einem verzweifelten Versuch, aber Dad war auch verzweifelt. Da sich in New York im Sommer alles um Baseball dreht, sah er sich eines Abends vor dem Schlafengehen die aktuellen Spielergebnisse in der *Times* an.

Und es funktionierte. Am nächsten Tag machte Dad eine Bemerkung zum letzten Spiel, und schon fingen die Jungs auf der Arbeit an, ihn einzubeziehen. Mit jedem gemeinsamen Grinsen über einen Sieg oder gepfefferten Fluch über eine Niederlage suggerierte er seinen Kollegen, dass *dieser Paul vielleicht doch nicht auf einem anderen Planeten lebt*. Damit hatte er sich jedoch ein neues Problem eingehandelt: Er galt jetzt in der Poststelle als Baseballfan, und es reichte nicht mehr, einmal die Sportseite zu überfliegen. Er musste weiterlesen.

Etwas Seltsames passierte. Mein Dad las den Sportteil nun jeden Tag. Er tauchte in die Historie, die Hintergrundgeschichten, das Vokabular des Spiels ein. Er hatte plötzlich Lieblingsspieler. Es war ihm nicht mehr egal, wer gewann und wer verlor. Es war wirklich komisch – mein Dad fing aus Versehen an, Baseball zu mögen.

In diesem Sommer 1962 spielten die Yankees, angeführt von Yogi Berra, Mickey Mantle und Roger Maris, in der World Series gegen Willie Mays und die Giants, die gerade von New York nach San Francisco gezogen waren. Die World Series – die Finalrunde, die aus maximal sieben Spielen besteht – musste wegen eines starken Sturms in Kalifornien für vier Tage unterbrochen werden. Im siebten Match im Candlestick Stadium in San Francisco waren bereits zwei Läufer der Giants ausgeschieden, aber auch zwei weitere Läufer auf den Bases, als Willie McCovey dem Second Baseman der Yankees, Bobby Richardson, einen knallhart geschlagenen Ball direkt in den Handschuh donnerte, was den Yankees im neunten und letzten Durchgang den hauchdünnen 1:0-Sieg bescherte. Ganz New York rastete aus, aber Dad hätte sich auch gefreut, wenn das Spiel umgekehrt ausgegangen wäre. Er mochte die Giants nämlich immer noch.

1974, im Alter von dreißig Jahren, lernte er seinen allererersten besten Freund kennen. Das Jahr hatte nicht besonders gut angefangen. Dad, der mittlerweile den Giants gefolgt war und in San Francisco lebte, hatte wegen Streitigkeiten mit dem Rektorat nach fünf Jahren seine Dozentenstelle an der San

Francisco State University verloren. Er war immer noch nicht ganz darüber hinweg, als sich ein ehemaliger Student mit einer Bitte an ihn wandte: Wäre es wohl möglich, aus seinem »durchgefallen« noch ein »bestanden« zu machen, wenn er (Ex-)Professor Watsky endlich – mit mehreren Jahren Verspätung – seine Abschlussarbeit abgab? Und wäre es in Ordnung, statt einer wissenschaftlichen Arbeit eine Sammlung von Gedichten einzureichen? Dad erzählte mir, dass er eigentlich keine große Lust hatte, einem offensichtlich ziemlich faulen Studenten von einer Uni, für die er nicht mehr arbeitete, derart entgegenzukommen. Aber er verabredete sich trotzdem mit ihm. Sie trafen sich im Salus House in San Francisco. Den Namen hatte Dad schon mal gehört: Das Salus House war eine psychologische Einrichtung, die sich auf die Lehren von C. G. Jung berief und für junge, erstmals erkrankte Schizophrene eine Alternative zu traditionellen Kliniken und Medikamenten bot. Dad hatte nichts von der Krankheit seines ehemaligen Studenten gewusst. Die beiden fanden schnell einen Draht zueinander, bald saßen sie in einem der Zimmer, die bis auf Kissen und Teppiche leer waren, am Boden und trugen einander Gedichte vor. Plötzlich schaute ein wuschelköpfiger Klinikmitarbeiter herein. Er forderte Dad erst etwas herrisch auf zu gehen, wollte dann aber in freundlicherem Ton wissen, was die beiden da überhaupt machten.

»Wir lesen Gedichte«, antwortete Dad.

»Wenn Sie kein Angehöriger sind, müssen Sie jetzt aber leider gehen, es ist nämlich Abendbrotszeit.«

Doch der Mann setzte sich zu ihnen und hörte eine Weile zu, worauf er sich als Saul vorstellte und meinen Dad einlud, zum Essen zu bleiben.

Auf der Skala von introvertiert bis extrovertiert lagen mein Dad und Saul an entgegengesetzten Enden. Nicht die wahrscheinlichste Kombination, um beste Freunde zu werden.

»Ich hab Saul mal gefragt, wie sein Sonntag war«, erzählte mir Dad etwa. »Saul meinte, *phantastisch*. Er war auf einer Party in San José, auf einer in Oakland und auf einer in San Francisco gewesen – er hatte an einem einzigen Tag die gesamte Bay Area aufgemischt. Ich hab nur den Kopf geschüttelt und gesagt: *Saul, ich kann mir nichts Schlimmeres vorstellen.*«

Es verband sie jedoch mehr, als sie trennte. Von den offensichtlichen, oberflächlichen Parallelen einmal abgesehen (beide kamen aus New York, waren Fans der Giants und Juden, Dad nur halbherzig, Saul hingegen leidenschaftlich), teilten sie einen gemeinsamen Schmerz, die Last einer Kindheit mit einer herrschsüchtigen, ungerechten Mutter und einem passiven Vater, sowie den Glauben an eine gewisse Alchemie: dass dieser Schmerz sich in etwas Produktives verwandeln lasse.

Saul brauchte nicht lange, um Dad davon zu überzeugen, mit ihm Psychologie zu studieren. Besonders C. G. Jung und sein Konzept des verwundeten Heilers hatten es meinem Vater angetan, der Gedanke, dass ein Therapeut kein Roboter mit einem Notizbuch ist, sondern ein Mensch, der auch schon Schlimmes erlebt hat und mitfühlen kann und dessen eigenes Trauma ihm ermöglicht, eine Brücke zu seinen Patienten zu schlagen. Obwohl Dad und Saul also Kollegen wurden, habe ich sie nie über Psychologie reden hören. Das machten sie wahrscheinlich nur, wenn sie allein waren. Vor anderen sprachen sie immer bloß über Baseball.

Gefühlte Stunden lang klagten sie einander ihr Leid, jammerten darüber, wie schlecht unsere Einwechselwerfer in Form waren, meckerten über die mangelnde Schlagkraft im Angriff und den neuesten, absolut hirnrissigen Spielereinkauf des Managers. Zugegebenermaßen hatten sie im Laufe der Jahre jede Menge Grund zum Meckern. Im ersten Jahrzehnt ihrer Freundschaft schafften es die Giants kein einziges Mal in die Playoffs, und 1985 verloren sie einhundert Spiele, ein trauriger Rekord in der Geschichte des Vereins. Selbst wenn es mal gut lief, wenn die Giants eine Glückssträhne hatten und mehrmals hintereinander gewannen, wenn sie wie 1997 die Western Division anführten oder es Gott weiß wie fertigbrachten, Barry Bonds unter Vertrag zu nehmen, gab es hinter dem Erfolg stets ein Sternchen, das auf das Kleingedruckte verwies. Ich glaube nicht, dass sich Saul und Dad immer so über die Giants aufregten, weil sie tatsächlich dachten, sie würden nie gewinnen. Ich glaube eher, dass sie sich mit ihrer Hoffnung zurückhielten, weil sie wie viele Juden überzeugt waren, dass zu viel Hoffnung gefährlich ist. Je mehr man sich in etwas hineinsteigert, umso tiefer fällt man, wenn es dann doch schiefgeht. Und egal, wie viele Spiele ein Team im Laufe der Saison gewinnt, es tut trotzdem sehr, sehr weh, wenn das letzte Spiel des Jahres verloren geht. Das ständige Meckern von Saul und Dad war nicht nur Ausdruck von Pessimismus, es war vielmehr ihre Art, den Giants zu helfen – sie hielten den bösen Blick von der Mannschaft ab.

Mein erstes Wort war *Ball*.

Mein erster Satz war angeblich: *Ich hab dich lieb*, ausgesprochen, während mein Vater mich auf dem Spielplatz im Golden-Gate-Park auf der Schaukel anschubste. Aber das hat nur er gehört.

Meine erste Erinnerung ist das Geräusch von zersplitterndem Porzellan. Ich sitze in meinem Hochstuhl, klatsche vergnügt in die Hände und sehe meiner Babysitterin zu, die verzweifelt unser blaues Küchenregal festhält, in dem die Tassen wie von Zauberhand eine nach der anderen zur Kante hüpfen, dort kurz innehalten, dann hinunterstürzen und auf dem Linoleumboden in Scherben zerspringen, während unser altes Haus ächzend von einer Seite zur anderen schwankt, als würde Mom mich wiegen. Ich erinnere mich noch genau, wie lustig ich das fand. Ich wusste ja nicht, dass draußen nicht bloß Tassen tanzten, sondern die Autos von der teils eingestürzten Bay Bridge aus fast hundert Metern Höhe ins Wasser fielen, dass dies das schlimmste Erdbeben in San Francisco seit 1906 war und dass meine Eltern gerade auf den billigen Plätzen im Candlestick Stadium saßen und auf den Beginn des ersten World-Series-Spiels für die Giants seit 1962 warteten, unter einem Betonüberbau, der plötzlich anfing zu wackeln, als wäre er aus Gummi. Nach etwa einer Minute war alles wieder vorbei. Meine Babysitterin ließ das Regal los und fegte die Scherben zusammen. Die Bay Bridge wurde repariert, Beerdigungen fanden statt, das Spiel wurde verschoben – die Natur hatte den Menschen wie schon 1962 wieder einmal klargemacht, wer das Sagen hatte. Beim neuen Termin für das Spiel brachte Dad den Kartenkontrolleur mit einer Bestechungssumme von zwanzig Dollar dazu, sein Ticket nicht einzureißen, weil er es als Andenken aufheben wollte. Aber die Oakland A's fegten die Giants mit vier Siegen in Folge hinweg und gewannen die World Series, und Dad und Saul beklagten sich wieder einmal bitterlich: Endlich mal eine ernsthafte Chance, aber wir haben sie natürlich vertan.

Ich wurde nicht mit einem Baseballschläger in der Hand geboren, aber fast. Meine Mom musste wegen frühzeitiger Wehen zwölf Wochen im Krankenhaus bleiben, von Mitte Juni bis Mitte September, also genau in der heißen Phase der Saison 1986. Sie gab sich größte Mühe, meinen Zwillingsbruder und mich so lange nicht rauszulassen, bis wir gesund auf die Welt kommen konnten, und zeitgleich errangen Robbie Thompson und Will Clark mit ihren weiten Schlägen einen Sieg nach dem anderen. Im Jahr darauf kämpften sich die Giants zum ersten Mal seit zehn Jahren an die Spitze der National League West, und als sie nochmals zwei Jahre später tatsächlich wieder in der World Series standen, gab mein Dad dem Betteln meines Bruders und mir nach und kaufte jedem von uns im Stadion einen orangefarbenen Kinderbaseballschläger. Es war zugegebenermaßen keine sehr kluge Entscheidung, zwei Kleinkinder mit Waffen auszustatten, aber die Schuld für das, was dann passierte, liegt ganz allein bei mir. Manchmal sind auch Dreijährige einfach Arschlöcher.

Nach dem Vorfall ließen meine Eltern bei allen Fenstern im Haus, an die wir heranreichten, die Scheiben gegen Plexiglas austauschen. Muss ziemlich verstörend für sie gewesen sein, ihre Zwillinge dabei zu erwischen, wie sie im Kinderzimmer im zweiten Stock mit ihren kleinen Baseballschlägern ein Fenster nach dem anderen einschlugen und Spielsachen durch die gezackten Löcher im Glas nach draußen warfen. Mom und Dad hatten natürlich Angst um unsere kleinen, weichen Körper unter dem Scherbenschauer, der wie Eissplitter von einem schmelzenden Gletscher auf uns herabregnete. Noch beunruhigender fanden sie jedoch die Tatsache, dass dieser Vandalismus ihren dämonischen Sprösslingen ganz offensichtlich einen Riesenspaß bereitete – waren das frühe Anzeichen einer Persönlichkeitsstörung? Oder hatten gar ihre Erziehungsmethoden diesen Keim des Bösen in uns eingepflanzt? Ich weiß noch genau, wie gut es sich anfühlte, die dünnen, achtzig Jahre alten Fensterscheiben einzuschlagen, es war so einfach wie Spinnweben wegwischen, und es klang genau so,

wie wenn Porzellan zerbricht. Unsere Souvenir-
schläger wurden jedenfalls konfisziert, die Liebe
zum Baseball jedoch blieb.

Dass ich mich beim eigentlichen Spielen leider
anstellte wie der erste Mensch, lag zum einen daran,
dass mein Dad mir die Grundtechniken miserabel
beigebracht hatte, zum anderen an meinen schlechten Genen. Ich war jedoch immer in einer Base-
ball-Mannschaft, auch wenn ich es eigentlich nicht
verdient hatte. Sehr zum Missfallen vieler Trainer
wurde ich einfach nie ausgesiebt. Ich verpasste kein
Training, stand stets gestriegelt und gespornt bereit
und schleppte mit schöner Regelmäßigkeit hässli-
che Teilnahmepokale aus goldenem Plastik nach
Hause. 1994 … 1995 … 1996 … 1997 … 1998 … In
die All-Star-Aufstellung schaffte ich es nie, aber
1999 gewann ich immerhin den Fairness-Preis der
San Francisco Little League und stellte die Tafel
stolz neben den Pokalen auf meinem Schreibtisch
zur Schau.

Meine kleine goldene Armee zeugte von reiner
Anwesenheit: vom Bambini-Baseball (wo ich mit
meinen grasverschmierten Jeans auf der Bank hin
und her spazierte und am Kragen meines Poloshirts
kaute) über die Junior Giants (wo ich im Schneidersitz im Outfield saß, *Take Me Out to the Ballgame*
vor mich hinsummte und aus den weißen Blüm-

chen im Gras Armbänder flocht, während hin und wieder ein Fly Ball hoch über mir hinwegsauste und kurz darauf von weither hektisch mein Name gerufen wurde) bis zu den Auswahlspielen in der Middle School, wo die Ground Balls auf dem asphaltierten Platz wie Steine über die Oberfläche eines Sees titschten und gegen meine Knöchel prallten. Am nächsten Tag humpelte ich mit meinen blauen Flecken zu der Liste im Flur, auf der die neuen Mannschaftsmitglieder standen, überzeugt, dass ich nicht dabei sein würde, entdeckte dann doch meinen Namen, sah ein zweites und ein drittes Mal nach, ob ich mich auch nicht geirrt hatte, und hüpfte mit ungläubiger Freude davon. In der Highschool dann musste ich zwei Jahre auf der Bank warten, bis ich endlich eingesetzt wurde. Am Abend vorher polierte ich voller Vorfreude den roten Helm mit der Nummer neun auf Hochglanz, den mir Coach Soares zum Einstand gegeben hatte. Die Neun war schon immer meine Trikotnummer gewesen, und es passte auch gut: Ein Baseballteam hat neun Spieler, und ich hatte bis jetzt immer nur so viel Fortschritte gemacht, dass ich gerade noch eine Stufe höher rückte, als schlechtester Spieler des jeweiligen Teams. Ich begann als Leftfielder und durfte genau zwei Spiele auf dieser Position bleiben, bevor ich gegen einen Neuntklässler ausgetauscht wurde, und Mitte der Saison war ich bereits auf Rang sechs der Outfielderliste gerutscht und perfektionierte auf der Ersatzbank meine Sonnenblumenkernspucktechnik.

Ich beendete meine aktive Karriere als Bankdrücker. Dabei gibt es zwei mögliche Rollen: Entweder man protokolliert Spielgeschehen und Punktestand, oder man macht dumme Sprüche. Ich machte dumme Sprüche. Ich habe in meinen letzten zwei kläglichen Saisons vielleicht nicht viel gespielt, aber dafür entscheidend dazu beigetragen, das Ersatzbankgeplänkel der Bay Area Conference League Division Five zur Kunstform zu erheben. Ich bin besonders stolz darauf, dass ich mit meiner bewusstseinsstromartigen psychologischen Kriegsführung während eines Spiels gegen Lick-Wilmerding die Gegner einmal so wuschig gemacht habe, dass sie mir hinterher auf dem Parkplatz auflauerten. Das bedeutete, dass ich einen echten Einfluss auf das Spiel gehabt hatte. In meinen vier Jahren im Highschoolteam gelangen mir während meiner wenigen Einsätze insgesamt zwei Schläge (die mich jeweils gerade mal zur First Base kommen ließen), im Durchschnitt also ein halber Schlag pro Jahr. Mein letztes Spiel ging mit einem Ground Ball zu Ende, der traurig über den Boden kullerte; in der Verlängerung, im vierzehnten Inning, hatte der

Trainer außer mir niemanden mehr zum Einwechseln gehabt.

Soweit ich mich erinnern kann, hat mein Dad in dieser ganzen Zeit kein einziges meiner Spiele verpasst. Jahrein, jahraus saß er ein paar Meter von den anderen Eltern entfernt in seiner roten Daunenjacke auf einem Klappstuhl am rechten Spielfeldrand und las einen Seefahrerroman von Patrick O'Brian, während ich auf der Bank hockte, beim Ballfang über meine eigenen Füße stolperte, den Ball zum Gegner schlug oder Verteidigungsfehler machte. Ganz selten hatte ich auch ein paar glorreiche Momente, ein geglückter Opferschlag hier, ein im Hechtsprung gefangener Ball da, und mein Dad, mein größter Fan, war bei jedem einzelnen dabei.

Der einzige Unterschied zwischen jemandem, der immer nur auf der Bank sitzt, und einem Fan ist die Tatsache, dass der Bankhocker noch die Illusion hat, irgendwann mal mitspielen zu dürfen. Dad ging nach eigener Auskunft am liebsten mit mir ins Stadion, dicht gefolgt von Saul. Wir ergänzten einander einfach perfekt: Ich machte dumme Sprüche, und Dad führte Protokoll. Er notierte sorgfältig jeden Spielzug auf seiner Scorekarte, hielt jeden Fehler fest, jeden Ground Ball, jeden erfolgreichen Schlag, der ans zweite Base führte, und jeden Strike. Er störte sich nicht an meinen Zwischenrufen – wenigstens verfolgte ich das Spiel. Nichts geht ihm mehr auf die Nerven als Fans, die nicht auf das Spiel achten.

Als ich mit zwölf einmal mit der ganzen Familie bei Grandma Syde zu Besuch war, sahen Dad und ich uns im Shea Stadium ein Spiel der Mets an. Wir saßen auf der oberen Tribüne, nahe bei der Brüstung. Beim Anblick der La-Ola-Welle, die durchs Stadion schwappte, wurde Dad zunehmend gereizt und blieb stur sitzen, als um uns herum Arme in die Höhe gerissen wurden. Doch dann tauchte auch noch sein Erzfeind auf: der große, durch die Menge hüpfende Wasserball. Jedes Mal, wenn diese ballgewordene Respektlosigkeit in unserer Nähe auftraf, spannte Dad sich merklich an, und als sie schließlich direkt auf Dads Scorekarte landete, auf der er gerade einen Spielzug notierte, beförderte er sie mit einem entschlossenen Schlag über die Brüstung. Ein Zwölfjähriger, der sich in der Öffentlichkeit mit einem Elternteil zeigt, schämt sich ja schon ohne besonderen Anlass in Grund und Boden, aber wenn ein ganzer Block Mets-Fans zwei Innings lang SPIELVERDERBER skandiert und damit den eigenen Vater meint, ist das nochmal eine andere Hausnummer. Dad beachtete die Rufe gar nicht und konzentrierte sich voll und ganz auf das Wesentliche – das Spiel.

Den heiligen Zorn meines Vaters auf Wasserbälle oder La Ola teilte ich vielleicht nicht, doch auch für mich war diese seltsame Sportart etwas ganz Besonderes. Die bizarren Regeln, der Duft des Rasens, das Tempo, die Geschichte, der Zauber dieses Spiels … Ich sah dem Ende meiner Baseballkarriere traurig entgegen und verlängerte meinen Traum noch um kurze Zeit, als ich einen Ferienjob als Stadionverkäufer bei den Giants ergatterte. Ein absoluter Glücksfall, dachte ich – hier könnte ich meine Liebe zum Baseball mit meiner Liebe zu dummen Sprüchen vereinen. Ich sah mich schon als selbstbewussten, eloquenten Neuling, der *Erdnüsse, gesalzene Erdnüsse!* durch die Reihen rief und die Tüte in einem perfekten Bogen über zwei Blöcke hinweg warf, während die Menge jubelte: *Wo haben sie denn den Kerl bloß aufgetrieben?*

An meinem ersten Arbeitstag, es war ein Spiel an einem wunderschönen Sommernachmittag, betrat ich das Stadion durch den Hintereingang und fuhr mit dem Lastenaufzug ins Untergeschoss. Ich stopfte mir das nicht ganz neue Uniformoberteil – ein schwarz-weißes Hemd mit orangefarbenen Applikationen, das mir ein paar Nummern zu groß war – in die Jeans und ließ den laminierten Mitarbeiterausweis der Centerplate Corporation lässig von meiner Gürtelschlaufe baumeln. Im Keller versammelte sich die bunt zusammengewürfelte Kollegenschar um einen Plastik-Klapptisch, auf dem lauter kleine Zettel lagen: HOT DOGS, ERDNÜSSE, SONNENBLUMENKERNE, POPCORN, LAUGENBREZELN. Wir durften der Reihe nach auswählen, die Dienstältesten zuerst. Die Hotdogs waren sofort weg. Dann die Erdnüsse. Als ich dran war, lag nur noch ein Zettel auf dem Tisch: CRACKER JACKS UND SAURE SCHNÜRE.

Da man keinen Lohn bekam, sondern nur eine Provision auf die Verkäufe, lohnte es sich, als Erster zuzuschlagen. Und schlimmer als Cracker Jacks und saure Schnüre konnte es einen nicht treffen. Seit 1930 weiß kein Mensch mehr, was ein Cracker Jack ist, die sind eigentlich nur noch im Sortiment, weil sie im Text von *Take Me Out to the Ballgame* vorkommen. Bei meiner nächsten Schicht, diesmal ein Abendspiel, war ich auch wieder als Letzter dran: Schokomilchshakes. Ich fand schnell heraus, dass kalte Milch im eisigen Abendnebel von San Francisco nicht gerade reißenden Absatz findet.

Ich kann meinen Waren aber nicht die ganze Schuld an meinem Versagen zuschreiben. Ich war einfach ein beschissener Verkäufer. Wenn jemand brüllte, ich würde ihm die Sicht versperren, wurde ich so nervös, dass ich mich mit dem Wechselgeld verzählte. Dann musste ich nochmals zählen, wodurch ich den Leuten die Sicht noch länger versperrte und sie noch lauter brüllten, was mich noch nervöser machte. Wahrscheinlich fragten sich die Leute tatsächlich: *Wo haben sie denn den Kerl bloß aufgetrieben?*, aber aus ganz anderen Gründen. Ehe der Sommer um war, hörte ich auf und begnügte mich fortan mit der einzigen Rolle im Baseball, für die ich Talent hatte: die des Fans.

Das Schicksal der Giants war mir immer weit wichtiger gewesen als das der Teams, für die ich gespielt hatte. Als sie 2002 die World Series verloren, war ich alt genug, um mich aufzuregen – so sehr, dass ich eine Fensterscheibe in meinem Zimmer zertrümmerte, indem ich einen Würfel durch das dünne Glas pfefferte. Wer verschenkt schon eine 5:0-Führung im sechsten Spiel? Das war höchstens unbewusst eine Hommage an meinen früheren Vandalenakt, und diesmal war mein Vater seltsamerweise auch noch stolz auf mich. Mein Zorn zeugte von der Bedeutsamkeit der Niederlage.

Ihn und Saul traf dieses Fiasko ebenfalls hart, sie hatten sich diesmal nämlich Hoffnung erlaubt. Barry Bond war auf dem herkulischen Höhepunkt seiner steroidbefeuerten Karriere, und in der Nachsaison spielte er immer am besten. Die Giants hatten drei von fünf Spielen gewonnen und im sechsten Spiel zu Beginn des achten Innings noch geführt: Sie standen kurz davor, Anaheim samt seinem Rally-Monkey-Maskottchen, das Dad und Saul aus tiefstem Herzen hassten, rauszuschmeißen. San Francisco war dem Sieg so nahe, dass Fox TV kurz vor Ende des Spiels einen pathetischen Einspieler über die Geschichte der Giants sendete. Doch dann starteten die Angels eine letzte verzweifelte Gegenoffensive.

Über zwanzig Jahre lang, von den Achtzigern mit der World-Series-Niederlage 1989 bis zu den guten Teams und dennoch knapp verpassten Finaleinzügen der Neunziger, hatten Saul und Dad diskutiert, argumentiert und sich über den Zustand der Giants beschwert. Diese Niederlage schmerzte jedoch zu sehr, um darüber zu meckern. Wir hatten den Halleyschen Kometen verpasst und würden nun wieder hundert Jahre warten müssen.

Dann dauerte es aber doch nur acht.

Die Veränderungen, die Menschen im Verlauf von zehn Jahren durchmachen, bekommen sie selbst meist am wenigsten mit. Ich wurde vom Zehntklässler zu einem Erwachsenen. Wir Kinder zogen aus, ich nach Los Angeles. Spieler der Giants kamen und gingen. Saul ließ sich scheiden. Er und

Dad gingen in Rente. Grandma, die seit neunundneunzig Jahren jammerte, dass sie bald sterben würde, starb tatsächlich. Eine gebeugte Haltung, ein kaputter Rücken, der Arm will nicht mehr so wie früher, Würfe werden ungefährlicher, die Entwicklung vom Rookie zum Veteranen, ein immer düsterer Zynismus – all das geschieht schleichend.

Dann schafften die Giants es 2010 plötzlich wieder in die World Series. Dieses Ereignis schlug die Nation zwar nicht so in den Bann wie der Erfolg der Boston Red Sox 2004 nach einer fast hundertjährigen Durststrecke, doch für uns war es mindestens genauso monumental. Das Motto der Giants lautete damals *Reine Folter*, weil sie so viele Spiele haarscharf gewannen. Die ganze Saison über war jeder Punkt hart erkämpft, jeder Sieg bescherte uns fast einen Herzinfarkt. Volle fünfzehn Tage lang wechselten sie sich im September mit den San Diego Padres an der Spitze ab und sicherten sich den Playoff-Platz erst im letzten Spiel der regulären Saison. In den Playoffs machten sie die Braves, die Phillies und die Texas Rangers platt. Nach drei Siegen in der World Series und einer 3:1-Führung im neunten Inning des vierten Spiels holte unser bärtiger Superpitcher Brian Wilson aus, um den womöglich letzten Strike abzuliefern, und ganz San Francisco, ob zu Hause oder in der Diaspora, ich, Saul,

Dad, Mom und Millionen von Menschen hielten den Atem an. Unsere ungläubigen Gesichter leuchteten im Widerschein der Fernsehbildschirme, die Herzen pochten, das Blut schoss uns in Höchstgeschwindigkeit durch die Adern und machte La Ola. Durften wir etwa wirklich wieder hoffen? Dann klatschte der Ball siegbringend in Buster Poseys Fanghandschuh. Posey vollführte einen Freudensprung. Die gesamte Bay Area tanzte auf den Straßen. Und Dad und Saul schüttelten staunend die Köpfe. Am 13. August 2010, achtundvierzig Jahre nachdem Dad angefangen hatte, sich für Baseball zu interessieren, gewannen die Giants die Meisterschaft.

✳

Psychotherapeuten sollten sich nicht umbringen. Niemand sollte sich umbringen, aber Therapeuten erst recht nicht. Eines Tages, ein Jahr nachdem die Giants die World Series gewonnen hatten, passierte es trotzdem und ließ sich nicht mehr ungeschehen machen.

Dad verstand die Welt nicht mehr. Wie hatte er die Anzeichen übersehen können? Wie hatte Saul das alles so lange vor ihm geheim halten können? Sauls Familie offenbarte uns erst hinterher – nach-

155

dem er dieses Mal genug Tabletten geschluckt hatte und nicht mehr zu retten war –, dass er es zehn Jahre zuvor schon einmal versucht hatte. Damals hatte er ein Versprechen abgelegt – *nie wieder* – und war so dankbar für die zweite Chance, dass er sie bat, niemandem davon zu erzählen. Was hätte seine Familie auch sonst tun sollen? Wie unmenschlich wäre es gewesen, einem zutiefst verzweifelten Mann, der mit einer maroden Ehe zu kämpfen hatte, auch noch die Würde zu nehmen? Der Suizid ist für einen Therapeuten eines der größten Tabus. Man lässt nicht nur Freunde und Familie im Stich, sondern auch labile Klienten. Nicht gerade ein gutes Vorbild.

Warum?, wollte Dad wissen.

Wer weiß. Er war einsam. Nach seinem Ski-Unfall heilten die Verletzungen nicht richtig. Sein Körper verfiel nach und nach. Er konnte nicht mit dem Altern umgehen. Er hatte einfach keine Lust mehr.

Ich war in meinem Leben auf zwei jüdischen Beerdigungen: der meiner Grandma und der Sauls. Beide Male ließ jeder Trauergast eine Schaufel Erde auf den Sarg herabrieseln, als metaphorische Abschiedsgeste. Bei Grandma dauerte das ganze neunzig Sekunden, wir waren schließlich nur zu siebt, inklusive des Rabbis, der sie nie kennengelernt hatte, und eines entfernten Cousins aus Florida, der gerade frisch aus dem Knast entlassen worden war und während der Trauerrede nicht ein einziges Mal von seinem Handy aufsah. Die Schlange der Leute, die sich von Saul verabschieden wollten, zog sich dagegen weit zwischen den Grabsteinen des Friedhofs in Berkeley hin und riss fast eine Stunde lang nicht ab. Natürlich war Grandmas Schlange kürzer, immerhin hatte sie sämtliche ihrer Altersgenossen aus der Zeit der Weltwirtschaftskrise überlebt, aber das erklärt den Kontrast nicht allein. Saul war der Mittelpunkt jeder Party gewesen, und alle wollten ihm ein letztes Mal die Ehre erweisen. Mom und Dad strichen einander über den Rücken und kämpften mit den Tränen. Der Friedhof roch nicht nach Tod, sondern nach Erde und frischgemähtem Gras, wie ein Baseballplatz.

Seitdem hat der böse Blick das Interesse an San Francisco verloren. Zwei Jahre später, im Jahr 2012, holten die Giants erneut die Meisterschaft, und dann schafften sie es gleich noch mal in der Saison 2014. Nach einem qualvollen halben Jahrhundert gewannen die Giants drei World-Series-Trophäen innerhalb von fünf Jahren. Trotz der Flut von Meisterschaftsringen fühlte sich kein Sieg mehr so gut an wie der von 2010 – damals war ein Druck abgelassen worden, der sich über Jahrzehnte aufgebaut hatte. Doch es wurde weitergespielt, und mein Vater ist immer noch mein Vater. 2012, während eines Playoff-Spiels gegen die Reds, das die Giants verloren, schilderte der Fernsehkommentator die Stimmung im Stadion in San Francisco: »Die Leute hier sehen aus wie bei einer Beerdigung.«

Zum Beweis schwenkte TBS mit der Kamera ins Publikum. Auf meinen Vater in seiner roten Daunenjacke.

Nach dem Endspielsieg 2014 fragte ich ihn, ob er sich diese verschwenderische Gunst Fortunas je hätte träumen lassen.

Er rückte sich die Brille zurecht. »Ach, ich wünschte bloß, Saul könnte das hier miterleben.«

Die Titel waren unwichtig. Baseball ist unwichtig. Und auch wieder nicht. Weil wir gemeinsam beschlossen haben, dass es wichtig ist. Ich sehe meine Eltern nicht mehr so oft wie früher. Aber wenn ich im Sommer in der Stadt bin – ganz egal, ob die Giants auf dem ersten oder dem letzten Platz stehen –, wissen Dad und ich genau, was wir vorhaben. Wir sitzen in der fünften Reihe vor der First Base. Ich bringe meinen alten Handschuh aus der Highschool mit, er kauft sich eine polnische Wurst mit Sauerkraut und Senf, die ihn an den Teil New Yorks erinnert, den er nicht hasst. Er notiert sich die Spielzüge, und ich mache dumme Sprüche.

Welches Jahr haben wir?

In Hyampom ist das gar nicht so leicht zu beantworten.

Es gibt dort, mitten im Kiefernwald des kalifornischen Küstengebirges, eine selbstgebaute Hängebrücke. Das ist in Trinity County, hundert Meilen vor der Grenze zu Oregon und drei lange Autostunden von der nächsten »Stadt«, Redding, entfernt. Dort gibt's immer noch kein Internet und auch keinen Handyempfang. Aber meine Tante Marion erzählt, etwa zwei Meilen weiter sei an einen Baum am Straßenrand ein Schild mit der handgeschriebenen Aufschrift MOBILFUNK genagelt, da gäb's wohl welchen.

Die Brücke ist knapp neunzig Meter lang, ihre stählernen Tragseile hängen wie ein Lächeln über dem South Fork Trinity River, von einem Holzturm auf der einen Seite zu einem Holzturm auf der anderen, und 380 ausgebleichte, schwankende Bretter (ich habe sie selbst gezählt) führen über die Schlucht. Die Brücke sieht aus wie eine Miniaturausgabe der Golden Gate Bridge. Mein Onkel Jack, Marions Mann, hat sie zusammen mit einem Freund von der UC Berkeley entworfen, als er sich 1973 hier in den Bergen versteckte. Er hatte den Fehler gemacht, sein Architekturstudium abzuschließen, während Vietnam noch brannte, verlor somit seinen Studentenstatus, der ihn vor dem Militärdienst bewahrt hatte, und sollte nun eingezogen werden. Jack tauchte unter. In jenem Sommer bauten meine Mom, ihre Schwestern und deren Freunde nach seinen Plänen die Brücke.

Ich liege auf dem Rücken, das Wasser in der geschützten Badestelle unter der Brücke schaukelt mich sanft, und ich betrachte sie von unten. Unglaublich, wie fest und stark ihre Silhouette vor dem blauen Himmel wirkt. Vertrauenerweckend. Und wie sicher ich mich fühle, wenn ich über diese Brücke gehe, die ein paar junge Leute vor über vierzig Jahren zusammengezimmert haben. Meine Freunde und ich würden uns heutzutage wahrscheinlich nie zwei Wochen für so etwas freinehmen, und wenn, dann würden wir wohl nicht mal eine Lego-Burg vollständig zusammengebaut kriegen. Am anderen Ende der Brücke steht ein Haus mit einem leeren Hühnerstall daneben. Und an diesen Hühnerstall lehnt ein Kunstwerk, ein Stück Fels mit dem Relief eines Eulengesichts. Auf dem

Weg zur Badestelle ging ich daran vorbei und musste an Onkel Michael denken, der das Eulengesicht einmal während einer Familienfeier in den Stein gemeißelt hat. Ich weiß noch genau, wie ich seine Fortschritte kommentierte und Verbesserungsvorschläge machte, zum Schnabel zum Beispiel, wir tauschten uns aus wie zwei alte Künstlerkollegen. Deshalb verblüffte es mich, als ich unter dem Eulengesicht »JULI 1993« las. Das konnte nicht stimmen, dann wäre ich damals ja erst sieben gewesen. *Völlig unmöglich,* erklärte ich meinen Eltern.

»Na ja, du, ich fühle mich auch immer noch wie die Zwanzigjährige, die den Hühnerstall da gebaut hat, egal, wie alt ich inzwischen bin«, antwortete meine Mutter nur.

»Welches Jahr haben wir?«, fragt eine Stimme von irgendwoher.

Ich liege auf dem Rücken, mein Körper schaukelt auf und ab, während über mir Neonröhren hinwegflitzen.

»Wie viele Finger halte ich hoch?«

Hmmm … da muss ich überlegen. Aus dem Nebel kommen undeutlich ein paar Finger auf mich zu. *Das ist jetzt echt nicht leicht.*

»Zwei?«

»Genau, super. Kannst du mir jetzt auch noch sagen, welches Jahr wir haben?«

Nein, wird mir klar. *Nein, kann ich nicht.*

»Wir müssen eine Lumbalpunktion machen«, verkündet der Arzt, der neben meinem Bett mitjoggt. »Verdacht auf Hirnhautentzündung.«

Uh, das klingt aber gar nicht gut.

»2001!«, erinnere ich mich, auf einmal hochmotiviert.

Ich sehe an mir herunter. Ich trage die dunkelblau-goldenen Sportsachen des San Francisco Unified School District, in meinem Arm hängt ein Tropf, meine Knie sind aufgeschlagen und blutig, und auf meinen Oberschenkeln bilden sich blaue Flecke. Der Nebel um mich herum löst sich auf und weicht einem heftigen Migräneanfall. Meine Kiefermuskeln sind verkrampft, meine Zunge ist an den Seiten wie zerkautes Fleisch und brennt. Ich taste damit vorsichtig in meinem Mund herum und fühle an den Innenseiten meiner Wangen herabhängende Hautfetzen.

Ich weiß nur noch, dass ich im Sportunterricht gerade beim Meilenlauf war. Es war der offizielle Lauf, der darüber entschied, ob George W. Bush mir die heißbegehrte Urkunde mit dem goldenen Siegelaufkleber schicken würde oder nicht. Ich erinnere mich, dass ich rannte wie ein Irrer und meine

Hände ganz schmal und aerodynamisch machte, so sehr wünschte ich mir die Anerkennung meiner sportlichen Leistungen durch einen Präsidenten, für den meine Stadt nur Verachtung übrighatte. Ich erinnere mich nicht an die Ziellinie.

Nach einem epileptischen Anfall wieder zu sich zu kommen fühlt sich an, als würde man mit einem ganz schlimmen Kater aufwachen. Nur dass die Erinnerungen an die letzte Nacht so bald nicht zurückkommen. Der Kopf ist ein völlig leerer weißer Raum, und man kriegt einen Erinnerungskrümel nach dem anderen durch einen schmalen Türspalt gereicht. Vielleicht sollte man also eher sagen, nach einem Anfall ist es so wie nach der eigenen Geburt.

Das erste Mal ist das schlimmste, ein Riesenschreck. Danach nervt es nur noch. Um einen herum rasten alle aus, man selbst verschläft die ganze Aufregung. Aus dem Nebel fragt einen plötzlich eine Stimme, welches Jahr wir haben, und bevor man überhaupt darüber nachdenken kann, geht einem durch den Kopf: *Ach du Scheiße, nicht schon wieder …*

Nach meinem zweiten Anfall, zwei Wochen später auf einer Bowlingbahn in Japantown, verschreibt mir ein Neurologe ein Medikament namens Depakote. Ich finde bald heraus, dass Depakote nicht nur krampflösend wirkt, sondern auch ein Stimmungsstabilisator ist, der bei bipolaren Störungen und Depressionen zum Einsatz kommt. Als ich das erfahre, werde ich wütend und fetze mich mit meinen Eltern. Ich will keine Tabletten einwerfen, die mein Hirn manipulieren. *Was habe ich denn davon, anfallfrei, aber dafür wie ein Zombie durch die Gegend zu rennen?*

»Du musst eben wissen, womit du eher leben kannst«, sagt Mom. »Mit den Symptomen oder den Nebenwirkungen.«

Epileptische Anfälle sind für sich genommen zwar nicht gefährlich, es gibt jedoch nennenswerte Ausnahmen: Jeder Anfall kann einen neuen Anfall erzeugen, und der sogenannte *Status epilepticus,* bei dem man mehrere Anfälle hintereinander hat, kann tödlich enden. Das größte Problem ist jedoch meist die scharfkantige, eckige Umwelt, die einem bei einem Sturz die Zähne ausschlagen oder eine Gehirnerschütterung verpassen kann. Ich sehe alles um mich herum plötzlich mit anderen Augen, bin mir ständig meiner Umgebung bewusst, überlege: *Was würde passieren, wenn ich jetzt da drauf- oder da reinfalle?* Ich mache die Erfahrung, dass man weder Couchtischkanten noch Dachrändern trauen kann. Pissoirs übrigens auch nicht, die sehen schon so hämisch aus, es käme ihnen bestimmt gerade recht, wenn man mich bewusstlos und mit heruntergelassenen Hosen auffände, meine Backenzähne rings um mich herum auf dem Linoleum verteilt.

Harte Dinge, hohe Dinge, nasse Dinge – alles hinterhältige Mörder. Eine ganz besondere Feindschaft pflege ich mit Badewannen, die sind nämlich hart *und* nass. Emaillesärge sind das! Eine Zeitlang lasse ich die Badezimmertür immer einen Spalt offen, wenn ich bade, damit meine Eltern mir sofort zu Hilfe eilen können, falls auf einmal hektisches Planschen und Spritzen zu hören sein sollte. Irgendwann steige ich ganz aufs Duschen um.

Während der ersten paar Monate mit dem neuen Medikament trage ich auf meinem schmalen Körper den Kopf eines dicken Jungen mit feisten Hamsterbacken herum und bin die ganze Zeit müde. Wenn wir mit dem Auto unterwegs sind, sitze ich da und starre teilnahmslos aus dem Fenster, bin nie sonderlich fröhlich und nie sonderlich traurig – klar, meine Stimmung ist schließlich stabilisiert. Zwei Jahre lang schlucke ich täglich eine kleine blaue, rautenförmige Tablette, und eine ganze Menge von dem Kleingedruckten in der Packungsbeilage wird leider Wirklichkeit. Aber sosehr ich mich gegen das Medikament sträube – es wirkt. In der Highschool darf ich die Dosis verringern und es schließlich ganz absetzen. Ich habe lange keinen Anfall mehr und erzähle den Leuten schon von der

»juvenilen Epilepsie«, die ich mal hatte. Das ist gefährlich, meint mein Vater, genau die Art von übermütigem Optimismus, die den bösen Blick anlockt.

»Weißt du, welches Jahr wir haben?«, höre ich von weither eine Stimme fragen. Ich liege auf dem Rücken und schaukle auf und ab.

Scheiße. Scheiße. Schei-ße!

Ich hebe mühsam den Kopf und sehe, dass ich Sportsachen anhabe, Nike-Shorts und ein verschwitztes weißes T-Shirt.

»George, welches Jahr haben wir?«

»2008?«, antworte ich, weil mir einfällt, dass mittlerweile Barack Obama Präsident ist.

»Falsch.«

O Mann, etwa schon 2009?

»George, wir haben 2014. Wie viele Finger halte ich hoch?«

Jemand hat mir ein Kissen unter den Kopf geschoben. Aus dem Augenwinkel kann ich drei Männer ausmachen, einen davon kenne ich, die anderen beiden nicht. In der Zimmerecke steht ein Spritzeneimer. Langsam kommt die Erinnerung zurück. Ich gehe in Los Feliz aus dem Haus, das Easton-Sportstudio, der Crosstrainer, Schweiß läuft mir die Schläfen runter … Was epileptische Anfälle auslöst, ist von Mensch zu Mensch verschieden. Zu wenig Schlaf, Flüssigkeitsmangel, das fast schon sprichwörtliche Stroboskoplicht – alles, was für den Körper Stress bedeutet und das Gehirn sozusagen überhitzt. Mittlerweile ist klar, dass einer der Auslöser bei mir – vor allem in Kombination mit Flüssigkeitsmangel und Müdigkeit – Sport ist, besonders Joggen. Meinen ersten sogenannten Breakthrough-Anfall hatte ich beim Meilenlauf. Mein zweiter Breakthrough-Anfall nach langer beschwerdefreier Zeit passiert auf dem Crosstrainer. Hinterher interpretiere ich das erst als Wink einer höheren Macht: HÖR AUF, SPORT ZU TREIBEN! ICH HABE DICH WEICH UND SCHLAKSIG ERSCHAFFEN! Später muss ich mir eingestehen, dass das wohl doch eher mit einem grundlegenderen Zug meiner Persönlichkeit zusammenhängt. Sport bringt das Fass vielleicht zum Überlaufen, aber Panikgefühle füllen es überhaupt erst bis zum Rand. Diese Anspannung gehört zu mir, seit ich denken kann – eine gewisse Unruhe, eine Rastlosigkeit, das Gefühl, dass ich alles auf einmal erledigen muss und mir die Zeit davonläuft. Die Anfälle kommen, wenn ich die Dinge erzwingen will, wenn ich vergesse durchzuatmen, zu entspannen und das Leben mal kurz seinen Gang gehen zu lassen.

Die Woche nach meinem zweiten Breakthrough-Anfall ist hart, besonders weil mir der

Führerschein entzogen wird, und wenn man in L. A. nicht zufällig verkehrsgünstig wohnt, ist man auf den lahmsten Nahverkehr des ganzen Landes angewiesen, von der Eastside zum Strand dauert es mit dem Bus gern mal drei Stunden. Nachdem ich jahrelang Spritztouren gemacht habe, um meine Nerven zu beruhigen, und immer bereitwillig nüchtern blieb, um meine Freunde spätabends nach Hause zu fahren, hasse ich diese neue Abhängigkeit natürlich. Ständig muss ich jemanden bitten, mich irgendwohin mitzunehmen. Es ist ein Rückschritt: Wie bei Familienausflügen früher bin ich auf den Rücksitz verbannt und starre teilnahmslos aus dem Fenster.

Aber zugegeben, es hat was, wenn ich mit meinen Rollerblades zur Haltestelle vom 704er Bus flitze und mich darin so umschaue: Ganz hinten schlafen Penner von der Skid Row, weiter vorn sitzen jugendliche Ausreißer auf dem Weg zum Venice Boardwalk und mexikanische Mütter mit ihren kleinen Kindern auf dem Weg zur Schule, zur Arbeit oder nach Hause. Beim ersten Mal fuhr ich die zwei Meilen zur Haltestelle und stellte nach dem Einsteigen fest, dass ich meine Schuhe zu Hause vergessen hatte. Ich hatte eine Stinkwut auf mich selbst: Als wäre der Führerscheinentzug nicht demütigend genug, musste ich nun auch noch in

Styroporstiefeln zwischen all den Leuten in den Chewbacca- und Spidermankostümen herumlaufen, ein Verrückter mehr auf dem Hollywood-Boulevard, Ecke Vine. Aber der Bus ist gar nicht so schlecht. Es hat durchaus Vorteile, nicht mehr Auto zu fahren. Zum Beispiel darf jemand anderes mit dem Verkehrschaos fertig werden, und wenn ich nicht allzu oft Taxi oder Uber fahre, spare ich außerdem eine Menge Geld. Ich muss kein Benzin mehr bezahlen, keine Versicherung, keine Reparaturen, keine Strafzettel. Was ich beim Busfahren spare, wird allerdings durch die Fahrten im Krankenwagen mehr als wettgemacht. Der verdammte Krankenwagen. Eine Fahrt im Krankenwagen ist die reinste emotionale Achterbahn. Das muss ich ein wenig erklären.

»Hast du schon mal von den Zwangsrekrutierern der britischen Navy gehört?«, fragte mich mein Vater einmal.

Wir haben zu Hause einen kleinen alten Zinnkrug, dessen Boden aus Glas ist. Ein Erbstück von meinem Grandpa Clem, der ihn in den Dreißigerjahren mal als Preis für den dritten Platz bei einem Leichtathletikwettkampf an der Uni gewonnen hat.

»Weißt du, wieso der einen Glasboden hat? Pass auf, das kam so: Vom siebzehnten bis etwa Mitte des neunzehnten Jahrhunderts hat die Royal Navy in Großbritannien Werber losgeschickt, um arme Schlucker für die Marine zwangszurekrutieren. Einer ihrer Tricks war, in die nächstbeste Kneipe zu gehen und einem Betrunkenen unauffällig ein paar Shillings ins Glas zu tun. Wenn beim Trinken eine Münze den Mund des Mannes berührte, akzeptierte er damit nach damaligem Brauch den Sold der Krone, und der Deal galt als besiegelt. Der Typ wachte also irgendwann mit einem Mordskater an Deck irgendeiner Fregatte auf offener See auf. Und da kam er auch nicht weg, zumindest nicht, bis der Krieg zu Ende war, den Großbritannien gerade führte. Verstehst du? Deshalb der Glasboden: wegen der Shillings.«

Genau so fühlt man sich, wenn man in einem Krankenwagen zu sich kommt. Die Sanitäter lassen einen leider auch nicht einfach an der nächsten Ecke raus und nach Hause stolpern. Ich habe oft genug gefragt. Eben war man noch fröhlich mit irgendwas beschäftigt, und im nächsten Moment wacht man mit einer Rechnung über viertausend Dollar in einem Krankenwagen auf. Ich habe für fünf Minuten Fahrt und zwanzig Minuten im Krankenhaus schon mehr bezahlt, als mich eine Stretchlimousine mit Whirlpool und eine Suite im Ritz gekostet hätten. Das habe ich davon, dass ich mich so störrisch weigere, ein Identifikationsarmband für Epilepsiepatienten zu tragen. Ich denke eben jedes Mal wieder, dass es kein nächstes Mal geben wird.

Die Behandlungsansätze für Epilepsie sind so vielfältig wie ihre Erscheinungsformen. Es gibt Patienten mit schweren Fällen, denen hat eine Operation geholfen, bei der ein Stück der Großhirnrinde entfernt wurde. In leichteren Fällen schwören viele Betroffene auf Naturheilkunde, Homöopathie, Akupunktur oder Meditation. Manche behaupten, durch die bewusste Wahrnehmung des eigenen Körpers könnten sie sogar, wenn sie die Aura spüren, den Anfall durch reine Willenskraft abwenden. Die Aura ist so was wie ein Vorgefühl, das sich physisch manifestiert, bevor es losgeht. Es kann ein Kribbeln sein, Wärme, die sich im ganzen Körper ausbreitet, Panik oder ein Wohlgefühl, das ist bei jedem Menschen anders. Sie tritt zwischen dreißig Minuten und einer halben Sekunde auf, bevor man das Bewusstsein verliert. Je mehr Anfälle man hat, desto einfacher wird es, dieses Vorgefühl zu identifizieren. Ich mag meine Aura. Sie fühlt sich an, als ob etwas einrastet und endlich richtig ist, als ob mich eine warme Decke einhüllt, ich gebe jegliche Kontrolle ab und habe nicht das geringste Bedürfnis, mich zu wehren. Ist die Aura da, gibt es eine pharmazeutische Stopptaste in Form einer kleinen weißen Prophylaxe-Tablette namens Lorazepam. Man legt sie unter die Zunge, wo sie sich auflöst und direkt ins Blut geht. Wie effektiv Lorazepam so kurzfristig tatsächlich ist, darüber gehen die Meinungen auseinander, aber es wirkt krampflösend, und da Angst außerdem auch ein Auslöser für epileptische Anfälle sein kann, ist der Glaube eines Epileptikers an die Wirksamkeit der Pille ein nicht zu vernachlässigender Faktor.

Die häufigste Behandlungsmethode ist jedoch immer noch die tägliche Tablette. Es gibt sie in hundert Geschmacksrichtungen, aber alle funktionieren mehr oder weniger gleich: Sie ziehen dem Gehirn eins mit dem Nudelholz über. Wirksame Medikamente gibt es schon seit etwa 1850, erst Bromid, dann Phenobarbital, dann kamen Phenytoin und später noch alle möglichen modernen Abwandlungen. Ich habe viele davon probiert. Diese Medikamente haben immer eine Packungsbeilage so dick wie ein Telefonbuch und die herrlichsten Nebenwirkungen. Levetiracetam macht aggressiv und suizidal. Lamotrigin: blind und suizidal. Phenytoin: motorische Störungen, und das Zahnfleisch kann so stark anschwellen, dass einem die Zähne ausfallen. Die richtig schlimmen Nebenwirkungen sind eher selten und treten manchmal auch erst nach Jahrzehnten auf. Meiner Erfahrung nach haben die Medikamente eines gemeinsam: Sie machen diesen Nebel im Kopf – ein Gefühl, als wäre mir ein Teil meiner Geschichte gestohlen und meine Erinnerungen gelöscht worden. Unter Medikamenteneinfluss muss ich manchmal ewig in meinem Gedächtnis nach einer Hauptstadt oder dem Namen eines Schauspielers kramen, oder sogar nach dem eines alten Freundes. Alles Dinge, von denen ich weiß, dass ich sie weiß, die aber plötzlich verschwunden sind. Mir geht das gegen den Strich, davon abgesehen helfen die Tabletten aber, und ich habe nur noch Anfälle, wenn ich sie mal vergesse. Auch wenn die Medikamente sehr reale Probleme mit sich bringen, haben sie schon unzähligen Menschen das Leben gerettet oder zu mehr Lebensqualität verholfen.

Die Akzeptanz von Epileptikern in unserer Gesellschaft ist jedoch eine recht junge Entwicklung.

Harry Laughlin, 1880 in Oskaloosa, Iowa, geboren, war der Pionier der »Wissenschaft« der Eugenik in den USA. Amerika mischte da nämlich bereits zwei Jahrzehnte vor den Nazis mit. Harry studierte an der First District State Normal School in Kirksville, Missouri (heutzutage die Truman State University), promovierte dann in Princeton über Zellbiologie und wurde 1910 Leiter des neuen Eugenics Record Office, eines zweistöckigen, stuckverzierten Backsteingebäudes in Cold Spring Harbor auf Long Island, vierzig Meilen von Manhattan entfernt. Dort arbeitete er fast dreißig Jahre lang.

Harry Laughlin schrieb das amerikanische Standardwerk über Eugenik. Mit seinem *Model Eugenical Sterilization Law* formulierte er 1922 eine Anleitung, um minderwertige Elemente in der Bevölkerung auszumerzen. Harry war wie andere Eugeniker in Anlehnung an Darwins Evolutionstheorie davon überzeugt, dass vielen minderwertigen Leuten gar nicht klar ist, wie minderwertig sie sind, so dass sie ihrem Nachwuchs unbekümmert ihre minderwertigen Eigenschaften vererben und damit die Gesamtbevölkerung im Laufe der Zeit immer minderwertiger machen. Minderwertige Leute, von Harry als »entarteter Menschenbestand« bezeichnet, lassen sich in mehrere minderwertige Kategorien unterteilen. Laughlin gelang es zwar nicht, sein rassistisches Gedankengut gesetzlich zu verankern, sein einflussreicher Gesetzentwurf sah aber die Kastration und Sterilisation von »Geistesschwachen« vor – Taube, Blinde, Kranke, körperlich Behinderte, Drogensüchtige und Menschen, die »nicht ohne fremde Hilfe« leben können, wozu Kriminelle, Waisen und Arme gezählt wurden. Und dann gab es noch die Epileptiker, eine Kategorie für sich.

Diese Vorurteile waren nichts Neues. Epileptikern wurde schon immer mit Misstrauen begegnet, wenn nicht gar mit Feindseligkeit. In Mesopotamien dachte man, Epileptiker wären vom Mondgott besessen, und unterzog sie Exorzismen. Gemäß Hammurabi (dem Herrscher, der das Prinzip »Auge um Auge« rechtskräftig gemacht hat) durfte man einen Sklaven, der Epilepsie hatte, zurückgeben und sein Geld zurückverlangen. Hexerei, Zaubersprüche, Gift – im Laufe der Jahrhunderte fanden die Völker der Welt die unterschiedlichsten Erklärungen für die rätselhafte Krankheit. Die einzige Konstante war, wen wundert's, die Ablehnung des Unbekannten. Selbst zu Beginn des zwanzigsten Jahrhunderts, als William McKinleys First Lady Ida mehrmals bei Staatsempfängen leichte Anfälle erlitt, die man heutzutage als *Petit mal* bezeichnen würde, hielt der Präsident ihr einfach eine Serviette vor das verzerrte Gesicht, bis der Krampf sich löste, und unterhielt sich dann weiter, als sei nichts geschehen.

Eine Lehre der Eugeniker gab es, die auch von der modernen Wissenschaft gestützt wird: Epilepsie ist tatsächlich erblich. Die meisten Familien zogen daraus eine einfache Konsequenz: Sie versteckten die Krankheit. Diverse US-Bundesstaaten ernannten einen Eugeniker, der die Aufgabe hatte, die Unerwünschten auszusortieren. Diese Staatseugeniker durften Leute verhaften und für ihre Verbrechen gegen den Genpool vor Gericht bringen. Wurden sie tatsächlich verurteilt, lautete die Strafe medikamentöse oder operative Sterilisation. Ende der Zwanzigerjahre hatten bereits mehr als dreißig Bundesstaaten ein Zwangssterilisationsgesetz erlassen, viele davon folgten Wort für Wort Laughlins Entwurf. Über dreitausend Sterilisationen wurden durchgeführt. Manch ein amerikanischer Eugeniker war sicher heimlich auch Euthanasieanhänger, aber zum Glück erreichten deren Verbrechen nie die Dimension von Hitlers Gaskammern. Doch das macht Harry Laughlins Nähe zu bestimmten Kreisen nicht verzeihlicher. 1936 verlieh ihm die Universität Heidelberg einen Ehrendoktortitel für seinen Beitrag »zur Wissenschaft der Rassenhygiene«. Er wurde eingeladen, die Ehrung bei den Feierlichkeiten anlässlich des 550. Geburtstags der Uni persönlich entgegenzunehmen, bedankte sich jedoch stattdessen mit einem Brief, in dem er sein großes Bedauern ausdrückte, dass er es leider nicht rechtzeitig nach Deutschland schaffen würde. Vielleicht kam die Einladung tatsächlich zu spät, um noch Reisevorbereitungen zu treffen. Vielleicht fuhr er aber auch deshalb nicht hin, weil er Angst hatte, bei dieser herrlichen Nazifeier mit klopfendem Herzen auf der Bühne vor seinen reinrassigen Kollegen zu stehen und genau in dem Moment, wenn Dr. Carl Schneider ihm stolz die lila Schärpe umlegte und die Hand schüttelte, plötzlich den vertrauten metallischen Geschmack im Mund zu spüren, den Druck auf den Schläfen und dann dieses kurze, leuchtende Hochgefühl. Harry hatte nämlich ein Geheimnis.

»Welches Jahr haben wir, Dr. Laughlin?«

Das hat ihn womöglich der Arzt im St.-Thomas-Krankenhaus gefragt, nachdem er 1926, im Alter von 44 Jahren, seinen ersten *Grand-mal*-Anfall erlitt. Harry kämpfte den Rest seines Lebens mit seiner Epilepsie. Einmal fuhr er sogar fast sein Auto ins Meer, als er hinter dem Steuer einen Anfall hatte. Irgendwann konnte er die Krankheit nicht mehr vor den Kollegen verbergen, die ihm bei der Ausarbeitung seiner Eugenik-Richtlinien geholfen hatten. 1939, als in Europa der Krieg ausbrach, war in den USA das Interesse an Eugenik jedoch schon wieder verflogen, und das ERO wurde geschlossen. Vier Jahre später starb Laughlin kinderlos, Todesursache: unbekannt.

Polly Miller wird für immer siebzehn bleiben. Von den Menschen, die meine Großtante persönlich kannten, sind die meisten schon lange tot, und auch meine Familie weiß nur wenig über sie. Ihr Vermächtnis besteht aus Berichten aus zweiter Hand, einem Briefwechsel zwischen ihr, ihrem Bruder Clem (meinem Großvater) und ihrer Mutter (meiner Urgroßmutter) und dem Nachruf in der Studentenzeitung des Sarah Lawrence College.

1942 war Polly eine ganz normale Elftklässlerin. Sie kam aus einer wohlhabenden Familie aus Wilmington, Delaware, ritt gern, ging regelmäßig in die Kirche, unternahm von ihrem schicken Mädcheninternat in Connecticut aus Wochenendausflüge zu den Footballspielen zwischen Harvard und Yale, oder nach New York, wo sie sich in der Radio City Music Hall Filme mit Ginger Rogers und Cary Grant ansah. In ihrer Welt hatte alles seine Ordnung, und es wurde viel Wert auf Äußerlichkeiten gelegt. Nur ist natürlich keine Familie perfekt. Man sprach nicht gern darüber, aber Polly fiel ab und zu »in Ohnmacht«. In den Vierzigerjahren galt sowohl in Delaware als auch in Connecticut immer noch Laughlins Zwangssterilisationsgesetz, ein offener Umgang mit der Krankheit hätte also nicht nur das makellose Image der Familie beschädigt, sondern auch schwerwiegende Konsequenzen für

Pollys Zukunft gehabt. Phenobarbital war damals zwar schon erhältlich und versprach gute Ergebnisse, aber das Mädchen wurde nie damit behandelt. Polly fragte sich damals, ob das College vielleicht nur Zeitverschwendung sei und sie sich lieber gleich einen Job als Stenographin suchen sollte. Ihr älterer Bruder – mein Großvater Clem, der damals gerade die militärische Grundausbildung für den Einsatz im Zweiten Weltkrieg absolvierte – machte seine Meinung dazu jedoch sehr deutlich. Die Vorstellung, dass Polly irgendeinen unqualifizierten Job annahm, um dann später einen Geschäftsmann zu heiraten und sich in der High Society von Delaware einzukuscheln, missfiel ihm nicht bloß. Sie machte ihn geradezu wütend. Er kannte seine Schwester als einfühlsam und wissbegierig, und beschwor sie, die Welt außerhalb von Wilmington kennenzulernen, jenseits von Kaffeekränzchen, Tennis und einem gepflegten Heim. Er empfahl ihr, *Früchte des Zorns* zu lesen.

Clems Überzeugungsarbeit wirkte, und Polly schrieb sich am Sarah Lawrence College ein, wo sie sich bei Studentenaktivitäten engagierte und schnell Anschluss fand. Sie wählte den Studiengang Chemie und studierte unter anderem bei Professor Henry Keppele Miller (nur ein Namensvetter und nicht mit ihr verwandt), einem Experten für Salzformationen. Doch eines Tages, im zweiten Studienjahr, war mit einem Schlag alles anders: Polly stürzte zu Hause und schlug sich den Kopf an der Badewanne auf.

»Sie war auf dem besten Weg, eine ausgezeichnete Chemikerin zu werden«, schrieb Henry Keppele Pollys Mutter in seinem Beileidsbrief. »Ihr Tod ist ein großer Verlust und etwas, was ich nie begreifen werde.« Es ist wirklich eine bittere Ironie des Schicksals, dass Polly nie in den Genuss der Medikamente kam, an denen sie vielleicht später hätte mitforschen können, wäre sie nicht jäh aus dem Leben gerissen worden. Ihr Bruder ist nie darüber hinweggekommen und hat bis zum Ende seines Lebens nicht mehr über seine Schwester gesprochen.

Dreizehn Jahre später, 1958, wurde Pollys großer Bruder in den Kongress gewählt. Clem Miller war als Abgeordneter bald allseits geachtet, er arbeitete hart und gewissenhaft, häufig bis in die Nacht, sprach sooft wie möglich persönlich mit den Wählern, bildete Allianzen auch über Parteigrenzen hinweg und blieb dabei immer dem idealistischen Liberalismus treu, der schon aus seinen frühen Briefen an Polly spricht. 1962 erlebte er seinen stolzesten Moment, ein Schwarzweißfoto davon hängt in meinem Elternhaus in San Francisco: Clem mit

John F. Kennedy, der Grandpas Gesetzentwurf unterschreibt und damit Point Reyes in Kalifornien zum Küstenschutzgebiet erklärt.

Meine Mom erzählt, dass ihr Vater jeden Abend »Der Staatsmann ist wieder da!« rief, wenn er von der Arbeit nach Hause kam, womit er sich über den Pomp und das eitle Getue im Kongress lustig machte. Mom und ihre Schwestern liebten Grandpa abgöttisch.

Als Mom elf war, war mit einem Schlag wieder alles anders. Grandpa Clem starb kurz vor seiner Wiederwahl im Alter von 45 Jahren bei einem Flugzeugabsturz. Seine kleine Maschine zerschellte im Sturm an einem Berg in Nordkalifornien – es war derselbe Sturm, der 1962 auch die World Series in San Francisco unterbrach. Zwanzig Jahre nach dem Tod seiner geliebten Polly folgte Clem ihr ins Unbekannte. Bill Duddleson, ein Freund der Familie, klingelte an der Tür, drückte seine Anteilnahme aus und bereitete Frühstück. Die Abgeordneten kamen zu einer Sondersitzung zusammen, es wurden Reden gehalten, die Zeitungen druckten Nachrufe. Dann die Beerdigung in Point Reyes, und als der Staub sich gelegt hatte, eine ohrenbetäubende Stille. Clems Name stand bereits auf den Stimmzetteln, und er wurde der zweite Abgeordnete in der Geschichte des Parlaments, der posthum gewählt wurde. Meine Grandma heiratete später wieder. Die Schwestern wurden erwachsen und zogen weg. Und ein Jahrzehnt nach dem Tod ihres Vaters bauten sie gemeinsam die Brücke.

Die Wahrscheinlichkeit eines epileptischen Anfalls ist relativ gering. Aber während ich hier allein im Wasser vor mich hin treibe, geht mir der Gedanke daran trotzdem durch den Kopf. Eigentlich habe ich ihn immer im Hinterkopf. Keiner würde mich hören. Mom, Dad und Tante Marion würden mich erst Stunden später finden. Ich hätte einfach plötzlich einen Kupfergeschmack im Mund, würde eine warme Schwerelosigkeit fühlen, einen letzten Blick auf dieses Relikt aus dem Sommer 1973 werfen, das grau und stabil über mir hängt und leise im Wind quietscht, und niemand würde mich je wieder fragen, welches Jahr wir haben. Es mag selbstgefällig klingen, aber diese Vorstellung schlägt auch eine Brücke zu meinen Eltern. Deren Witze über das Altern und ihre Mitgliedschaft bei den Grauen Panthern werden immer makabrer und immer weniger lustig. Die Tatsache, dass jeder Mensch jederzeit sterben kann, auch ich, genau in diesem Moment, führt mir wieder vor Augen, dass alles auf dieser Welt miteinander verbunden ist, dass ich lediglich eine Nebenrolle in einer wunderschönen, endlosen Geschichte spiele. Und es kommt mir kurz so vor, als hätten vorhin beim Hühnerstall nicht nur Eltern und Sohn miteinander gesprochen, sondern alte Kollegen.

»Und wie alt fühlst du dich, Dad?«, fragte ich ihn, als wir mit Mom vor der Steineule standen.

»Hm, also, die Kontinuitätstheorie der personalen Identität besagt ja –«

»Och, Dad.« Ich bereue sofort, dass ich überhaupt gefragt habe.

»Ich würde sagen, Anfang dreißig.« Er überlegt kurz. »Klingt vielleicht albern, aber ich habe immer noch das Gefühl, mir stehen alle Möglichkeiten offen.«

»Klingt überhaupt nicht albern, finde ich.«

Zwei Wochen später wird der schlimmste Waldbrand seit Jahrzehnten in den Trinity Alps wüten und Hektare von jahrhundertealten Kiefern wie Streichhölzer abfackeln. Marion und Jack werden zur Hütte fahren, um Holz und Gestrüpp wegzuräumen und ihr altes Zuhause noch einmal zu sehen, vielleicht zum letzten Mal. Die ganze Familie wird weinen, die Hände ringen und bang fragen, wie wir denn nächsten Sommer über den Fluss kommen sollen, wenn die Brücke abbrennt. Ob wir überhaupt noch etwas haben werden, zu dem wir zurückkommen können. Aber dann legen sich die

fünfzehn Meter hohen Flammen plötzlich und verlöschen kurz vor dem Hügel ganz. Durch einen
glücklichen Zufall bleibt das Haus in Hyampom
unversehrt und darf den nächsten Sommer erleben.

Doch jetzt treibe ich noch im kühlen Wasser, nur
meine Zehen schauen heraus, und plötzlich sehe
ich aus dem Augenwinkel etwas Grünes. Ich drehe
mich auf den Bauch und entdecke einen Grashüpfer, groß wie ein PEZ-Spender, der verzweifelt im
Wasser strampelt. Mir fällt ein, dass ich in irgendeiner halb dösend verbrachten Biostunde mal gehört habe, dass Wasser die Schuppen auf Insektenflügeln irreparabel zerstört. Trotzdem tappe ich
zum Ufer, schnappe mir ein Stück Schiefer vom
Boden, locke den Grashüpfer darauf und bringe
ihn sicher an Land. Er schwankt noch ein wenig.
Wir betrachten einander. Die Sonne trocknet die
Wassertropfen auf meinen Schultern. Was für ein
faszinierendes Wesen: die winzigen Knopfaugen,
leuchtend rot vor dem schillernden Grün seines
Körpers, die sechs Drahtbeinchen, hübsch ordentlich am Knie eingeknickt, darüber Blätter, die gar
keine Blätter sind, sondern Flügel – wieder mal so
ein Angebertrick der Evolution. Selbst wenn er
steinalt wird, bleibt ihm vielleicht noch ein halbes
Jahr zu leben. Meine Rettungsaktion ändert also
nicht viel. Aber da macht er erst einen Satz auf mich

zu und hüpft dann davon – er hat wohl doch noch das eine oder andere zu entdecken.

Vor mir mein Spiegelbild im Wasser, Teile von mir Plagiate der Vergangenheit – Dads Nase, Moms Kinn, Grandpas Haare, das Gehirn seiner Schwester. Und ich schaue auf und genieße die Natur um mich herum, solange ich es noch kann.

Auf alten Schiffen lernt man segeln

Sefina

Wie meinst'n das, sie hat ihr Sofa aufgegessen?« Marcus nahm sich etwas Tabak von dem Häufchen vor uns auf dem Tisch und drehte sich eine Zigarette.

»Na ja, da war ein Riss in der Armlehne, und irgendwann hat sie sich so'n bisschen Schaumstoff rausgezupft und in den Mund gesteckt«, erklärte ich. »Hat ihr wohl geschmeckt, und dann hat sie eben immer wieder was davon genascht. So beim Fernsehen, wie Popcorn.«

Seit einer Weile schon schaute ich auf dem Learning Channel (der diesen Namen übrigens zu Unrecht trägt) die Sendung *My Strange Addiction*. Jetzt saß ich mit Marcus auf der Terrasse des Zeitgeist, einer Bar im Mission District, und erzählte ihm von einer Folge, die mir nicht mehr aus dem Kopf ging. Die Frau hatte unter Panikzuständen gelitten, und das Einzige, was sie beruhigte, war die

Polsterfüllung ihres Sofas. »Nachdem sie das letzte Stück Sitzfläche aufgegessen hatte, war sie ganz unten angekommen.« Ich trank einen Schluck Bier. »In jeder Hinsicht, sag ich mal.«

Ich stellte mir vor, wie die Frau, das letzte Stück Polsterung in der zitternden Hand, auf dem unbequemen Stahlskelett ihres geliebten Sofas hockte und mit Tränen in den Augen Abschied von ihrem einzigen Freund nahm. Okay, ihre Sucht war definitiv seltsam, aber sie schadete damit ja niemandem außer sich selbst. *Außerdem haben wir alle unsere Laster,* dachte ich, schob mein leeres Bierglas zu den vielen anderen in der Mitte des Tischs und sah die Glut von Marcus' Selbstgedrehter aufleuchten, als er sich eine Ladung Teer in die Lunge sog.

In der vierten Klasse erklärte uns Mr. Gomez einmal, es sei gemein, jemand anderem madig zu machen, was er mag, nur weil man selbst nichts damit anfangen kann. Sein Beispiel war damals die Schulkantine: Es ist unhöflich, Würgelaute von sich zu geben, wenn sich am Tisch jemand fröhlich seinen Go-Gurt in den Mund drückt – auch wenn man sich vor der schleimigen Konsistenz und dem schmatzenden Geräusch ekelt, mit dem das Milchprodukt aus der Alutube glitscht. Erst Jahre später, als wir bezüglich seiner sexuellen Orientierung eins und eins zusammenzählten, wurde uns klar, dass

Mr. Gomez an dem Tag in Wahrheit von etwas viel Wichtigerem gesprochen hatte: von der Lebensphilosophie, andere Menschen so zu akzeptieren, wie sie sind. Jedem Tierchen sein Pläsierchen – jeder von uns hat nun mal individuelle Wünsche und Bedürfnisse, und wenn wir anderen das Recht auf ihr Glück absprechen, sprechen wir es uns auch selbst ab. In der vierten Klasse schwankten meine sexuellen Vorlieben noch zwischen sauren Gummitieren und extrascharfen Cheetos, aber in der Highschool, etwa um die Zeit, als ich mich zum Vegetarier, Hip-Hopper, Kommunisten, Buddhisten und Alkoholgegner erklärte, merkte ich plötzlich, was mein Pläsierchen war. Ältere Frauen.

Das hatte seine Gründe. Ich sah zeit meines Lebens jung für mein Alter aus, und als meine Freunde lange vor mir in die Pubertät kamen, erlitt mein Selbstbewusstsein einen Knacks. *Dieses Jahr muss der Bart ja endlich kommen*, sagte ich mir jedes Jahr wieder. Als die Follikel mit Anfang zwanzig immer noch nichts lieferten, versuchte ich, den perfekten Schnauzer oder einen richtig guten Goatee zu visualisieren und dadurch meine Barthaare kraft meiner Gedanken hervorzulocken. Alle sechs Monate wuchs mir denn auch ein einzelnes, ziemlich langes Haar, das an ein Schamhaar erinnerte und für mich der Beweis war: Auch wenn ich meinen Bart noch nicht sehen konnte, er war da, unter meiner Haut verborgen, und wartete auf den richtigen Moment für seinen großen Auftritt. Ab und zu schickte er ein einzelnes Haar vor, um die Lage zu sondieren, kam aber jedes Mal zum Schluss, dass die Zeit noch nicht reif war.

Ich kann mir lebhaft vorstellen, was Freud zu meiner Faszination für ältere Frauen gesagt hätte. Egal, wie die psychologische Fachliteratur das sieht: Ich liebe meine Mutter, aber ich bin ganz sicher nicht in sie *verliebt. Genau das sagt aber jeder, der in seine Mutter verliebt ist!*, jault in meinem Kopf ein Zombie-Freud, kritzelt noch schnell was auf seinen Notizblock und will sich dann auf mich stürzen – doch da habe ich ihm schon seinen Füller in die Schläfe gerammt.

Sexuelle Vorlieben oder Fetische tauchen nicht aus dem Nichts auf. Sie wachsen in der ganz und gar nicht sterilen Petrischale des Lebens heran, genährt von allerlei Erfahrungen: Freuden, Ängste, Gewohnheiten, Defizite. Man isst ja schließlich kein Sofa, weil man Hunger hat. Und ich finde Intelligenz und Selbstbewusstsein zwar generell anziehend und lasse mich gern beim Scrabble schlagen, aber dass mich ältere Frauen so faszinieren, liegt sicher auch daran, dass ich so ein Spätzünder war. Ich gab mich Phantasien hin, wie diese frisch

geschiedene Frau Mitte vierzig, jene Jungpolitike-
rin oder diese Geschäftsführerin einer Versicherung mich ansah und meine Reife erkannte – und all
meine Unsicherheit gegenüber Mädchen in meinem Alter wäre wie weggeblasen, denn sie musste
es schließlich wissen.

Im Sommer 2008, ich war einundzwanzig und
verbrachte die Semesterferien zu Hause in San
Francisco, nahm mich Marcus ab und zu ins Zeitgeist mit. Er war zehn Jahre älter und damit genau
im Altersdurchschnitt der Bar. Die Atmosphäre
auf der großen Terrasse mit den Reihen von Pick-
nicktischen lag irgendwo zwischen Schulkantine
und Frachtschiffzwischendeck: ein bunter Basar
aus Bikern, Fahrradenthusiasten, Punks, Hipstern
und Queers, überall Septum-Piercings, tätowierte
Hände und Koteletten.

Marcus drehte abwechselnd Zigaretten für sich
selbst und Joints für uns beide, wir wurden immer
betrunkener und bekiffter und schmiedeten immer
verrücktere Pläne, wie wir möglichst schnell möglichst reich werden könnten. Einige Wochen zuvor
hatten wir gemeinsam den Nominierungsparteitag
der Demokraten gecrasht, um dort die Pilotfolge
einer schlechten, handgestrickten Doku-Serie über
Erderwärmung zu drehen – auch wenn wir der Atmosphäre mit unserem Zweitausend-Meilen-Road-

trip bestimmt keinen Gefallen getan hatten. Obama nahm die Nominierung als Präsidentschaftskandidat an, wir machten uns auf den Weg zurück, und dann verlor Marcus auf einem Parkplatz in Denver seinen Verlobungsring. Er hyperventilierte fast, und wir fingen sofort an, uns durch die Mülltonne zu wühlen. Nach einer Stunde fanden wir den Ring in einer zerknüllten Quiznos-Tüte. Marcus und ich verstanden uns wohl so blendend, weil wir unser Leben, trotz des Altersunterschieds, in etwa gleich gut im Griff hatten.

An diesem Tag hatten wir schon einige Biere intus, als er auf einmal den Hals reckte: »Du, die Süße da drüben will dich zu sich locken.«

Tatsächlich. Sie saß ein paar Tische weiter, eine wunderschöne Frau Mitte dreißig mit tollen Kurven und kaffeefarbener Haut, langen schwarzen Locken und einem kleinen Lächeln auf den Lippen. Eine Stewardess winkt man heran, einen Untergebenen zitiert man zu sich, nach einer Krankenschwester verlangt man. Aber jemanden zu sich *locken,* das können nur Femmes fatales im Film noir. Die Frau dort drüben machte eine Handbewegung, als würde sie die Luft liebkosen, und ihre funkelnden nachtschwarzen Augen hatten dabei ganz zweifellos mich im Visier. Keine Frage: Sie lockte mich zu sich. Absolut klarer Fall.

»Jetzt geh schon hin«, zischte mir Marcus zu.

Nervös und bekifft stolperte ich los. Die Terrasse war ein einziger Hindernislauf aus Knien, Tischbeinen und nackten Füßen in Slippers, und das gepiercte, bärtige Zeitgeist-Publikum musterte mich missbilligend. Endlich hatte ich es geschafft und setzte mich zu ihr und ihren Freundinnen an den Tisch.

»Ich bin Sefina.«

Wir waren sofort auf einer Wellenlänge. Sefina kam von den Fidschi-Inseln und wohnte in Oakland. Sie war liberal und kunstinteressiert. Wir waren uns bei allen Themen so einig, wie es nur zwei Menschen sein können, die lange keinen Sex mehr hatten. Es ist immer gefährlich, sein Interesse so deutlich zu zeigen, man macht sich damit verwundbar. Aber Sefina und ich fachten das Feuer zwischen uns furchtlos immer weiter an, unterhielten uns über unsere Lieblings-Poetryslammer, -Alben, -Autoren und -Konzerte und sahen einander dabei tief in die Augen. Ohne mit der Wimper zu zucken fing sie plötzlich an, unter dem Tisch die Innenseite meines Oberschenkels zu streicheln. Ich musste mich zusammenreißen, um nicht durchzudrehen. Ich konnte es nicht fassen. Hier wollte mich eine Frau, die normalerweise unerreichbar für mich gewesen wäre, egal in welchem Alter, und ich musste überhaupt nichts dafür tun. Ich saß einfach nur da, das war genug. Jackpot!

Aber dann sprach ich von Baseball und erzählte von meiner Schulzeit, und nach und nach erlosch die Glut in ihren Augen, wie bei einem ausgepinkelten Lagerfeuer, und wich einer deutlichen Resignation. Ich verstand die Welt nicht mehr. Ich gab noch mal alles, versuchte sogar, irgendwie Pablo Neruda ins Gespräch einzuflechten. Es half nichts. Dass mich eine schöne Frau zu sich lockte, passierte mir vielleicht nicht jeden Tag, aber solche ausweichenden Blicke kannte ich zur Genüge: Sie wollte unsere Unterhaltung beenden.

»Was ist denn los?«

Sefina wand sich. »Nichts, wirklich. Ist schon okay.«

Ich hakte nach. Was hatte ich denn bloß Falsches gesagt? Lag es am Baseball?

»Nein! Pass auf ... als ich dich hergewinkt habe, da dachte ich, du wärst ...«

Was? Älter? Cooler? Ein größerer Neruda-Fan?

»Ich dachte, du wärst ...«

Sie verstummte wieder.

Was denn nur?

»Ein Transmann.«

Jetzt war's raus. Es dauerte einen Moment, bis ich begriff, dass sich das Blatt gerade komplett gewendet hatte. Eine Welle der Scham krachte über mir zusammen, ich war schlagartig nüchtern, und mein warmes, schwereloses Rauschgefühl wurde von Übelkeit und Kopfschmerz verdrängt.

»Ich dachte halt, du … Sorry, ich steh einfach auf was anderes. Ist nicht böse gemeint.«

Am liebsten wäre ich sofort aufgesprungen und weggerannt, aber ich wartete noch einen Moment, bevor ich aufstand. Ich umarmte Sefina ungeschickt und watete zurück durch einen Sumpf höhnischer Blicke, denn natürlich hatten alle mitbekommen, was gerade passiert war, da war ich sicher.

»Na, wie war's, du Player?« Marcus grinste.

Erst später ging mir auf, dass man der Sache durchaus auch etwas Positives abgewinnen konnte. Das Publikum hier war eben etwas älter, da wehte ein anderer Zeitgeist. Und Sefina hatte mich heiß gefunden, so viel stand fest. Mein Anblick konnte also nicht allzu abschreckend sein. *Ist doch egal, dass sie erst nach einer halben Stunde gemerkt hat, dass ich biologisch ein Mann bin. Ich werde ja wohl mein Selbstbewusstsein nicht von überholten Geschlechter-Dichotomien abhängig machen. Sefina darf stehen, auf wen sie will. Und wenn ich nicht ihr Pläsierchen bin – macht nichts. Ich finde schon noch eine Frau, die genau mich will. Schließlich ist jeder der Fetisch von irgendjemand anderem.*

Arianna

Prof. Arianna McGill hielt mit ihrem Herzschmerz nicht hinterm Berg und würzte ihre mitreißenden Vorträge immer mal wieder mit Anspielungen auf verflossene Liebschaften und ihren aktuellen Singlestatus. Ich hatte mich lediglich für »Einführung in die Philosophie« angemeldet, weil ich für meinen College-Abschluss in ein paar Monaten noch einen Kurs brauchte und gedacht hatte, hier käme ich ohne viel Aufwand zu meinem Schein. Als Assistenzprofessorin unterrichtete sie in diesem Semester nur diesen einen Kurs, weshalb sie trotz ihres mehrheitlich gelangweilten Publikums alles gab. Ihre Freude am Thema war noch bis ins letzte Detail spürbar, und aus Ariannas Mund klang das unverständliche philosophische Kauderwelsch, das bei den meisten Menschen die Wirkung von Valium hat, wie Nerudas Gedichte für einen Neruda-Fan.

Ihr Alter hat sie uns nie verraten. Ich hätte sie auf 44 geschätzt, ihr Facebookprofil (ich habe ihr nach Studienende eine Freundschaftsanfrage geschickt) gab als Geburtsjahr allerdings 1918 an. Demnach wäre sie damals 91 gewesen – selbst für mich und meinen Fetisch doch ein wenig zu alt. Sie war auf eine herrlich unaufgeregte Art hübsch, hatte die mittelblonden Haare stets zu einem unordentlichen Dutt hochgesteckt und kleidete sich bei JC Penney ein – Jeans mit hohem Bund und Strickoberteile in allen Varianten: Wollpullover, bunte Muster, ab und zu ein Rollkragenpulli.

Arianna war so ganz anders als meine Mitstudenten, deren Gedanken um die Preise für Bierfässer in Allston kreisten oder um das komplizierte Gewirr aus Liebesaffären in ihrem Freundeskreis. Sie hatte Besseres zu tun, als die ehemaligen Präsidentinnen irgendeiner Schwesternschaft auswendig zu lernen. Sie dachte stattdessen über die tragischen Rätsel des Lebens nach. Ich stellte mir immer vor, wie sie in Cambridge allein in einer kleinen Dachgeschosswohnung mit knarrenden Dielen saß und sich mit einem Federkiel Notizen für die morgige Vorlesung machte, wobei sie ab und zu einen Schluck Scotch aus der Flasche trank und draußen vor dem Fenster der Schnee fiel. *Wieso,* grübelte sie, *ist unser Geist stark genug, um Fragen zu stellen, aber zu schwach, um die Antworten darauf zu finden?! Wieso schenkt uns das Leben so viel Glück und so viel Schönes und entreißt uns diese ganze Herrlichkeit dann wieder?!*

In meiner Phantasie war ich schon tausend Mal nach der Veranstaltung dageblieben, um ihr meine Gefühle zu offenbaren.

Frau Professor McGill, ich …

Ach, George, nennen Sie mich doch bitte Arianna.

Arianna, ich finde Sie ungemein attraktiv. Das sollte ich vielleicht nicht, aber ich will es Ihnen nicht länger verheimlichen, denn wie heißt es so schön: ›Die Lüge ist Wegwerfung und gleichsam Vernichtung der Menschenwürde.‹

Immanuel Kant! Sie haben sich schon mit dem Material von nächster Stunde beschäftigt … Aber George … wir dürfen das nicht, es ist falsch …

Nein, Arianna! ›Was aus Liebe getan wird, geschieht immer jenseits von Gut und Böse.‹

Nietzsche! Aber … aber den nehmen wir doch erst im nächsten Semester durch …

Dann küsste sie mich leidenschaftlich, schloss die Tür ab, knöpfte sich die Strickjacke auf, und unsere Körper wurden aus Zensurgründen unscharf gestellt.

Die Wochen verstrichen, aber ich brachte einfach nicht den Mut auf, zu ihr zu gehen. Nächstes Mal, sagte ich mir jeden Tag. *Nächstes Mal mach ich's wirklich.*

»Laut Hume ist es die Gewohnheit, die den Menschen davon ausgehen lässt, dass die Zukunft so sein wird wie die Vergangenheit«, erklärte Arianna.

In College-Kursen gibt es normalerweise keine

feste Sitzordnung, im Laufe des Semesters stellt sich jedoch eine gewisse Routine ein. Der Hörsaal war klein, er fasste etwa fünfzig Plätze. Jeden Tag saß ich in der dritten Reihe links. Und jeden Tag saß Bill Riccardi vier Reihen hinter mir. Ein ruhiger Typ, der immer ein Truckercap mit dem Schriftzug »Ron Paul« trug. Das war auch schon fast alles, was ich über ihn wusste, abgesehen davon, dass er unter dem Cap glatte schwarze Haare hatte und in einem Kino in der Nähe des Campus Popcorn verkaufte. Mitten im Semester machte jedoch plötzlich ein brisantes Gerücht über ihn die Runde, bei dem es um ein schmutziges Online-Video ging. Es gab kaum noch ein anderes Thema. Wenn man auf den Gängen geflüsterte Worte hörte – »Autofellatio«, »richtig bis zu Ende« oder »Ich dachte immer, dafür müsste man sich eine Rippe entfernen lassen« –, ging es mit hoher Sicherheit um Bill. Und es war nicht bloß ein Gerücht. Man konnte sich den Beweis ja im Internet ansehen. Wer das tat – vollstes Verständnis meinerseits übrigens –, sah dort den Typen, der immer vier Reihen hinter mir saß, auf dem Rücken auf seinem Wohnheimbett mit dem Ron-Paul-Aufkleber am Kopfteil liegen. Und was er da an Länge, Dicke, Gelenkigkeit und Würgreizkontrolle unter Beweis stellte, war echt verblüffend.

Damit wir uns richtig verstehen: Meiner Meinung nach hat jeder Mensch das Recht auf orale Selbstbefriedigung in seinen eigenen vier Wänden. Ron Paul sieht das sicher genauso. Und jeder hat das Recht, diesen privaten Moment mit der ganzen Welt zu teilen, wenn er das will – wer sagt denn, dass die Gründerväter nicht auch Autofellatio-Amateurpornos im Sinn hatten, als sie das Recht auf freie Meinungsäußerung in der us-Verfassung verankerten? Aber ich muss zugeben, dass mich sofort ein eifersüchtiger Gedanke durchzuckte: *Vielleicht hat Arianna das Video auch gesehen.* Wieso auch nicht? Wir hatten es schließlich alle gesehen. Und *falls* sie es gesehen hatte und davon beeindruckt war (wie sollte es auch anders sein, allein die sportliche Leistung …), würde das bei ihr nicht sogleich ein außerlehrplanmäßiges Interesse für Bill wecken?

Ich kam zu dem Schluss, dass Bill und ich ab jetzt Konkurrenten waren. Er mochte mit seinem sexuellen Zirkustrick gepunktet haben, ich aber würde Arianna mit meinem Intellekt für mich gewinnen. Den Rest des Semesters beantwortete ich jede Frage, egal ob es um das Höhlengleichnis oder den Unterschied zwischen Realismus und Idealismus ging, so weitschweifig und wichtigtuerisch wie nur möglich. Dummerweise stand mein Wunsch, besonders schlau zu klingen, im umgekehrten Verhältnis zu meiner Lust, die Texte für den Kurs zu lesen. Arianna entging das sicher nicht, aber inmitten dieses Haufens gelangweilter Studenten lag die Latte nicht sehr hoch. Ein Funken Interesse am Thema reichte schon, um positiv aufzufallen.

Je näher wir der letzten Semesterwoche im Dezember kamen, umso lockerer ging es im Kurs zu. Einmal fragte uns Arianna nach unseren Silvesterplänen und erzählte auch gleich von ihren.

»Ich schau mir den Countdown am Times Square wahrscheinlich zu Hause im Fernsehen an. Allein, wie immer.« Ihr Lachen wirkte wenig überzeugend. Sie klang eifersüchtig auf uns Studenten, und das gefiel mir ganz und gar nicht, es war unter ihrer Würde. *Vielleicht ist das aber auch ein Hilferuf,* dachte ich. *Ich muss handeln, bevor es zu spät ist!* Da wir uns nur noch einmal sehen würden, nahm ich all meinen Mut zusammen – immer noch eine recht kümmerliche Portion – und schickte ihr eine E-Mail.

»Ich weiß, es ist ein bisschen seltsam, dass ich frage, aber: Würden Sie mal was mit mir trinken gehen? – George.«

Mein Ziel war es, möglichst deutlich zu machen, was ich von ihr wollte, mir aber gleichzeitig formulierungstechnisch noch ein Hintertürchen offenzuhalten, um notfalls alles abstreiten zu können. In einer Woche würden wir nicht mehr Professorin und Student sein, und ich war zweiundzwanzig, also längst nicht mehr minderjährig. Trotzdem hatte ich das Gefühl, etwas Verbotenes zu tun. Ich wartete nervös auf eine Antwort von ihr und checkte in den ersten Stunden alle paar Minuten meine E-Mails. Ein ganzer Tag verging, und ich versuchte schon mal, diese Abfuhr zu verarbeiten und mich seelisch darauf einzustellen, wie peinlich nächste Woche die letzte Stunde des Semesters werden würde. Da tauchte plötzlich in meinem Posteingang eine E-Mail von ihr auf. Ich zögerte. Solange ich die E-Mail nicht las, bestand noch Hoffnung. Schließlich holte ich tief Luft und klickte drauf.

»Okay. Wann? – Arianna.«

Es hätte nicht besser laufen können. *Sie hatte mehr als einen Tag verstreichen lassen* – sie musste hin und her überlegt haben. *Ihre Antwort war sehr knapp ausgefallen* – sie hatte nicht die Gelegenheit genutzt, die Zweideutigkeit meiner Frage zu neutralisieren. Daraus schloss ich: *Sie will es auch.* Mit zitternden Händen verfasste ich eine schlichte Antwort.

»Freitag. 20 Uhr. Miracle of Science am Central Square.«

Einige Stunden später schrieb sie zurück.

»Okay.«

Zu der Zeit lebte ich in ewiger Düsternis zur Untermiete in einem vollgestopften Zimmer in South End. Die Vormieterin hatte ihren gesamten Besitz dagelassen, so dass ich eingequetscht zwischen ihren und meinen Sachen hauste. Vor dem Fenster stand eine Gäste-Matratze, die nicht den kleinsten Sonnenstrahl durchließ, und ein CD-Regal mit Alternative-Rock-Alben aus den Neunzigern – Stone Temple Pilots, Blur, Soundgarden, Alice in Chains – nahm eine ganze Wand ein. Sollte ich es tatsächlich wagen, Arianna in diese Gruft einzuladen? Vielleicht. Dazu müsste ich ihren Musikgeschmack erst mal besser kennen. Ich wartete geduldig auf den Freitag, und als es Zeit wurde, sich für das Date fertigzumachen, rasierte ich meine drei Barthaare ab und cremte mir die Eier ein. Gegen sechs kam jedoch wieder eine E-Mail von ihr.

»Es geht doch nicht, sorry.«

Drei Wochen später, nach einer allerletzten, etwas unbehaglichen Philosophie-Stunde, ließ ich Boston endgültig hinter mir und verbrachte Silvester in Kalifornien. Ich begrüßte das Jahr 2010 betrunken mit lauter Gleichaltrigen, die in einer elterlichen Garage Bierpong spielten und im Dosenstechen gegeneinander antraten. Während wir

202

im Chor den Countdown runterzählten, musste ich an Arianna denken. Ob sie jetzt mit einer Flasche Scotch in ihrer Wohnung in Cambridge saß und mit tränennassem Blick hinaus auf die durch den Schneeregen vor dem Fenster verpixelte Skyline jenseits des Charles River blickte?

Sefina war ein totaler Fehlschlag gewesen, Arianna zumindest ein Beinahe-Treffer. Am Ende hatte sie mich doch nicht gewollt, aber ihr war klar gewesen, wer oder was ich war, und sie hatte immerhin darüber nachdenken müssen. Das Wissen, dass sie mich zumindest *in Betracht* gezogen hatte, und sei es auch nur für den Bruchteil einer Sekunde, gab mir Selbstvertrauen. Ich holte tief Luft und nahm einen großen Schluck aus meinem Plastikbecher. *Neues Jahr, neues Glück.*

Mein Traum war zwar nicht in Erfüllung gegangen, aber ich war ihm immerhin einen Schritt näher gekommen.

Grace

Ich dachte immer, »Liebe auf den ersten Blick« sei etwas für Leute, die sich nicht viel zu sagen haben. Grace war jedoch nie um Worte verlegen und wollte mich trotzdem vom ersten Moment an. Wir lernten uns im Frühling 2014 kennen, auf der Straße vor dem Easton Gym in Hollywood. An diesem Tag war ich das erste Mal wieder im Fitnessstudio gewesen, seit ich dort auf dem Crosstrainer meinen ersten epileptischen Anfall nach vierzehn beschwerdefreien Jahren gehabt hatte. Nach dem Sport ging ich die steile, schmale Treppe runter, die man mich vor einem Monat auf einer Trage hinuntergehievt hatte, und wollte mir draußen gerade meine Rollerblades anschnallen, als sie sich neben mich auf den Betonblumenkübel setzte. Grace war etwa vierzig, schlank, hatte olivfarbene Haut und dunkle Haare. Sie saß so dicht neben mir, dass mein schmales Handgelenk ihren komplett tätowierten Arm berührte.

»Schicke Rollerblades. Wo geht's denn hin?«

Ich hatte seit drei Wochen wegen des Anfalls keinen Führerschein mehr, erklärte ich ihr, deshalb dieses Fortbewegungsmittel, und ich wollte mich gerade auf den langen Nachhauseweg machen. Grace hörte mir interessiert zu und rückte noch näher, aber ich traute der Sache nicht. Schließlich hatte das letzte (und einzige) Mal, dass mich eine ältere Frau angeflirtet hatte, in einer Demütigung geendet, und so suchte ich während unseres kurzen Gesprächs die ganze Zeit nach dem Haken. Beim Sport angesprochen zu werden, fand ich au-

ßerdem sowieso seltsam. Frauen, die ins Fitnessstudio gehen, stehen normalerweise auf Männer,
die ins Fitnessstudio gehen. Und umgekehrt. Ich
war zwar objektiv gerade im Fitnessstudio gewesen, aber deshalb konnte ich noch lange nicht von
mir behaupten, dass ich *ins Fitnessstudio ging*. Genauso war auch schon ein Mann (und nicht nur
einer) auf dem Mond gewesen, aber das meinte man
ja nicht, wenn man vom *Mann im Mond* sprach.

Grace kam mir jedoch nicht geistesgestört vor,
und sie schien auch keine falschen Vorstellungen
von mir zu haben. Sie bat mich um meine Telefonnummer.

»Lass uns mal treffen«, sagte sie zum Abschied
mit einem Lächeln, stieg zu ihrer Freundin ins Auto
und war weg.

Wieso nicht?, dachte ich mir. *Was nützt mir denn
mein Pläsierchen, wenn es immer nur im Reich der
Phantasie bleibt?*

Ich machte mich also wieder mal fertig für ein
Freitagsdate, wobei ich diesmal vorsichtig um die
Stelle am Kinn herumrasieren musste, die genäht
worden war. Es war mir gerade erst gelungen, mein
mageres Bärtchen zu so etwas wie einem Unterlip-
penbart heranzuzüchten, als ich ein paar Tage nach
dem Anfall im Easton Gym einen zweiten erlitt.
Diesmal war ich allein zu Hause, und als ich wieder

zu mir kam, stellte ich fest, dass ich mir eine tiefe, drei Zentimeter lange Schnittwunde am Kinn zugezogen hatte, aus der Blut rann. Die fünf Stiche zerstörten mindestens ein Dutzend strategisch wichtiger Follikel – für immer. Es war ein herber Schlag, so schlimm wie einstmals der Verlust von Gettysburg, San Juan Hill oder der Normandie. Zugleich war es auch eine wichtige Lektion auf dem Weg zur Selbstakzeptanz. Ich musste annehmen lernen, was ich an mir nicht ändern konnte.

Grace und ich trafen uns im Alcove, einem sauteuren, theoretisch romantischen Café in Los Feliz, unweit von meiner Wohnung. Wir bestellten an der Bar, kabbelten uns kurz um die Rechnung, die jeder von uns übernehmen wollte, setzten uns dann hinaus in die milde Mailuft und erzählten einander über das runde, gusseiserne Tischchen hinweg die Kurzversion unserer Lebensgeschichte.

Grace fing an und ging gleich ans Eingemachte: Kind junger Alkoholikereltern in Ohio, als Teenager von zu Hause weggelaufen, wohnte in der ersten Zeit in Kalifornien mit einem gewalttätigen Drogendealer zusammen, um nicht auf der Straße zu landen. Heiratete genauso früh wie ihre Eltern, wurde drogenabhängig, ließ sich scheiden, entdeckte ihre Liebe zu Motorrädern, was ihrem Leben eine Wende gab, und machte sich in der Filmbranche einen Namen als Stuntfrau. Nach mehreren Verletzungen, ausgerenkten Gliedmaßen, angeknacksten Rippen und gebrochenen Schlüsselbeinen wechselte sie schließlich zur Stuntchoreographie. Und jetzt war das Leben herrlich.

Ich atmete hörbar aus. Erst da wurde mir klar, dass ich die ganze Zeit die Luft angehalten hatte.

»Wow.«

»Jep.«

Ich trank einen Schluck Cappuccino, leckte mir den Milchschaum von der Oberlippe, und gab meine eigene, weit weniger dramatische Lebensgeschichte zum Besten. Nachdem wir unseren Kaffee ausgetrunken hatten, fragte mich Grace, ob ich nicht Lust hätte, mit ihr in einem 24-Stunden-Diner am Highway 101 noch etwas zu essen. Wir setzten uns in ihren schwarzen Audi, der ein paar hundert Meter weiter parkte. Die ganze Fahrt über, während des Essens und auch auf dem Weg zurück zum Parkplatz unterhielten wir uns angeregt. Mittlerweile war es Mitternacht und deutlich kälter als vorhin im Café.

»Hey, ist dir etwa kalt? Kannst gern meine Jacke haben!«, sagte sie.

»Nein, danke«, antwortete ich und versuchte, mein Zähneklappern zu unterdrücken.

Ich hatte mich schon den ganzen Abend lang

gefragt, wieso ich dieser Frau so zu gefallen schien, und während sie mich nach Hause fuhr, kam mir ein Gedanke. *War sie vielleicht an dem Tag im Sportstudio gewesen, als ich den Anfall gehabt hatte? Hatte sie mitbekommen, wie ich von den Sanitätern abtransportiert worden war?*

Wie sie sich neben mich gesetzt hatte, als würden wir uns nicht zum ersten Mal sehen ... Sie kannte alle Fitnesstrainer mit Namen ... Sie war Stammkundin im Easton Gym, jedes Mal, wenn ich da war, hatte ich sie gesehen. Je mehr ich darüber nachdachte, umso mehr Sinn ergab das Ganze. Grace war im Leben oft verletzt worden. Ich war ihr Pläsierchen, und ihr Pläsierchen war: Schwäche. Sie suchte ein zerbrechliches Wesen, das sie betüddeln und wieder aufpäppeln konnte.

Ich hatte plötzlich eine wenig erotische Vision von ihr in einer Lederjacke, wie sie den Motor einer Harley aufheulen lässt, während ich mit einer Schutzbrille im Beiwagen sitze, sie tätschelt mir kurz den Kopf, steuert dann die brüllende Maschine gen Sonnenuntergang, und mein Schal flattert dramatisch im Wind.

Grace hielt vor meiner Tür. Sie drückte mir kurz die Hand. »Bis ganz bald!«

Ich tappte ins Haus, ließ mich auf das blaue Sofa im Wohnzimmer fallen und fühlte mich sehr einsam. Es hatte vier Jahre gedauert, bis ich nach dem abgesagten Date mit Arianna eine neue Chance bekommen hatte. In den vier Jahren war aber noch etwas anderes passiert: vier Jahre eben.

Ich war mittlerweile älter als die Frauen in den MILF-Pornos. Das Tabu hatte seinen Reiz verloren. Das Problem mit der Vorliebe für ältere Frauen ist, dass man die Alterslatte immer höher hängen muss, sonst holt man die Frauen irgendwann ein.

Kurze Zeit später schrieb mir Grace eine SMS, aber ich wusste schon, ich würde die Sache wie üblich versanden lassen. Ich lehnte mich auf der riesigen, bequemen Couch zurück, seufzte und fing an, ein wenig am Polster der Armlehne herumzuknibbeln.

Guter Fang!

Ein allgemeines Gesetz, das zum Fortschritt
aller organischen Wesen führt: Vermehrung
und Abänderung, die Stärksten überleben
und die Schwächsten sterben.

Charles Darwin

Ohne Scheiß, die ist ne Neun, blond, Hammerkörper. Und sie meinte, wir könnten eine *Menge. Spaß. Zusammen. Haben.*«

Anders gesagt: Die heiße Braut weiter hinten im Flugzeug hatte Bock. Auf Sex. Ernsthaft.

Mein Sitznachbar konnte sein Glück selbst kaum fassen. In den ersten dreißig Sekunden unserer Bekanntschaft hatte er mir bereits anvertraut, dass er 1) verheiratet war, 2) zu Hause in Vermont ein elf Monate altes Baby und 3) hier und jetzt eine vielversprechende Option auf einen Seitensprung hatte.

Nur leider war Zach (keine Ahnung, wie er wirklich hieß, aber er sah ein bisschen aus wie Zach Galifianakis) trotz sorgfältiger Planung auf einem

Mittelplatz gelandet. *Bei »D« denkt man doch, das wär ein Fensterplatz, oder?* Zach war Mitte vierzig, untersetzt, brauner Vollbart, Krähenfüße, weite Dickies-Jeans und ein weißes T-Shirt, das ihm über die Plauze hing wie eine Tischdecke. Auf dem gebogenen Schild seines schwarzen Basecaps saß eine Oakley-Sonnenbrille, und darüber sah man eine aufgestickte Forelle und das Wort HARPUNE. Er war Kapitän eines Charter-Boots zum Hochseeangeln und gerade auf dem Rückweg vom Saisonauftakt in Alaska.

»Ach ja?« Das weckte mein Interesse. Zum ersten Mal in meinem Leben konnte ich nämlich was zum Thema Angeln beisteuern. »Ich war gerade mit meinem Kumpel oben am Russian River, Ende der Schonzeit für Rotlachse.«

»Das hat mit echtem Fliegenfischen nichts zu tun«, versetzte mein neuer Freund.

»Ich hab eh nur den Kescher gehalten«, ruderte ich zurück.

Zach ging nicht weiter darauf ein, sondern wandte sich demonstrativ von mir ab, wie wenn einem einer am Pissoir zu nahe kommt. Seine Körpersprache war eindeutig: *Du hast mir nichts zu bieten.*

*

Ich hielt probeweise einen Gummistiefel ins Wasser. Die Strömung war stärker, als ich gedacht hatte. Kwudi und ich trugen beigefarbene Leihstiefel, die uns bis zum Oberschenkel reichten und an den Gürtelschlaufen befestigt wurden, nicht die Profimodelle, die bis zum Oberkörper gingen und aussahen wie ein Weltraumanzug mit Hosenträgern.

Angeln unter der »Mitternachtssonne« Alaskas fühlt sich an, als würde man durch ein Freiluft-Casino waten. Unablässiges Neonsummen. Zeit wird zu einem abstrakten Begriff. Statt kettenrauchender Omas, die Münzen in Automaten werfen, werfen Männer in Schirmmützen und Tarnwesten Köder ins Wasser. Es war zwei Uhr morgens, doch die Sonne schwebte immer noch knapp über dem Horizont, tauchte den Himmel in sattes Licht, spiegelte sich in Kwudis Angelrolle, auf dem Stahlgriff des Keschers in meiner linken Hand und auf dem Wodkafläschchen in meiner rechten. Nur mit Mühe hielt ich das Gleichgewicht, als ich vorsichtig von der Metalltreppe in den reißenden Fluss stieg und Kwudi weiter hinaus folgte. Ich prüfte die Stabilität jedes Steins, ehe ich schwankend darauf trat, und ärgerte mich, dass ich Handy und Notizbuch dabeihatte. Ein falscher Schritt, und sie wären futsch. Der Deckel des Flugzeugwodkas war mir bereits heruntergefallen, er steckte inzwischen wahrscheinlich irgendeinem Lachs weiter flussabwärts im Schlund, deshalb blieb ich kurz stehen, leerte das Fläschchen und packte es weg. Dann kam ich auf die glorreiche Idee, meinen Kescher umgekehrt zu halten und die Stange als Gehstock zu nutzen. Wir platschten weiter zu einem freien Plätzchen, wobei wir darauf achteten, den anderen Angler- grüppchen, die in jeweils gut zwanzig Metern Ent- fernung standen, nicht auf die Pelle zu rücken.

Das Ende der Schonzeit ist jedes Jahr ein gro- ßes Ereignis. Leute reisen aus dem ganzen Land an, um Punkt Mitternacht loszuangeln. Kwudi hatte zwar Angelerfahrung und auch schon viel über die Lachswanderung gehört, doch es war reiner Zu- fall, dass wir acht Stunden vor Saisonauftakt auf unserem Backpacker-Trip in Cooper Landing an- gekommen waren. Mein Cousin Eli, der Dritte im Bunde, hatte dankend verzichtet und schlief tief und fest auf dem Campingplatz. Kwudi und ich dagegen fanden, wir müssten diese einmalige Ge- legenheit nutzen, und hatten uns um 23:30 Uhr in den Autokorso Richtung Fluss eingereiht.

»Nicht zu fassen«, sagte ich. »Da kommen wir den ganzen weiten Weg aus L.A., nur um hier in Alaska im Stau zu stehen.«

Ich drehte mich durch die Frequenzen, bis ich einen Countrysender fand. Es knisterte und knackte, und jedes Mal, wenn wir einen Meter vorfuhren, verloren wir das Signal, nur um es einen Meter weiter wieder zu empfangen. Ich sang leise zu den Gitarrenklängen, die durch das Rauschen drangen. »*Everybody. Yeah, yeah.*«

»George«, unterbrach mich Kwudi.

»Wusstest du, dass man *Everybody* von den Backstreet Boys praktisch über jeden beliebigen Popsong singen kann, und es passt immer? Voll krass.«

»Alter, wenn du nicht sofort …«

»Ja, ja.«

Den Rest der zähen Fahrt verbrachten wir in einträchtigem Schweigen.

»Bei Deliverance wimmelt es nur so von Lachsen«, informierte uns eine fünfköpfige Familie auf dem Parkplatz. Jeder und jede trug eine Plastiktüte in der Hand. »Das ist das beste Loch im ganzen Fluss. Nach einer Stunde waren wir alle schon durch!« Jeder Angler mit Angelschein darf drei Fische fangen, und niemand geht, ehe er die Quote erfüllt hat. Wir hatten zwei Stunden im Schneckentempo im Auto verbracht, unsere innere Uhr war komplett durcheinander, und die Aussicht auf eine kurze Aktion stimmte uns froh.

Kwudi zog etwas Schnur von der Rolle, befestigte sein Blei und seinen lila-orange-gefiederten

Köder daran, platzierte ihn gekonnt einige Meter weiter im Fluss und wartete darauf, dass unser Abendessen anbiss. Wir warteten. Und warteten. Immer wieder warf Kwudi seine Schnur aus, während ich mich auf meinen Kescher stützte, dessen Stange ich zwischen zwei Steine gesteckt hatte. Außer moralischer Unterstützung hatte ich ihm nichts zu bieten. Nach einer halben Stunde drehte ich den Kescher um, lehnte mich an die Stange, beobachtete, wie das Wasser durch das Flechtwerk floss, und hoffte, dass einer der dusseligeren Lachse sich vielleicht hineinverirren würde. Doch ich fing lediglich ein paar Blätter, und der Fluss blieb, von seinem beständigen Raunen abgesehen, still.

*

»Zwanzig Dollar, wenn du den Platz mit ihr tauschst«, zischte Zach, der inzwischen erkannt hatte, dass ich durchaus etwas zu bieten hatte. Zach war ein Arsch *und* ein Vollidiot, das war mir mittlerweile klar. Wenn man um Plätze im Flugzeug feilscht, gibt es drei potentielle Hebel: Bargeld, den eigenen Platz und die Macht des schlechten Gewissens. Zachs Bestechungssumme war lachhaft, genau wie sein Platz – er saß in der Mitte. Seine Angebetete ebenfalls. Und da Mittelplätze ungefähr so wertvoll sind wie Rubbellosnieten, hoffte Zach nun auf irgendeinen universellen Bro-Verhaltenskodex, um mich umzustimmen.

Interessantes Angebot ... soll ich meinen Gang-platz auf einem sechsstündigen Nachtflug wirklich gegen einen Mittelplatz zwanzig Reihen weiter hinten eintauschen? Zach stellte sich wahrscheinlich vor, wie ich innerlich mit mir rang: *Immerhin könnte ich diesem coolen Typen dabei helfen, flach-gelegt zu werden, der Mann muss sich ja auch mal ein bisschen von seinem stressigen Ehe- und Fami-lienleben erholen.*

An dieser Stelle sollte ich die Sitzverteilung vielleicht etwas näher erklären. Zach saß in der Mitte eines Quadrats von insgesamt neun Plätzen. Direkt vor ihm befand sich ein freier Mittelplatz. Links neben Zach saß ein alter Mann mit Brille, Nacken-kissen und einer Fleecejacke, deren Reißverschluss bis zum Hals zugezogen war. Die Last von Jahr-zehnten hatte seine Mundwinkel nach unten gezo-gen, so dass es aussah, als würde er eine missmutige Grimasse ziehen. Direkt hinter ihm saß seine Gat-tin, von der er getrennt worden war. Rechts von der älteren Dame saß eine Frau mittleren Alters mit ihrer kleinen Tochter. Vor mir saß ein athletischer Neunzehnjähriger – nennen wir ihn der Einfach-heit halber den Sportler – in Jogginghose und mit riesigen Kopfhörern. Und vor dem alten Mann saß ein Muskelprotz – nennen wir ihn Stone Cold: kahlrasierter Schädel, breite Schultern, langärmeliges Shirt mit der Aufschrift 5TH ANNUAL BLUE ROCK BIG MARLIN TOURNAMENT. Stone Cold gab sich eindeutig nicht mit kleinen Fischen zufrieden.

Die Rädchen in Zachs Kopf drehten sich langsam. Schließlich beugte er sich zum Sportler vor und sah ihn mit Dackelblick an. »Hey, ich geb dir einen Zwanni, wenn du den Platz mit mir tauschst, damit ich neben meiner Freundin sitzen kann.«

Clever, Zachary!, dachte ich. *»Freundin«, hm? Ziemlich großzügige Interpretation.* Der Sportler lachte nur und schüttelte den Kopf. Dann probierte Zach es bei Stone Cold – mit demselben Ergebnis. Niemand wollte Zachs krümeliges Zuckerbrot, aber in Ermangelung einer Peitsche hatte er nichts anderes anzubieten.

Ich wollte nicht Komplize bei einem Seitensprung sein, die Vorstellung gefiel mir ganz und gar nicht. Es gibt einfach keine Rechtfertigung dafür, eine geliebte Person zu hintergehen. Doch die Vorstellung eines ungelösten Kreuzworträtsels oder Sudokus ist mir fast genauso zuwider, also zückte ich einen Stift und zeichnete das folgende Diagramm, während wir über die Startbahn rollten und aus Anchorage abhoben:

A | B || [Stone Cold] | [X] | [Sportler] || F | G

A | B || [Alter Mann] | [Zach] | [Ich] || F | G

A | B || [Alte Frau] | [Mutter] | [Tochter] || F | G

Das ist also unsere Ausgangssituation, dachte ich. *Der einzige freie Platz ist in der Mitte. Mutter und Tochter werden sich nicht trennen lassen, die können wir also schon mal streichen. Der Sportler und Stone Cold wollen ihre Gangplätze auch nicht gegen einen in der Mitte eintauschen, und ich schon gar nicht. Bleibt also nur eine Möglichkeit…*

»Hey«, flüsterte ich Zach zu, der schmollend die Arme vor der teigigen Brust verschränkt hatte. »Das alte Ehepaar ist der Schlüssel. Wenn du mit dem Glatzkopf tauschst und er dann mit der alten Frau, dann kann deine Freundin sich auf den freien Platz setzen.« Ich war stolz auf meine perfekte Lösung: Ich würde Zach loswerden und er seine Alte bekommen. Meine moralischen Skrupel zerstreute ich mit dem Gedanken, dass ich damit dem alten Ehepaar half. *Wer weiß, wie oft die beiden noch miteinander fliegen können?*

»Die Idee hatte ich auch schon, aber ich hab die beiden vorhin belauscht. Die wollen gar nicht nebeneinander sitzen, die sind nämlich verheiratet.«

Nach vierzig Minuten hatte immer noch nichts angebissen, und Kwudi und ich machten uns auf den Weg flussabwärts. Erst nur ein Stück, Schritt für Schritt, dann gingen wir an Land, liefen den Pfad hinab und wateten an einer anderen Stelle wieder in den Fluss. Wir hatten allerdings keine Ahnung, wie eine gute Angelstelle auszusehen hatte – *flach, damit die Lachse an die Oberfläche schwimmen müssen? Oder tief, sammeln sie sich eher in Senken? In Ufernähe? In der Mitte?* Wir versuchten es wieder und wieder, blieben aber erfolglos – außer uns regte sich im Fluss nichts.

»Wie wär's da unten?« Ein Grüppchen Angler stand in einer Biegung. Von hier aus ließ sich nicht genau ausmachen, ob sie alle auf einem Haufen standen oder über einen halben Kilometer verteilt.

»Schaden kann's nicht.«

Wir stapften aus dem Wasser und folgten dem Pfad, bis wir bei der Gruppe ankamen.

Deliverance hielt, was der Name versprach.

»Hab einen!«

Alle halbe Minute spannte sich eine Schnur, und ein silberner Blitz schoss aus dem Fluss. Fünfzehn, zwanzig Mann drängten sich auf einer Furt, die am Rand steil abfiel. Eine hagere Frau in rosa Vinylhosen und mit einem Baby vor der Brust spazierte völlig entspannt flussabwärts und angelte dabei.

Das war kein modisches Statement und auch keine frühkindliche Bindungsübung – sie wusste schlicht nicht, wohin mit dem Kind. Entweder sie legte es am Flussufer auf ein Stück Treibholz und lief Gefahr, dass es von einem Bären weggeschnappt und im Wald großgezogen würde, oder sie schnallte es sich eben um. Die kleinen Füßchen baumelten nur knapp über den Stromschnellen.

»Hol ihn raus! Hol ihn raus!«

Mom zog leicht an der Angel und überließ es dem Fisch, sein Schicksal zu besiegeln. Je mehr er sich wehrte, desto tiefer bohrte sich der Haken in sein Maul. Die anderen Angler bückten sich unter ihrer gespannten Leine hindurch, während sie den Fisch flussabwärts in Richtung Ufer führte und ihn schließlich auf die Schotterbank zog. Der Fisch japste und verdrehte seine gummiartige Wirbelsäule in alle Richtungen. Sie nahm einen kleinen orangefarbenen Plastikknüppel und zog ihm damit eins über den Schädel. Der Lachs erschlaffte sofort, und sie ließ ihn an der Leine baumeln. Die frühmorgendlichen Sonnenstrahlen spiegelten sich in den silbernen Schuppen wie in einer Discokugel.

»Guter Fang!«

Der Fisch war nicht besonders groß, knappe fünfzig Zentimeter. *Guter Fang!* war wohl wie dieses High Five, das sich Basketballspieler nach jedem Freiwurf geben, egal ob der Ball sauber durch den Ring rauscht oder komplett daneben geht. Hier herrschte eine kameradschaftliche Atmosphäre, und da der Fluss voller Fische war, gaben sich die Angelveteranen großzügig. Nun näherten Kwudi und ich uns der guten Stelle. Ich trommelte gespannt mit den Fingern auf den Stiel meines Keschers. Während er Schnur um Schnur auswarf, hielt ich mich ein paar Schritte abseits – nahe genug, dass es so aussah, als hätte ich irgendwas beizutragen, weit genug entfernt, um nicht mit einem Haken in der Backe zu enden. Die Minuten verstrichen, dann die Stunden.

»*Everybody*«, sang ich leise vor mich hin. »*Yeah, yeah.*«

»George!«

»Sorry, den Ohrwurm hab ich schon seit Monaten.«

Ich stützte mich immer mehr auf meinen Kescher und trat schließlich geistesabwesend auf einen Stein, der nicht da war. Die Oberkante meines Stiefels ging unter Wasser, und ein Schwall Gletscherwasser schwappte hinein. Ich klapperte mit den Zähnen. Mein Ehrgeiz war mit einem Mal verschwunden. In der unheimlichen Dauerdämmerung Alaskas, erschöpft und verwirrt, verlor ich allmählich jeden Halt.

Kwudi, in meinem Stiefel kitzelt was. Ich glaub, ich hab einen gefangen.

*

Die Anschnallzeichen erloschen mit einem Pling. Das war für Zach der Startschuss. Er machte mir ein Zeichen, ihn rauszulassen, und wollte aufstehen, hatte aber vergessen, dass er angeschnallt war. Nach einigem Gefummel befreite er sich schließlich aus seinem Gurt und marschierte mit O-beiniger Entschlossenheit gangabwärts. Zu meiner Überraschung kehrte er ein paar Minuten später mit einer Frau zurück, die tatsächlich seiner Beschreibung entsprach. Eine schlanke Malibu-Barbie in einem engen schwarzen Pullover mit blondem Stufenschnitt und Strähnchen – die Art von Frisur, für die man mehrere Friseurtermine braucht.

»Der hier ist für dich.«

Zach lotste seinen Fang umständlich auf den freien Mittelplatz. Nicky – ich nenne sie jetzt mal so, weil sie dauernd den Kopf zwischen den Sitzen nach hinten steckte wie Jack Nicholson in *The Shining* – hatte die weitaufgerissenen Augen eines Rotlachses: ganz Augapfel, kein Lid. Weiße Golfbälle, eingerahmt von dickem Panda-Kajal. So blicken nur Verängstigte, Naive oder Verschlagene.

Ich rätselte, zu welcher Kategorie sie wohl gehörte, derweil sie alle paar Minuten den blonden Mopp durch die Sitze steckte, um ihr fesselndes Gespräch mit Zach fortzusetzen.

»Was machst du grad?«

»Nichts. Mir ist langweilig.«

Nicky streckte die Hand durch die Sitze und tastete in der Nähe von Zachs Schoß herum. Er rutschte schon angespannt auf seinem Sitz hin und her, da öffnete sie die Faust und bot ihm ein paar Cheez-Its dar. Zach seinerseits wusste nicht, was er mit seinen Händen anfangen sollte, er legte sie abwechselnd flach auf den Klapptisch, drehte Däumchen und streichelte Nickys Rücken durch die Ritze. Ich schaltete einen Film mit Ben Stiller an, um meinen Lauschangriff zu tarnen, und beobachtete die beiden unter dem Schirm meines Basecaps hervor.

Als die Stewardess ihr Wägelchen vorbeischob, bestellte Zach ein Ginger Ale und einen doppelten Whiskey, Nicky entschied sich für einen Bacardi und eine Cola light.

»Hast du ein Fläschchen oder zwei?«, fragte sie Zach, der mit einem stolzen Grinsen zwei Finger hochhielt. Dann stießen die beiden mit ihren Mini-Plastikfläschchen an.

»Ich guck ein bisschen Film, dann geh ich dir

wieder auf die Nerven«, sagte Nicky und zog den Kopf aus der Ritze.

Als ich meinen Film zu Ende geschaut hatte und das nächste Mal wieder aufsah, widmete sie sich jedoch nicht Zach, sondern Stone Cold, der an der Vorspulfunktion ihres Bildschirms herumdrückte, damit sie die Louis-C.K.-Show zusammen gucken konnten.

Ich liebe Tierfilme. National Geographic oder *Planet Erde.* Dokus über die Brut- und Jagdgewohnheiten von Tieren in freier Wildbahn. In den meisten Sendungen werden bestimmte Tierarten schamlos bevorzugt und andere als Bösewichte dargestellt. Schon an der Musik kann man die heroischen Löwen (anschwellende Blechbläser) von den majestätischen Adlern (sanfte Geigen) und dem fiesen Wiesel unterscheiden, das begleitet von Oboengedudel in Moll anderer Tiere Nester ausraubt. Plump, aber tröstlich. Die Musik stellt klar, wer die Guten und die Bösen sind.

Stone Colds Vorstoß verdiente auf jeden Fall ein eigenes musikalisches Motiv, aber ich war verwirrt. Ich wusste nicht mehr, zu wem ich halten sollte oder wer eigentlich im Vorteil war. Stone Cold hatte in Sachen Standort und Aussehen die Nase vorn, aber mit Zach teilte Nicky schon eine Vorgeschichte, und außerdem hatte er sich schwer ins Zeug gelegt: Zählte gute alte unehrliche Arbeit heutzutage denn gar nichts mehr? Ein paar Minuten später beugte sich Nicky zu Stone Cold und flüsterte ihm etwas ins Ohr. Dann erhoben sich die beiden. Genauso wie meine Nackenhaare.

☀

Angeblich waren die Fische ja überall, aber mir kam es eher vor wie nirgends.

»Die sind eben gut getarnt«, erklärte Kwudi. »Wenn man von oben draufguckt, sind sie so dunkel wie der Fluss, und wenn man von unten hochguckt, glitzert der Bauch wie Sonnenlicht auf dem Wasser.« Ich kannte Kwudi seit sechs Jahren, und eigentlich hätte ich mich über seine Geduld nicht wundern sollen. Ich dachte daran, wie gefasst er Anfang der Woche in der Absturzkneipe auf dem Homer Spit geblieben war, am bitteren Ende Alaskas.

»Ich geb dir einen aus!«, hatte ein Betrunkener gelallt und Kwudi die Hand geschüttelt. »Und weißt du, warum? Weil du schwarz bist. Und das macht mir gar nix.«

Kwudi erwiderte den Handschlag und leerte den Whiskey, dann machte er sich mit Eli auf die Suche nach etwas Essbarem, während ich mit einem

Achtzigjährigen weitertrank, der sich ganz allein die NBA Finals anschaute. Ich erfuhr, dass er in den Sechzigern während der Apollo- und Gemini-Missionen für das NASA-Bodenteam in Houston gearbeitet hatte.

»Na klar kannte ich Buzz. Und wie«, raunte er mir vertraulich zu.

Stephen Curry versemmelte auf dem kleinen Barfernseher gerade einen Freiwurf, und seine Teamkollegen klatschten ihn trotzdem ab.

»Gibt zum Beispiel eine lustige Geschichte«, fuhr der Mann fort. »Neil hatte gerade die ersten Schritte auf dem Mond gemacht, da rief er Buzz dazu. Aber der war noch gar nicht bereit und musste furchtbar dringend aufs Klo. Nach der Mission hat das Team – also das Team hat die Anzüge untersucht und dachte, sein Flüssigkeitsbeutel sei irgendwie kaputtgegangen. Aber Buzz wollte bloß keinen Schritt auf dem Mond verpassen und hat sich einfach in die Hose gepisst. Nächstes Mal, wenn du dir das Foto von ihm auf dem Mond anguckst, wie er vor der Flagge salutiert, denk dran: Buzz Aldrin, Mitglied im Explorers Club und amerikanischer Volksheld, stand da gerade knöcheltief in seiner eigenen Pisse!«

Und nun stand ich hier im eiskalten Russian River und lächelte vor mich hin. In meinem Tagtraum wurde das Gletscherwasser in meinem Stiefel zum Urin des zweiten Mannes auf dem Mond. Ich dachte an die Mondlandung, spürte die schwindende Schwerkraft, meine Brust geschwellt vor lauter Pflicht- und Ehrgefühl. Und dann ging alles ganz schnell.

*

Stone Cold trat beiseite, um Nicky vorbeizulassen. Zach sah ihr nach, wie sie sich auf den Weg Richtung Toilette machte, und fasste wieder Hoffnung. Er klappte hektisch seinen Tisch hoch, riss die verknoteten Kopfhörer aus seinen Ohren, quetschte sich an mir vorbei und eilte ihr hinterher.

Erst eine Viertelstunde später kehrten die beiden auf ihre Plätze zurück.

*

»BISS!!!«

Kwudi war schon drei Meter weiter flussabwärts, ehe er merkte, dass bei *ihm* einer angebissen hatte. Ich eilte ihm hinterher und hielt aufgeregt den Kescher bereit.

»HOL IHN RAUS!!!«

Langsam und vorsichtig ging er rückwärts Richtung Ufer. Ich gab mir beste Mühe, nützlich und geschäftig auszusehen, und wedelte ein bisschen mit dem Kescher herum.

Schließlich zog er den zappelnden Fisch auf den Schotter raus und dann hoch in die Luft.

»GUTER FANG!«

Er ließ den Lachs in meinen Kescher fallen, wo er sich vergeblich wand und wehrte. Kwudi und ich lächelten einander an und schlugen ein. Dann zögerten wir kurz.

»Ich mach das«, sagte ich schließlich.

Ich hatte mir das überlegt, als wir im Fluss standen. Der Fisch würde so oder so sterben, und ich wollte nicht als der Typ in die Annalen eingehen, der nur den Kescher gehalten hatte.

»Sicher?«

Ich reichte Kwudi wortlos den Kescher, griff mir einen flachen Stein, holte aus – und ließ ihn in letzter Sekunde los, so dass ich halb auf den Fisch einschlug, halb nach ihm warf. Als könnte ich mich damit von der Grausamkeit lossprechen, die von meinen Fingern auf den Stein und vom Stein auf den Fisch überging, und damit auch von jeglicher Schuld. *Der Stein tötet den Fisch, nicht ich.* Doch der Stein wollte auch nicht in einen Mord verwickelt werden und flutschte beiseite, knapp am Schädel vorbei. Ich versuchte es erneut und ließ diesmal den Stein nicht los. Ein Teelöffel Blut spritzte auf die Kiesel, aber der Fisch kämpfte immer noch um sein Leben. Ich schlug ein drittes Mal auf ihn ein, und endlich erlahmte sein Zappeln, als gingen ihm die Batterien aus.

Seufzend ließ ich meine Waffe fallen. Wir konnten endlich gehen. Doch Kwudi warf mir einen flehentlichen Blick zu, bei dem mir ganz anders wurde.

»Jetzt, wo ich einen gefangen hab … Ich meine, wir könnten doch versuchen …«

Nachdem wir drei Stunden auf unseren ersten Fisch gewartet hatten, war Kwudi plötzlich der Ansicht, wir müssten unsere Quote erfüllen.

*

Was für eine Schlampe, dachte ich – nicht etwa Nicky, sondern Zach. Ich erkundigte mich nicht, was sich auf der Toilette abgespielt hatte. Ich gab ihm nicht mal die Gelegenheit, vielsagend eine Augenbraue zu heben. Das überließ ich alles lieber meiner Phantasie. Doch nach ihrer Rückkehr von der Toilette kannten Zach und Nicky beim Austausch von Zärtlichkeiten kein Halten mehr. Zachs Nervosität hatte sich in Selbstzufriedenheit verwandelt, und er spreizte die Beine noch weiter. Alle paar Minuten kroch ein tentakelartiger Arm durch die Sitze, und das glückliche Paar verhakte die Zeigefinger.

Ihre Liebe erkaltete jedoch rasch. Stone Cold half Nicky erneut mit ihrem Bildschirm, weil sie die Sprache versehentlich auf Arabisch eingestellt hatte und die Sprachwahl nicht mehr fand, die jetzt ebenfalls auf Arabisch war. Stone Cold behob das Problem jedoch, und sie synchronisierten ihre Bildschirme wieder, um den neusten Film von Kevin Hart zu schauen. Die beiden kreischten vor Lachen, als Kevin von einer miesen Slapstick-Situation in die nächste stolperte, und Nicky genehmigte sich auch noch die Bacardi Cola auf Stone Colds Klapptischchen.

*

Kwudi, durch einen Cocktail aus Testosteron und Zuversicht befeuert, patschte wieder in den Fluss hinaus, während ich die wichtige Aufgabe übernahm, auf unseren toten Fisch aufzupassen. Mir war aufgefallen, dass andere Angler ihren Fang an einer Leine im flachen Wasser treiben ließen, während sie erneut auswarfen. Wahrscheinlich sollte das den Fisch frischhalten. Oder vielleicht wollten sie den schuppigen Gesellen ein letztes Bad im

Fluss gönnen. Ich hatte keine Schnur zur Verfügung, also ließ ich unseren Lachs im Kescher unter der Wasseroberfläche auf und ab treiben und fixierte die Stange unter einem Stein. Da sah ich plötzlich, dass sich der Brustkorb des Fisches fast unmerklich hob und senkte. Er öffnete sein salatbesteckförmiges Maul einmal, dann noch einmal, und starrte mich aus seinen toten Augen mitleiderregend an.

Scheiße.

Unser toter Lachs lebte noch.

Ich zog den Kescher ans Ufer und suchte mir einen dicken Ast. Ich war zuvor aus Verzagtheit gescheitert, und Verzagtheit ist selbst eine Form von Grausamkeit. Ich bat kurz um Entschuldigung, zielte auf das Gehirn und schlug kräftig zu.

✳

Der Geruch war unverkennbar: Verrat. Nicky lugte über den Sitz wie ein Erdmännchen und lächelte Zach an. Doch ihr Lächeln war unecht, und bald schlängelten sich auch keine Tentakel mehr durch die Ritze. Zach kämpfte gegen die Müdigkeit an wie ein Soldat bei der Nachtwache, während Nicky immer wieder die Lage prüfte. Mit jedem Mal wurde ihr Lächeln dünner und ihr Blick kälter: Sie wollte nicht mehr mit ihm flirten, sondern bloß kontrollieren, ob er noch wach war.

Stone Colds Finger tanzten über Nickys Bildschirm, und Zach versuchte sich mit einer Runde Solitär wachzuhalten. Er umklammerte Nickys Lehne und drückte mit dem Daumen auf die digitalen Karten, wobei seine Halsadern hervortraten. Seine Wurstfinger klatschten mit einem dumpfen Geräusch auf den Bildschirm, und im Licht der Leselampe, die der schlafende alte Mann angelassen hatte, funkelte sein Ehering auf. Zach hatte den Ring sicher nicht aus Achtung vor seiner Frau anbehalten. Selbst wenn er gewollt hätte, er hätte ihn nicht abnehmen können: Das Fett wölbte sich zu beiden Seiten, er saß fest.

Irgendwann konnte Zach nicht mehr. Er schlief ein und sackte nach vorne, die Stirn an den Solitärbildschirm gelehnt. Sofort hörte Nicky mit dem Theater auf, kuschelte sich an Stone Colds Schulter und legte sich und ihm die rote Flugzeugfleecedecke über die Knie. Meine Gedanken rasten. *Was spielte sich bloß unter der roten Decke ab?*

Ich war so neugierig, dass ich zum besseren Spionieren aufstand, wobei ich den Orangensaft auf meinem Klapptisch umstieß. Ich achtete nicht weiter auf die Sauerei und ging lässig den Gang entlang, dehnte mich übertrieben und blickte wie zufällig auf Stone Colds Schoß. Sie holte ihm zwar keinen runter, was ich mir eigentlich erhofft hatte, doch immerhin: Die beiden hatten die Finger ineinander verschlungen.

⁂

Das Gefühl, wenn man sich nasse Socken endlich abstreifen kann, würde ich jederzeit einem Orgasmus vorziehen. Nachdem ich mir ein frisches Paar angezogen hatte, drehte sich meine Stimmung um hundertachtzig Grad.

Der Morgen war nun wirklich angebrochen, und der Kenai River rauschte an unserem Zeltplatz vorbei, mächtig und aquamarinblau in der Sonne, die nach zwei verregneten Tagen endlich durch die Wolken drang (wobei der Kenai dank seines Mineralgehalts selbst bei grauem Himmel funkelt wie polierte Jade). Ich war inzwischen so sehr an eine Sonne gewöhnt, die sich durch dichten Smog kämpfen musste, dass mir Alaska mit seinen scharfen Kontrasten fast unecht vorkam, wie ein überbelichtetes Foto.

Kwudi holte die glänzenden, grapefruitfarbenen Lachsfilets aus dem bärensicheren Schrank, und Eli fachte unseren Campinggasherd an. In die Pfanne passte jeweils nur ein Filet. Eli legte eines mit der

Hautseite nach unten in das heiße Öl. Der Fisch brutzelte, und das leuchtende Rot verblasste zu einem stumpfen Rosa, wobei die Ränder sich leicht nach oben bogen. Als der Fisch durch aussah, löste Eli ein rosiges Stück Lachs ab und steckte es sich in den Mund. Er lachte und stöhnte gleichzeitig: *Völlig absurd, wie gut das schmeckt.*

*

Fuuuck.

Ich hatte mich mitten in die O-Saft-Pfütze fallen lassen und fluchte innerlich, während die klebrige Flüssigkeit bis zu meiner Unterhose durchsickerte.

Der alte Mann war mit seinem Taschenbuch in der Hand eingeschlafen, Kopf im Nacken, Mund offen, nur ein sanftes Röcheln ab und zu verriet, dass er noch lebte. Seine Leselampe, ein einsamer Lichtkegel in der dunklen Kabine, beleuchtete das schlafende Paar vor uns, das die Köpfe aneinandergelehnt hatte. Eine blonde Haarsträhne von Nicky, die sich an Stone Colds Glatze elektrisch aufgeladen hatte, stand ab.

*

Eli reichte mir einen Teller, und ich nahm einen Bissen. Mit welcher Musik ein Tierfilmproduzent wohl unser Frühstück unterlegt hätte? Bläserfanfaren vielleicht, etwas Triumphales, das von eisernem Durchhaltewillen kündet. Der Kerl, bei dem wir uns die Stiefel geliehen hatten, hatte uns jedoch erzählt, dass der Russian River jedes Jahr vor Saisonauftakt wieder mit Bestand aus einer Lachsfarm aufgestockt wurde – so viel zum Naturburschenfaktor. Vielleicht wären also eher unheimliche Theremin-Klänge angebracht oder aggressive Marschtrommeln. Doch während ich meinen Lachs verspeiste, hörte ich lediglich das Kauen und Schlucken der anderen, den vorbeirauschenden Fluss – und die Backstreet Boys in meinem Kopf.

*

Natürlich hatte dieser perverse, egoistische Familienvater kein Mitleid verdient, aber ich habe nun mal eine Schwäche für Loser. Es war einfacher gewesen, Zach zu verachten, als er noch die Oberhand zu haben schien. Von Nicky dagegen war ich schwer beeindruckt. Auf ein und demselben Inlandsflug war sie allem Anschein nach mit dem einem Typen dem Mile-High-Club beigetreten und hatte sich dann auch noch in einen zweiten, attraktiveren Typen verknallt.

Guter Fang, Nicky.

Wir wischten uns die Mundwinkel mit den Ärmeln ab und stopften unseren Abfall in den bärensicheren Mülleimer.

❉

Nicky und Stone Cold tauschten kurz vor der Landung in Atlanta Telefonnummern aus. Zach schreckte erst hoch, als die Räder auf der Landebahn aufsetzten.

❉

Anschließend brachten wir unsere Ausrüstung – Stiefel, Angel und Kescher – zurück zum Verleih in Cooper Landing und machten uns dann auf den Weg nach Anchorage, wo wir unsere jeweiligen Heimflüge antraten.

❉

Keiner von uns sagte ein Wort, als wir nacheinander das Flugzeug verließen. Und aus den Lautsprechern schepperte leise Jazz.

Drei Stockwerke, drei Geschichten

Das erste Haus, in dem ich allein wohnte, war eine dreistöckige Windel. Die Dielen waren mit der Zeit aufgeweicht und ergraut, die losen Fensterrahmen klapperten im Wind, und wenn ich die Farbe des Lichts beschreiben müsste, das unsere schwachen Deckenleuchten ausstrahlten, würde ich sagen: *Resident-Evil*-Gelb. Unser Einrichtungsgeschmack machte die Sache auch nicht besser: Wir stopften die Zimmer voll mit Matratzen aus dem Secondhandladen, verschiedensten Lampen und durchgesessenen karierten Sofas, auf die schon Generationen von New-England-Hintern geplumpst waren. Wie alles in Boston wirkte das Haus im Winter, mit den braunen Schneehaufen und Baumskeletten ringsum, am trostlosesten. Es war unser erstes Haus, und wir gaben uns alle Mühe, es kaputtzukriegen.

Ich hatte nach der Schule ein Zwischenjahr gemacht und war deshalb im ersten Semester schon einundzwanzig. Die Hausordnung der Studentenwohnheime untersagte es Einundzwanzigjährigen, im Beisein Minderjähriger Alkohol zu trinken, und da meine College-Freunde alle jünger waren, suchte ich lieber das Weite, als mich ein Jahr lang dieser Tyrannei zu unterwerfen. Ich war stolz darauf, wie reif ich war, dabei tat ich eigentlich nur so, als wäre ich erwachsen. Ich machte Erwachsenensachen genau falsch herum, kaufte mir Erwachsenendinge und machte sie kaputt und wohnte bald schon mit anderen Möchtegernerwachsenen zusammen und lernte sie hassen.

Ich trug rein gar nichts dazu bei, das Haus zu finden. Gegen Ende meiner Highschool-Zeit hatte ich mit meinem Cousin Eli, der Trompete spielte, und unserem Klarinettistenfreund Cameron eine Jazz/Hip-Hop-Combo gegründet – wir rechneten fest mit einem baldigen Boom der Jazzklarinette im Hip-Hop. Die beiden waren schon ein Jahr vor mir nach Boston gezogen und studierten hier Musik. Nach einem Jahr im Studiwohnheim hatten sie nun ein schäbiges Haus mit vier Zimmern in Jamaica Plain klargemacht, das von Superior Boston Management verwaltet wurde, einer miesen Slumlord-Firma, die für niedrige Mieten und entsprechenden Service stand. Jetzt brauchten wir nur noch einen vierten Mitbewohner, und Eli und Cameron hatten auch schon jemanden ins Auge gefasst. Sie wussten nicht viel über diesen Seb Starek, aber zusammen mit seinem Saxophon hätte unsere Band eine richtige Bläserabteilung, und das reichte ihnen.

Ich richtete mein Penthouse im zweiten Stock ein, so gut es mein begrenztes Budget zuließ. Ich strich die Wände weinrot, fand auf Craigslist ein billiges gebrauchtes Bettgestell von IKEA und zimmerte mir aus einer Sperrholzplatte, die ich am Straßenrand gefunden hatte, und vier unbehandelten Kiefernholzblöcken einen Schreibtisch zusammen. Von meinem Schreibtischstuhl aus ließ es sich herrlich aus dem Fenster schauen, die Aussicht auf das blassblaue Haus gegenüber genießen und meinen wertvollsten Besitz bewundern, den ich zentral am hinteren Rand meines »Schreibtischs« platziert hatte: einen Stifthalter in Form einer Atlasfigur aus Zinn, nur dass Atlas statt einer Weltkugel einen Kuli mit dem Def-Poetry-Jam-Logo von HBO hielt – ein kleines Andenken für die Poetry-Slammer, die in der Show aufgetreten waren. Wann immer ich an mir zweifelte, blickte ich auf den Stift und verspürte zuverlässig einen Ego-Insulin-Boost – egal, zu welcher Jahreszeit und egal, was für menschliche Abgründe sich gerade in den unteren Stockwerken auftaten.

Selbst für Bostoner Verhältnisse war dieser Januar rekordverdächtig scheiße. Ich wischte mir auf der Matte vor der Haustür flüchtig die Stiefel ab und trug jede Menge grauen Wintermatsch mit ins Haus. Ich drückte die Tür auf und nickte kurz Seb zu, der mitten im Wohnzimmer stand, nackt bis auf eine Pünktchen-Boxershorts und das riesenhafte Baritonsaxophon, das an einem Gurt um seinen Hals hing. Der behaarte Zweimetermann runzelte die Stirn über seinen zusammengewachsenen Brauen und nickte kurz zurück, ohne seine Tonleiterübungen zu unterbrechen. Ich bahnte mir meinen Weg durch alte Rohrblätter, den Inhalt mehrerer Stofftiere, leere Lachgaskartuschen, die scheppernd wegrollten, als ich dagegen trat, und Sebs wild verstreute dreckige Wäsche. Er belegte den Winter über das Wohnzimmer, da angeblich die Standlautsprecher unseres WG-Entertainment-Centers dort als einzige laut genug waren, dass er das Klacken des Metronoms über sein eigenes Tröten hinweg hörte. Jeden Tag kam er in seinen dicken Winterklamotten reingeschneit, tauschte sie gegen das Saxophon und übte vier Stunden lang ohne Unterbrechung Experimental-Jazz-Tonleitern.

Benommen durchquerte ich das Wohnzimmer in Richtung der Küche, aus der einladende Gerüche drangen. Eli drapierte gerade auf einem Teller eine frisch gebratene Hähnchenbrust neben einem Klecks Asiago-Polenta. Vorsichtig drehte er mit der Gabel ein Brokkoliröschen zurecht.

»Neues Thomas-Keller-Rezept?«

»Jep, aus *French Laundry*.«

Als Eli endlich mit der Symmetrie des Tellers zufrieden war, zielte er mit seiner Digitalkamera nach unten, zoomte unsere dreckstarrende Küche aus und machte ein Foto.

Den Kampf gegen den Abwaschturm in der Spüle hatten wir schon vor Monaten aufgegeben. Aus ein paar dreckigen Schälchen war eine riesige, schleimige Geschirrpyramide geworden. Jeder von uns schob die Schuld jeweils den anderen zu – mit Ausnahme von Eli, der über jeden Verdacht erhaben war. Inzwischen betrachteten wir die Spüle schlichtweg als Regal. Wenn man einen Löffel brauchte, fischte man sich einen aus der Bakterienschleuder, wischte den Schmierfilm ab, aß sein Müsli und warf ihn für den nächsten Mitbewohner zurück in den Morast.

Ich zog einen Topf und eine Pfanne aus der Spüle, kratzte den Dreck ab und stellte beides auf unseren verkrusteten Gasherd. Eli aß am Küchentisch seine Asiago-Polenta und beobachtete skeptisch, wie ich mich in mein eigenes kulinarisches Abenteuer stürzte – in dasselbe wie jeden Abend:

Penne mit roter Soße, geriebenem Käse und dazu eine Flasche Sprite. Ich öffnete den Kühlschrank, aus dem mir ein kühler Gammelgemüsehauch entgegenwehte, und kramte ein Glas *Ragú* zwischen den mehrheitlich abgelaufenen Sachen hervor. (Zwei Drittel des überfüllten Kühlschranks waren von Sebs Kimchi-Bottich belegt, der so groß war, dass er das Mittelfach hatte rausnehmen müssen. Seb war am Tag seines Einzugs direkt zu Costco gefahren, um Lebensmittel mit Mengenrabatt zu kaufen. Er hatte Vorräte für die nächsten zehn Jahre angelegt.)

Den Beginn des Frühlings feierten die dicken Bostoner Tausendfüßler, indem sie aus dem Gemäuer hervor- und bei uns die Wände hochkrabbelten. Auf dem Weg von der Haltestelle nach Hause pfiff ich fröhlich vor mich hin, weil ich im Kühlschrank noch einen halben Teller Bohnen mit Kochbananen, in der Hosentasche einen Beutel Gras und am nächsten Tag frei hatte.

Seb saß gerade im Wohnzimmer vor einem Berg lebloser Teddys, schnitt ihnen den Hals auf und zog ihre fluffigen Innereien heraus. Er zahlte seine Studiengebühren an der Musikhochschule, indem er Gras vertickte, das er von einem Kontaktmann daheim in Kalifornien geliefert bekam. Der schlitzte den Bären die Bäuche auf, schwängerte sie mit Gläsern voller Hanf, nähte sie wieder zu und schickte sie dann quer durchs Land. Seb verkaufte den Inhalt der ausgeweideten Teddys an Mitstudenten und zahlte die Studiengebühren bar, so sei das Geld schwerer zurückzuverfolgen, meinte er.

Auf einem Paketfetzen sah man den Adressaten: »John Smith«.

»Gibt keinen Absender auf den Paketen«, erklärte Seb, »damit die von der Post nicht rausfinden, wer sie losgeschickt hat.«

Ich ging durch die Küche, wo Eli und Cameron gerade kochten, zum Sofa im Shisha-Zimmer. Ursprünglich hatten wir das Shisha-Zimmer, eine von der Küche durch einen kärglichen Perlenvorhang abgetrennte Kammer, als opulentes Seidenstraßen-Serail konzipiert: erlesene, wallende Stoffe, raffinierte Stickereien, elegante, zylinderförmige Kissen – ein Ort für intellektuelle Debatten und wilde Orgien. Doch mit der Umsetzung hatte es gehapert, und herausgekommen war ein zugiger, quadratischer Raum mit einem grauen Futon auf einem Metallgestell, einem Lakshmi-Poster an der Wand und einem Beistelltisch, auf dem die einschläuchige Shisha stand, die ich bei Downtown Convenience erstanden hatte.

Ich kaufte mein Gras nicht bei Seb, da ich unsere Mitbewohnerbeziehung nicht belasten wollte, und ging stattdessen immer zu einem Typen auf dem Campus, Devlin hieß der. Ich wusste, dass eine normale Pfeife ökonomischer gewesen wäre, aber mir gefiel die Theatralik der Shisha. Ich bröselte eine Handvoll von Devlins Zeug in den großen Kopf, umwickelte ihn mit Alufolie, stach mit einer dreckigen Gabel aus der Spüle kreuz und quer ein paar Löcher hinein, brachte über dem Herd ein Stück Kohle zum Glühen und setzte es mit einer Grillzange auf den Shisha-Kopf. »Cam, willste auch mal?«

Cameron, ein salvadorianischer BDSM-Enthusiast mit Skinny-Jeans und Brille, nahm einen tiefen Zug aus dem Schlauch und reichte ihn an mich zurück. »Gestern war echt krass«, schwärmte er. »Ich bin mit Beth an der Leine bis nach Midway Gassi gegangen, mit Hundehalsband und allem, und dann haben wir uns einfach an die Bar gesetzt und einen Whiskey getrunken.«

Das Einzige, was mich an dieser Geschichte schockierte, war der Grad an Verbindlichkeit. Normalerweise brachte Cameron seine Frauenbekanntschaften nur ein oder zwei Mal mit nach Hause, doch seine neue Freundin Beth, eine dreiundvierzigjährige Witwe und Managerin, flog nun fast jedes Wochenende aus Chicago ein, um sich demütigen zu lassen.

Cameron zog noch einmal an der Shisha. »War der Hammer.«

»Cool«, gab ich geistesabwesend zurück.

Das Kohlestück auf der Shisha war mittlerweile zu Asche zerfallen, und plötzlich hatte ich Heißhunger. Ich öffnete den Kühlschrank und tastete nach meinem Teller mit dem Kochbananen-Rest, ich hatte ihn hinter einer Tampico-Flasche versteckt. Er war weg. Ich lugte ins Käsefach, checkte das Gemüsefach und hob den Plastikdeckel des Butterfachs an. Nichts. Nur eine Tampico-Flasche und ein verdammter, riesiger Kimchi-Kübel.

»Seb!«, brüllte ich durch diverse Zimmer. »Hast du meine Bohnen mit Kochbanane gegessen?!«

Ein Moment Stille.

»Oh. Ja, kann sein. Keine Ahnung. Sorry. Tut mir echt leid.«

Ich atmete tief durch. »Mann. Mann. Mann.«

Ich versuchte es mit einer eindringlichen, aber auch besonnenen Standpauke und erklärte Seb, dass das eine ziemliche Asi-Aktion gewesen war. Dass im Kühlschrank sonst kaum noch anderes vegetarisches Essen war. Dass ich ihm verzeihen würde, dass er mir aber schwören müsse, es nie wieder zu tun.

»Klar, klar, klar, voll nicht«, versprach er, als ich das Zimmer verließ.

»Wieso ist der Typ nochmal unser Mitbewohner?!«, flüsterte ich Eli und Cameron zu. »Er ist pures Gift.«

Cameron spielte auf einem unsichtbaren Saxophon, dann fiel ihm etwas ein. »Übrigens – Superior Boston schickt bald Kammerjäger her, die legen im Keller Rattengift aus«, teilte er uns mit. »Wird auch Zeit, neulich hab ich gekocht und aus einem der Brenner auf dem Herd hat ne Maus rausgeguckt.«

2

Biep-bo-da-biep-bo-da, da da da!

Biep-bo-da-biep-bo-da, da da da! (Einen Ganzton höher)

Biep-bo-da-biep-bo-da, da da da! (Einen Halbton höher)

Biep-bo-da-biep-bo-da, da da da! SCHEISSE! (Noch höher)

*Biep-bo-da-*SCHEISSE!!

Jedes Mal, wenn er sich verspielte, brüllte Seb: »Scheiße!« Ich hörte ehrlich gesagt keinen Unterschied zwischen den vermasselten und den geglückten Tonleitern, doch ganz offensichtlich übte er irgendetwas sehr fleißig, und unaufhörlich stiegen Quietsch- und Trötkaskaden die Treppe zu meinem Zimmer hinauf.

Es war Mitternacht, und ich konnte nicht schlafen. Mein Magen knurrte. Ich starrte an die Decke und fand das Bordeauxrot der Wände auf einmal viel zu düster und gruselig.

Atmen Sie durch den Mund und spüren Sie Ihrem Atem nach. Zählen Sie bis zehn, sagte ich mir vor.

1, 2, 3, 4, 5, 6, 7, 8, 9, 10. Spüren Sie Ihrer Ausatmung durch die Nase nach und atmen Sie alle Anspannung aus. Egal, wo Sie die Anspannung spüren, atmen Sie sie aus. Entspannen Sie Ihre Schulterblätter. Atmen Sie und entspannen Sie Ihren Kiefer.

Biep-bo-da-biep-bo-da, da da da!

Atmen Sie durch den Mund und spüren Sie Ihrem Atem nach. Zählen Sie bis zehn. 1, 2, 3, 4, 5, 6, 7, 8, 9, 10. Wandern Sie in Gedanken durch Ihren Körper und atmen Sie in die verschiedenen Stellen hinein: in die Haare am Kopf, die Haare am Körper, Nägel, Zähne, Haut, Muskeln, Sehnen, Knochen, Herz, Leber, Membranen, Milz, Lunge, Darm, Kot, Galle, Phlegma, Eiter, Blut, Tränen –

Biep-bo-da-biep-bo-da!

Atmen Sie durch den Mund und spüren Sie Ihrem Atem nach. Wenn Sie einen negativen Gedanken haben, akzeptieren Sie diesen negativen Ge-

danken und lassen Sie ihn einfach durch sich hindurchfl–

Biep-bo-da!

Atmen Sie durch den Mund und spüren Sie Ihrem Atem nach, und stellen Sie sich vor, Sie seien ein faulender Leichnam, etwa ein paar Tage alt. Atmen Sie noch einmal ein und stellen sich vor, Sie seien ein Skelett, das nur noch von Sehnen zusammengehalten wird, fleischlos, blutverschmiert. Atmen Sie noch einmal ein und stellen sich vor, Sie seien bloß noch lose Knochen, die zu Staub zerfallen. Atmen Sie durch den Mund, spüren Sie Ihrem Atem nach und zählen Sie, 1, 2, 3, 4 –

Scheiße!

Ich merkte, wie meine Wut auf Seb langsam dahinschmolz. *Unsere Zeit auf Erden ist so kurz. Meine Probleme von heute werden morgen nichts als Asche sein. Warum sich also über Trivialitäten aufregen, wenn wir doch nichts als Staub im Wind sind?*

Einige Momente lang fühlte ich mich ganz ruhig. Mein Kissen schmiegte sich liebevoll an meine Wange, und ein wohliger Schauer durchlief meinen Körper. Und dann ergriff die altbekannte Panik Besitz von mir. Mein Gehirn blätterte blitzschnell durch ein Album zusammenhangloser Bilder: ein Knochenhaufen, Tausendfüßler an der Wand, ein überdimensionaler Kimchi-Bottich, ein Atompilz. *Ich werde sterben*, dachte ich, während meine Zimmerwände näher rückten. *Nicht in irgendeinem abstrakten Sinn, sondern ganz konkret, endgültig, und sehr bald.*

Mir war bewusst, dass ich ziemlich dicht war. Doch in diesem High fühlte ich mich klarsichtiger als je zuvor. *Ich darf nicht zulassen, dass mein zukünftiges nüchternes Selbst die Dringlichkeit dieser Wahrheit herunterspielt. Ich muss dem George von morgen eine Nachricht hinterlassen.*

Ich sprang vom Bett auf und schnappte mir einen Edding, der auf dem Schreibtisch lag. Es gab nur eine einzige nicht weinrote Wand – eine weiße Fläche dort, wo das Schrägdach die obere Ecke des Zimmers begrenzte. Ich nahm die Kappe vom Filzstift und krakelte in Blockschrift: DIE ANGST IST REAL.

Gut. Ich holte tief Luft. Jetzt stand es mit Edding geschrieben, also war es offiziell. Ich ging zurück ins Bett und schlief ein.

»Ist das dein Ernst?!«

Ohne zu blinzeln starrte ich am nächsten Tag Seb an, den leeren Wan-Tan-Karton in der zitternden Hand, auf den ich mit Edding *George* geschrieben hatte.

»Wie konntest du nur? Ich hab das doch extra beschr–«

»Ja, ja, tut mir echt leid.« Sein gesenkter Blick wanderte über den Boden. »War ziemlich stoned.«

Dann widmete sich Seb wieder seinen Tonleitern.

Biep-bo-da-biep-bo-da, da da da!

»Die waren von P. F. Chang's, Alter.«

Ich schüttelte den Kopf und ging in die Küche, wo Eli und Cameron gerade Knoblauch hackten.

Die Dinge in der Kenton Road mussten sich ändern. Und ich beschloss, heute damit anzufangen, und zwar mit dem Shisha-Wasser. Eigentlich sollte man das Wasser nach jeder Benutzung wechseln, doch diese Regel ignorierten wir seit anderthalb Jahren, und so hatte sich die Plörre mittlerweile in einen schwarz marmorierten Alptraum verwandelt. Ich montierte erstmal den Schlauch ab.

»Hast du gestern die Krankenwagen gesehen, drüben vor dem blauen Haus?«, fragte Cameron. »Die Frau hat dort drin ihren Mann abgestochen. Stand heute Morgen in der Zeitung.«

»Das Fenster genau gegenüber von meinem«, murmelte ich.

»Ja. Krass.«

Ich stellte mir die Schlagzeile vor: FRAU VON JAZZ-SAXOPHON ZUM MORD GETRIEBEN.

»Kommt Sophia eigentlich zur Party heute Abend?«, wechselte Eli schnell das Thema.

»Ja, und sie bringt noch Samson mit. Übrigens fährt sie morgen für ein paar Tage weg, und ich passe solange auf ihre Königspython auf.«

Camerons neue Freundin Sophia hatte ein zynisches Mundwerk, aber ein gutes Herz. Sie war klein, blond, blauäugig und hundert Prozent *vanilla*: Für BDSM-Adepten das Codewort für sexuelle Normalos. Cameron fand, das müsse sich ändern lassen, und sie dachte dasselbe von ihm.

»Die Schlange ist total süß. Noch nicht mal ausgewachsen und schon fast einen Meter lang. Ich hoffe, es ist okay, wenn ich ein paar Mäuse in den Tiefkühler tue?«

Vorsichtig schraubte ich die Rauchsäule der Shisha ab und hob den Glasbehälter hoch. Auf dem Weg Richtung Spüle entglitt er mir jedoch, und ich sah alles schon vor mir, Sekunden bevor es passierte – die in Zeitlupe fallende Shisha, meine erstarrten Hände, die sie nicht aufhalten konnten, das befriedigende Klirren von Glas. In diesem Moment küsste die Glaskugel auch schon die Dielen und zersprang, nicht in Splitter, sondern gleichsam in Blütenblätter: Sie öffnete sich wie eine Blume und entließ ihren Pesthauch.

Ach du Scheiße.

Giftgas-Alarm. Der ranzige Gestank von konzentriertem Tabak und Siff breitete sich in Windeseile bis in die entlegensten Winkel des Hauses aus. Nun zählte jede Sekunde – Eli und ich griffen hastig nach Küchenrolle und Schwämmen, während das Stinkewasser blitzschnell wie Ungeziefer auf der Flucht durch die Risse der Dielen schlüpfte und in die Grundfesten des Hauses einsickerte. Der überwältigende Gestank hing noch wochenlang in der Küche, und so ganz wurden wir ihn nie mehr los.

Ich wischte so gut es ging auf, bevor die Party anfing.

Wir hatten schon ein paar Feten hier gefeiert, unter anderem meinen einundzwanzigsten Geburtstag, doch es herrschte große Uneinigkeit darüber, ob diese Partys nun geil gewesen waren oder nicht. Für die Mehrzahl der Gäste, hauptsächlich College-Freunde von mir, waren es »legendäre Besäufnisse« gewesen, meine Mitbewohner fanden sie hingegen etwas männerlastig und uninspiriert. Doch an diesem Abend würde die Rache der Musikstudenten folgen: Seb lud zur »Noise«-Party.

Noise-Musik ist nichts für schwache Ohren. Das Konzert fand direkt unter der Küche statt, in unserem Keller, der als Proberaum und Sexfolterkammer für Cameron diente und wie die meisten Keller in Neuengland ein Drecksloch war. Man konnte die Regenwürmer direkt aus der Wand ziehen. In der hinteren Kellerecke schimmelte ein Berg aus Sebs Schmutzwäsche vor sich hin, den im Winter eine Rauhreifschicht überzog. Häufig kaufte er sich neue T-Shirts, wenn die alten hinüber waren. Waschen war eben spießig.

Gegen elf Uhr holte ich mir eine Literflasche Starkbier aus dem Kühlschrank und stieg die schiefen Treppenstufen hinunter. Gegenüber vom Mount Fruit of the Loom drosch jemand auf mein Ludwig-Schlagzeug ein, während Seb, ein Gitarrist und ein Bassist ihre Instrumente malträtierten und einander dabei anrempelten. Die im Keller verstreuten Fans verliehen ihrer Begeisterung auf unterschiedliche Weise Ausdruck: Manche wiegten sich langsam, andere tanzten Pogo oder zuckten bei jedem Beckenschlag mit den Ellbogen. Ein Mädchen stand da und starrte wie hypnotisiert auf ein Teelicht, das sie auf der Handfläche balancierte, während ein anderes Mädchen um sie herumhüpfte und die Flamme anbetete.

Bei Noise, hatte Seb mir erklärt, ging es darum, dass talentierte Musiker die Virtuosität, die sie sich in jahrelanger Mühsal angeeignet hatten, einen Moment durchbrachen und die Akkorde und Melodien vergaßen, die für abgerichtete westliche Ohren angenehm klingen.

Erst hatte ich die Augen verdreht, doch je betrunkener ich wurde, desto mehr löste ich meine geistigen Fesseln, und mir dämmerte, dass ich hier Zeuge von mutiger, aufregender Kunst wurde.

Dann kletterte der Schlagzeuger auf meine Bass-Drum und fing an, mein Becken gegen die Decke zu schleudern.

»Ey, runter von meinem Schlagzeug!«

Noise ist total fürn Arsch, befand ich, wankte die Kellertreppe hoch, ging durch die Küche, vorbei an ein paar Schnapsleichen, und dann die Treppe rauf zu meinem Zimmer, wobei ich mich am Geländer festhalten musste.

Unter meiner Decke regte sich etwas.

»Hallo? Ey, verpiss dich aus meinem Bett!«

Samson, ein Freund von Sophia, den ich nur flüchtig kannte, reagierte mit ein paar Grunzgeräuschen. Da ich ihn nicht überreden konnte, das Bett zu verlassen, packte ich ihn am T-Shirt und zog ihn kurzerhand unter der Decke hervor.

»Alter, entspann dich mal.«

Wir fingen eine halbherzige Rauferei an, doch Samson gab schnell nach und schlurfte treppab. Am nächsten Morgen erwachte ich mit stechenden Kopfschmerzen und dem Geruch von gegorener Zitrone in der Nase. Auf der Suche nach der Quelle des Gestanks entdeckte ich das Geschenk, das Samson mir dagelassen hatte: ein Flatschen Kotze in meinem Wäschekorb.

3

Ich saß auf einer Bank an der Haltestelle der Orange Line, wickelte ein Reese's Cup aus und versuchte, mir etwas Cleveres einfallen zu lassen, das ich Jessie Logan erzählen könnte, wenn sie mich heute Nachmittag besuchen kam. Jessie war eine hübsche, intelligente, engagierte und schlanke Brünette, Mitglied bei Kappa Gamma Chi, einer gemeinnützigen Studentinnenverbindung – eines dieser Mädchen, deren Wohnung in Beacon Hill als Showroom von Pottery Barn durchgehen könnte. Aus unerfindlichen Gründen fand sie Gefallen an mir und war sogar überraschend gewillt gewesen, die Orange Line raus nach Jamaica Plain zu nehmen. Bedächtig entfernte ich die Verpackung meines Peanutbutter-Cups, während ich Gesprächsthemen sammelte, mit denen ich als halbwegs normal rüberkommen würde.

Zu Hause hockte Cameron im Flur und verteilte Mehl am Boden. Sein Blick schoss zu mir hoch, doch er blieb stumm und schüttete entlang der Türschwelle einen Streifen aus der Mehlpackung. Sah aus wie die Foul-Linie eines Baseballfelds. Aus dem Augenwinkel bemerkte ich einen weiteren weißen Streifen vor der Wohnzimmertür. Und noch weiter hinten, vor dem Esszimmer, war auch einer. Mehllinien, wohin man blickte.

»Sophias Schlange ist ausgebüxt«, erklärte er. »Ich hab vergessen, nach dem Füttern den Stein zurück aufs Terrarium zu legen.«

Das war eigentlich seine einzige Aufgabe beim Schlangenhüten gewesen: sicherzustellen, dass der Stein auf dem Terrarium blieb. Selbst das Füttern war dagegen zweitrangig. Auch wenn Cameron seit dem Moment, als Sophia das Terrarium auf seinen Schreibtisch gestellt hatte, nur Däumchen gedreht hätte, er hätte trotzdem Applaus für seine Mühen bekommen.

»Aber wir finden sie schon wieder, bevor Sophia zurückkommt. Wir folgen einfach den Spuren im Mehl.«

Ich vermutete, dass die Python zu diesem Zeitpunkt schon durch die Wände oder unter den Dielen herumschlängelte. Unser Haus – gleich dem unersättlichen Jabba aus *Star Wars,* der seine Untergebenen verzehrt und dabei immer mächtiger und abstoßender wird – hatte nach dem Shisha-Wasser auch diese Bedrohung absorbiert.

Ich stieg über die Mehlbarriere ins Wohnzimmer, fest entschlossen, diesen Misthaufen als Wohnraum zu tarnen. Ich hob die verstreuten Klamotten auf, stopfte sie in einen Müllsack und warf ihn in Sebs Zimmer. Ich zündete in der Küche ein Räucherstäbchen an, ließ das Wasser aus dem Spülbecken und machte schließlich sogar den Abwasch.

Eine Stunde später schwebte Jessie über unsere bemehlte Türschwelle, strahlend, organisiert und mit erhobenem Kopf. An ihrem pastellfarbenen Cardigan prangte eine Brosche in Form einer Kappa-Eule, in ihrem glatten Haar, das sich wie ein glänzender, haselnussbrauner Wasserfall über ihre wohlgeformten Schultern ergoss, trug sie eine grüne Schleife. Kein Make-up, nur ein wenig Lipgloss und ihre eigene unverfälschte Schönheit.

Wir saßen am Küchentisch, und ich stürzte mich in meine vorbereiteten Gesprächsthemen, wobei ich mich zwingen musste, nicht ständig nervös im Raum umherzublicken. Doch Jessie sah weder zur Spüle noch zum Kühlschrank hinüber, schien sich nicht darum zu scheren, welche Abscheulichkeiten darin lauerten, und rümpfte nicht einmal die Nase über den immer noch wahrnehmbaren Shisha-Gestank. Seelenruhig unterhielt sie sich mit mir. Wenn eine Gesprächspause entstand, füllte ich sie hastig mit Gerede – bis sie das Zepter übernahm, sich nach vorn beugte und mich mit einem Kuss zum

Schweigen brachte. Ich biss ihr sanft in die Unterlippe und schmeckte ihren Kirsch-Lipgloss.

Wir knutschten leidenschaftlich, kamen aber
nicht vom Fleck – Mund traf auf Mund, eine Zunge
wagte sich vor, ein Ohrläppchen wurde geknab-
bert, dann wieder von vorn, mit leichten Variatio-
nen. Ich wartete darauf, dass etwas passierte. Jessie
ihrerseits ging es eindeutig nicht schnell genug. Sie
nahm mich bei der Hand und zog mich ins Shisha-
Zimmer, wo sie sich mit Seb-artiger Geschwindig-
keit das T-Shirt runterriss, den BH aufhakte und
auf dem grauen Futon ausstreckte, die glänzenden
braunen Augen die ganze Zeit auf mich gerichtet,
während ihre rosa Nippel in der kühlen Grotte hart
wurden. Zögerlich zog ich mein T-Shirt aus, ich
war mental nicht darauf vorbereitet, mich bei Ta-
geslicht nackt zu zeigen. Ein paar Minuten lang
wälzten wir uns herum, unsere auffallend ähnlichen
Brustpartien aneinandergepresst, bis Jessie wieder
die Zügel in die Hand nahm. »Sollen wir hoch in
dein Zimmer?«

Gesagt, getan.

Mein Puls raste, als Jessie ihren Gürtel öffnete,
auf meinem Bett Platz nahm und sich aus ihrer
Jeans wand. Das war das schönste Mädchen, das
je auf meinem gepunkteten IKEA-Laken gesessen
hatte und vermutlich je sitzen würde. Nein – kein

Mädchen, sondern eine Frau. Eine Frau mit gewissen Anforderungen an meine Performance. Ich lag auf Jessie, presste meinen Oberschenkel zwischen ihre Beine, küsste ihre Mundwinkel und ihren Hals, ließ meine Fingernägel sanft zwischen ihren Brüsten hinabgleiten und versuchte, Zeit zu gewinnen und meine Libido wiederzufinden, die offenbar gerade desertiert war. Nervös rieb ich meinen Unterleib an ihr, und Jessie ließ sich nichts anmerken und gab sich größte Mühe, meinen Schritt zum Leben zu erwecken.

Biep-bo-da-biep-bo-da, Scheiße!

Seb war nach Hause gekommen.

Der Geist unseres ermordeten Nachbarn beobachtete uns durchs angekippte Fenster, und in die Kussgeräusche und das melodramatische Keuchen mischten sich Sebs avantgardistisches Saxophonspiel und das gedämpfte Wummern der Death-Metal-Probe von nebenan. Dazu der Geruch nach gegorener Zitrone, der noch immer in der Luft lag. Ich langte verzweifelt nach meinem Laptop auf dem Nachttisch, um die Beatles anzumachen, und *Norwegian Wood* verband sich mit Sebs schrägen Tonleitern zu einem perfekten Horrorfilm-Soundtrack.

Ich flehte die Blutreserven meines Körpers an, doch bitte schleunigst unterhalb meiner Gürtellinie zum Dienst anzutreten, doch stattdessen strömten sie zu meinem wild klopfenden Herzen.

Schließlich seufzte Jessie laut auf, wir machten uns voneinander los und lagen stumm nebeneinander, den Blick starr an die Decke gerichtet. In der lähmenden Stille des Versagens wusste jeder ganz genau, was der andere gerade dachte.

»Die Angst«, las Jessie langsam vor, »ist real.« Die Worte klangen schal aus ihrem Mund. »Was soll das denn heißen?«

Ich hatte mein Graffiti völlig vergessen.

»Ach das, ha! Ich glaub, das hat mal irgendein Besoffener auf einer Party an die Wand geschrieben. Komisch, nicht?«

»Ja. Komisch.«

Jessie zog sich mit demonstrativer Eile ihre Hose wieder an. Kaum war sie aus dem Zimmer, hatte ich natürlich einen Ständer.

Mit nacktem Oberkörper lag ich auf dem Bett, mürrisch und mit einem Mal total geil, ließ den Blick über meine hingekrakelten Zeilen schweifen und über alle möglichen Details meines Zimmers, die mir schon lange nicht mehr aufgefallen waren – mein rotes Tuch aus Pamplona, das an die Wand gepinnt war, die wackligen Beine meines behelfsmäßigen Schreibtischs und die kleine Atlasfigur aus Zinn darauf, deren muskulöse Arme unter dem Gewicht meines Def-Poetry-Stifts … Doch Atlas stemmte nur dicke Luft. Mein Stift war weg.

Warum ist mein Stift weg?

Als ich ihn schließlich zwischen Lachgaskartuschen und Staubmäusen auf dem Wohnzimmerboden fand, war er kaputt. Ich hielt den silbernen Kugelschreiber hoch und starrte auf die Stelle am Ende, wo das HBO-Logo hätte sein sollen. Nun sah man nur noch ein paar schwarze Farbflecken, abgewetzt von Stiefeltritten oder vielleicht auch von Sophias Python. Seb scharrte verlegen mit den Füßen, als ich ihn in dem Tonfall konfrontierte, der dabei herauskommt, wenn man sich alle Mühe gibt, nicht zu schreien.

»Seb. Ich bin. Gerade. Sehr. Sehr. Wütend auf dich.«

»Ich brauchte einen Stift, um den Joint zu stopfen. Hab keinen anderen gefunden«, antwortete er lammfromm. »War doof, ich weiß.«

Seb war nicht bösartig. Er war ein Arsch, aber es ist ein Unterschied, ob man ein Arsch ist oder ein Bösewicht, und die meisten Reibereien entstanden, weil wir einfach einen unterschiedlichen Stil hatten. Während Seb mich zu spießig fand, fand Eli mich zu chaotisch. Jessie fand mich zu komisch, Cameron wiederum fand mich zu *vanilla*. Als typische

WG-Anfänger waren wir jedoch allesamt dumm genug gewesen, trotzdem zusammenzuziehen.

Als Seb im April ausgeraubt wurde, tat er mir total leid. Er hatte keine nachvollziehbare Erklärung dafür, warum er zu dem Zeitpunkt sein gesamtes Bargeld im Rucksack bei sich trug, aber mich berührte die Verzweiflung in seiner Stimme, als er sich laut fragte, wie er denn nun seine verbleibenden Studiengebühren zahlen sollte. Die potentiellen Kunden seien ihm überhaupt nicht komisch vorgekommen, erzählte er, sie hätten sogar Referenzen gehabt. Ganz normale, freundliche Kriminelle. Doch dann zogen sie die Knarre, und Seb, keine Kämpfernatur, händigte ihnen gleich die Kohle aus, seine gesamten Ersparnisse. Ich habe keine Ahnung, wo er danach das Geld für die Musikhochschule hergenommen hat, doch er packte es irgendwie. Und er zahlte weiterhin seinen Teil der Miete wie immer.

Mit Ach und Krach hielten wir bis zum Ende des zweijährigen Mietvertrags durch, warfen Ende August unsere Möbel auf die Straße vor dem Haus, den Kimchi-Bottich, den Seb nie ganz leerbekommen hatte, hinterher, und verabschiedeten uns von Boston, voneinander und von der Kaution. Sophias Königspython hatte nie Spuren auf den bemehlten Türschwellen hinterlassen, doch am Tag vor unserem Auszug fand Seb die Schlange im Keller nahe Hanes Peak, mit weißem Schaum vor dem Mund und einer vergifteten Maus im Rachen.

Natürlich hatte die Beziehung von Sophia und Cameron nicht gehalten. Dennoch gelang es Cameron irgendwie, sie davon zu überzeugen, dass es eine großartige Idee wäre, ein gewisses dreigeschossiges Haus zu übernehmen, das soeben frisch auf den Markt gekommen war, zumal sie ja gerade mit einem gewissen besten Freund eine Bleibe suchte, der irgendwann einmal auf einen gewissen Wäschehaufen gekotzt hatte.

Eine Woche, nachdem Sophia und Samson Kenton Road übernommen hatten, krachte das Klo im zweiten Stock durch die Decke runter in den ersten. Es war kein Zufall, dass das Haus auseinanderfiel – wir hatten es kaputtgemacht. Wir waren vergiftete Ratten und das Haus eine unersättliche, dickbäuchige Python, dem Untergang geweiht von dem Moment an, als es uns Tür und Tor geöffnet hatte. Sophia tat mir leid, doch ich verspürte auch eine gewisse Genugtuung. Diese Bruchbude – das beste, schlimmste Zuhause, das ich je hatte – hatte uns fertiggemacht, und nun hatten wir es ihr heimgezahlt.

Mein drittes Auge

Jungs, wir müssen in *dem* da essen«, beschwor ich meine Freunde Nils und Tej.

Im Foodcourt des Flughafens von Bangalore gab es ein halbes Dutzend Restaurants, die komplett leer waren. Sbarro, McDonald's, Burger King, Quiznos, ein kombinierter KFC/Taco Bell und ein südindisches Kettenrestaurant namens IDLI.COM lagen verlassen da, die Kassierer starrten hinaus in die sterile Cafeteria und traten von einem Fuß auf den anderen. Und dann gab es noch Curry Kitchen. Curry Kitchen hatte nahezu die gleichen Gerichte auf der Karte wie IDLI.COM: Dosas, knusprige Reiscrêpes aus Südindien, mit Kartoffeln oder Gemüse gefüllt und zusammengerollt, Uttapam, dicke Pfannkuchen mit eingebackenen Zwiebeln, Tomaten und Chilis, dazu die üblichen Dals, Masalas, Chutneys und Reisgerichte. Anders als bei der menschenleeren Konkurrenz brummte bei Curry Kitchen das Geschäft, eine gewaltige Schlange wand sich bis zur gegenüberliegenden Fensterfront und drückte sich noch einige Meter daran entlang. In der Schlange standen fast nur Inder – Geschäftsmänner in Anzügen, Sikhs mit grauem Bart und Turban, Muslime mit weißen gehäkelten Gebetskappen und Frauen in bunten Saris, von denen viele zwischen den Brauen ein drittes Auge trugen, den kleinen roten Punkt oder blauen Fleck oder gelben Tupfer, umrandet von einem größeren Kreis, der das Tor zu einer höheren Bewusstseinsebene symbolisiert. Und all diese erleuchteten Seelen hatten sich für Curry Kitchen entschieden.

»Also, ich hol mir was bei KFC«, sagte Nils.

»Echt jetzt?«

Für mich war sonnenklar, dass das Essen bei Curry Kitchen etwas Magisches an sich haben musste. Restaurants sind nicht ohne Grund beliebt. Wir konnten doch hier nicht schnödes paniertes Hühnchen essen und uns die Gelegenheit zu einer transzendenten transkulturellen Erfahrung entgehen lassen!

»Vertraut den Leuten da, Jungs. Los, wir stellen uns an.«

Und das taten wir.

Kaum etwas nervt mich mehr, als mich am Ende einer langen Schlange anzustellen und an deren Ende zu bleiben, während sie sich elend langsam vorwärtsschiebt. Wenn sich niemand hinter einem anstellt, steht man genau da, wo man auch stünde, wenn man gar nicht gewartet hätte. Man verschwendet das kostbarste Gut überhaupt: seine Zeit. Zunächst hielten wir es für einen Zufall, dass sich niemand hinter uns einreihte. Aber nach einer halben Stunde nervtötenden Vorankriechens, in der unsere Mägen immer lauter knurrten, bildeten wir immer noch den Schwanz der schrumpfenden Schlange. Als wir in Sichtweite der Kasse kamen, fiel mir etwas Seltsames auf: Die Kunden bezahlten ihr Essen nicht mit Rupien, sondern reichten dem Kassierer allesamt den gleichen gelben Papierschnipsel.

Eine Durchsage auf Hindi krächzte durch den Lautsprecher, dann wurde sie auf Englisch wiederholt: »Eine Durchsage für die Passagiere des gestrichenen Jet-Airways-Flugs 2738 nach Chennai: Ihr neuer Flug geht um 14:45 Uhr von Gate 64B.«

Die Kunden vor uns steckten plötzlich die Köpfe zusammen und schauten auf die Uhr und den Abflug-Infoscreen über uns an der Wand. Da dämmerte es Nils, Tej und mir – diese Leute hatten Essensgutscheine für Curry Kitchen bekommen, weil ihr Flug gestrichen worden war. Sie standen nicht Schlange, weil das Essen gut war, sie standen Schlange, weil es umsonst war.

Und wir waren wie die Schafe hinterhergetrottet.

»Scheiße.«

»Mann ey, George.«

Nach vierzig Minuten verschwendeter Wartezeit gaben wir auf. Und obwohl Läden mit Website-URLs als Namen mir eigentlich suspekt sind, kann ich die Masala Dosa bei IDLI.COM wärmstens empfehlen.

Wenn überfüllt gleichzeitig auch beliebt bedeutet, muss Indien der beliebteste Ort sein, an dem ich je war.

An unserem ersten Tag in Neu-Delhi sah ich fasziniert zu, wie die Taxis Schlenker um Rikschas machten, die Rikschas Schlenker um Kühe, und Motorräder im Zickzackkurs kreuz und quer über die halbherzig angedeuteten Fahrbahnen fuhren und dabei Schadstoffe in einen Himmel röchelten, der so versmogt war, dass ich direkt in die Sonne schauen konnte, die hier kaum mehr als ein blasser Mond war. Als wir an einer Ampel hielten, trat eine junge Frau mit einem Baby in den Falten ihres verblichenen Saris und einer Hand ohne Finger auf uns zu, klopfte mit ihren vernarbten Knöcheln an das Taxifenster und deutete auf ihren Mund. Als keine Reaktion kam, gab sie auf und ging weiter. Kaum war sie weg, kam ein entstellter Mann auf verdrehten Beinen angehumpelt. Er trug kein

Hemd, und von seiner Unterlippe zog sich eine schwere Verbrennungsnarbe wie eine glatte Autobahn bis runter zum Bauchnabel. Ich kurbelte mein Fenster runter, um ihm hundert Rupien zu geben. Beim Anblick des Geldes, das aus unserem Taxi kam, drängelten sich sofort zwei weitere Bettler hinter ihm.

Eine Woche später war ich auf einer Privatparty in einer Wohnung in Mumbai. Die indischen Kids mit College-Ausbildung – solche, die es sich leisten konnten, die drückend heißen Frühlingsmonate im Ausland zu verbringen – tranken Kingfisher und reichten Joints herum, während Andy, blond, im zweiten Monat seines Auslandssemesters hier und einer der wenigen Westler auf dieser Party, mich gegen die Wand quatschte.

»Mir gefällt der Ausdruck ›Slum-Tour‹ nicht«, erklärte er mir. Reality-Touren seien aber nun mal die beste Möglichkeit, das echte Mumbai kennenzulernen. Er hatte bereits zwei davon hinter sich. »Ein Muss.« Natürlich könne er nachvollziehen, was manche daran problematisch fänden: Sich gegen Geld durch die Vorgärten anderer Leute führen zu lassen, nur um ein paar Fotos zu knipsen und dann wieder zu verschwinden, das sei doch »Armutstourismus«. OK, verstanden.

»Aber ist das nicht besser als vorsätzliche Ignoranz? Sollten wir uns nicht einen echten Eindruck davon verschaffen, was dort los ist, wenn wir Gutes tun wollen?«

Andy tippte mir noch seine Nummer ins Handy, damit ich mich zwecks Realitätsabgleich bei ihm melden könne, dann floh ich hinaus auf den Balkon. Von dort hatte man einen Ausblick auf Block um Block schmuckloser Apartment-Betonklötze wie dem, in dem ich mich gerade befand.

»Ich kann Amerikaner nicht ausstehen«, sagte ein hübsches indisches Mädchen in nahezu akzentfreiem Englisch, ohne sich die Mühe zu machen, mich von ihrem Pauschalurteil auszunehmen, und reichte mir einen Joint.

Ich war für ein paar kleine Club-Shows nach Indien gekommen, es waren die letzten Konzerte meiner Tour von 2014, und ich hatte noch drei Wochen drangehängt, um die Westküste des Landes zu bereisen. Ich hatte schon immer mal den Subkontinent kennenlernen wollen – seine reiche Geschichte, das Essen, die Musik … Aber ich muss gestehen, dass mich auch etwas weniger Greifbares anzog, eine Art westlicher Fetischismus: das Bild von Indien als mystischem Ort, den man besuchen kann, um dann verwandelt und spirituell erleuchtet zurückzukehren, wo man sich sein eigenes Fitzelchen Nirwana kaufen kann wie ein Souvenir. Ich bildete mir ein, dass ich dieses Muster ja durchschaute und dadurch darüber erhaben war, aber ich hatte gerade ein verdammt hartes Jahr hinter mir. In vielerlei Hinsicht war es super gewesen, voller Liebe und so vieler Gelegenheiten, die Welt zu bereisen und Musik zu spielen, wie ich es nie für möglich gehalten hätte. Aber ich hatte auch selbstverschuldete gesundheitliche und juristische Probleme, und die Strapazen hatten ihre Spuren hinterlassen. Ich war auf der Suche und hätte mir liebend gern einfach ein paar Antworten gekauft.

Nirgends auf der Welt ist diese Art von käuflicher Erleuchtung angesagter als in Goa. Nachdem die Beatles 1968 in Rishikesh das Meditieren für sich entdeckten, wurde der kleine Küstenstaat schlagartig als Hippie-Oase populär, mittlerweile wird er als internationale Feriendestination vermarktet. Nach Zwischenstopps in Neu-Delhi, Bangalore, Pune und beim Taj Mahal in Agra verabschiedete ich mich in Mumbai von Nils und Tej und nahm mit meiner neuen Freundin Nicola und ihrem schnöseligen Kumpel Oliver aus London den Zug gen Süden. Wir kamen im Januar an, kurz vor dem Monsun und angeblich in der Touri-Hochsaison, doch Strände und Hotelanlagen waren wie leergefegt.

»Der Rubel ist im Herbst eingebrochen, deshalb sind die Russen nicht hier.«

Clive, der dreadlockige Chefkoch unseres Resorts, der in einem Zeitungsartikel mal als Goas »Hippie-Raver-Vorzeigekoch« bezeichnet worden war, rollte einen Joint, zündete ihn mit einem Streichholz an und reichte ihn dann weiter. Von der Terrasse aus sahen wir zu, wie das leuchtend türkisfarbene Arabische Meer an den leeren, weißen Sandstrand klatschte. »War kein leichtes Jahr.«

Goas Fluch war unser Segen. Nicola, Oliver und ich nahmen eine Woche lang die beste Couch auf der Terrasse in Beschlag, wurden vom unterbeschäftigten Personal umhegt, lasen, rauchten, schwammen und hatten den Strand fast für uns. Clive meinte, wir würden uns freier fühlen, wenn wir unsere Klamotten auszogen. Am vierten Tag mieteten wir Roller, erkundeten die Landstraßen von Morjim und hatten ein paar Beinahe-Zusammenstöße mit Kühen, die unbeaufsichtigt am Wegesrand grasten. So weit im Landesinneren gab es keine Tankstellen, also »tankten« wir an einem der vielen Stände am Straßenrand, die urinfarbenes Benzin literweise in Plastikflaschen verkauften. Es waren herrliche Tage. Aber überall wurde deutlich, dass Goa wie das übrige Indien aus zwei konkurrierenden Realitäten bestand: einer aufpolierten für die Touristen und derjenigen der Menschen, die sie bedienten.

»Entschuldigung, bist du Freddy?«, fragte Nicola, als wir nach Einbruch der Dunkelheit sein leeres Strandlokal betraten. Freddys Frau trug einen Sari, saß in einer Ecke und behielt ihr kleines Kind im Auge, das auf einem alten Laptop gebannt eine Folge *SpongeBob Schwammkopf* schaute.

»Kann ich euch helfen?«, fragte Freddy, Flip-Flops an den Füßen, dunkelhäutig, pummelig, freundlich.

»Wir haben deinen Namen von Clive, dem Koch in unserem Resort«, erklärte Nicola mit gedämpfter Stimme. »Er meinte, du könntest uns vielleicht ein bisschen Molly verkaufen.«

Nach kurzer Verhandlung kramte Freddy hinter dem Tresen herum, tauchte mit einem Tütchen wieder auf, drückte Nicola seine Visitenkarte mit den zwei schwimmenden Delphinen in die Hand und sagte, wir sollten jederzeit wiederkommen, wenn wir Kokain oder was Härteres brauchten. Dann widmete er sich wieder Frau und Kind.

Ich hatte bereits am Morgen meine Pillen genommen: die kleinen runden Malariatabletten, die große diamantförmige gegen Reisedurchfall und meine Epilepsie-Medikamente (eine der niedrig dosierten Keppra-Kapseln, die ich bald absetzen, und das indische Dilantin-Generikum, auf das ich wechseln wollte – ein Fläschchen davon kostete mich in Neu-Delhi zwei Dollar fünfzig gegenüber *hundert*fünfzig in den Staaten). Ich fand im Internet keine eindeutigen Aussagen über die Wechselwirkung von Ecstasy und Epilepsie-Medikamenten, aber in einem seltenen Anflug von Vernunft beschloss ich, Nicola und Oliver ohne mich trippen zu lassen.

Ob Indien nun tatsächlich wie ein spiritueller Balsam oder bloß als effektives Placebo wirkt, irgendwie schaffte ich es jedenfalls in dieser Nacht am Strand, fünf Stunden lang auf ein und demselben Fleck zu abscheulicher Musik zu tanzen und dabei Spaß zu haben. Vor Goa hatte ich noch nie von »Psytrance« gehört, aber etwas anderes spielten sie nicht in den vielen Clubs, die meilenweit den Strand säumten. Um drei Uhr morgens kamen wir zum Rave, und meines Erachtens loopte der DJ von diesem Augenblick an einfach nur dieselbe Techno-Bass-Drum. Zu dem endlosen Gewummer hüpfte eine betäubte Menge aus Burning-Man-Volk und ein paar vereinzelten Einheimischen hin und her. Ein enthusiastischer, aber unfähiger Devilstick-Tänzer wirbelte seine brennenden Stäbe herum, ließ sie ständig fallen, zündete sie wieder an und ließ sie erneut kreisen, während sein zunächst begeistertes Publikum langsam das Interesse verlor. Nicola, Oliver und ich tanzten bis acht Uhr morgens und gruben mit unseren Füßen kleine Krater in den Sand.

Zwischen den Grüppchen von Tänzern und den Klapptischen, auf denen Einheimische KitKat-Riegel, Zigaretten, Wasserflaschen und hartgekochte Eier verkauften, zogen die ganze Zeit Bettler umher. Größtenteils ignorierten die Raver die Frauen mit Babys und die kleinen Jungs einfach, die Knicklichter und anderen leuchtenden Plastikscheiß verkauften. Aber als die Sonne über den Horizont stieg, ging ein Bettlermädchen in zerfetztem Sari auf einen sturzbetrunkenen deutschen Raver zu und deutete mit der Hand auf ihren Mund. Er schubste sie weg, sie wiederholte die Gebärde, da schlug er ihr hart ins Gesicht.

Das kleine Mädchen verzog keine Miene. Sie sah nicht einmal wütend aus. Sie prallte einfach von ihm ab wie diese alten Bildschirmschonersymbole, die an den Rand des Monitors stoßen und dann die Richtung ändern.

»Ey, Mann!«, hatte ich die Eier, dem wesentlich größeren Typen zuzurufen. »Das hätte echt nicht sein müssen.«

Erst starrte er mich so böse an, als hätte ich gerade *ihn* geschlagen. Ich hatte schon Sorge, dass wir uns jetzt prügeln müssten, und sah mich unauffällig nach losen Gegenständen im Sand um, die mir nützlich sein könnten. Doch dann torkelte er einfach weg, wobei er ein paar Mal »hätte nicht sein müssen« vor sich hinmurmelte, und Nicola, Oliver und ich beschlossen, dass fünf Stunden Psytrance reichten.

Den Deutschen zurechtzuweisen war ein Akt minimaler Zivilcourage. Ich wusste ja selbst nicht, wie ich mit dem ständigen Strom von Bettlern umgehen sollte. Nur eines wusste ich: Noch lange nachdem wir den Rave verlassen hatten, würden der Bass weiterdröhnen, das Arabische Meer an den Strand peitschen und die Bedürftigen kommen, eine Welle nach der anderen.

In der neunten Klasse hatte ich beschlossen, von nun an Kommunist zu sein, und legte mir als Erstes mal einen passenden AOL-Usernamen zu – damals eine verbreitete revolutionäre Praxis. Nachdem ich ein paar Nicknames verworfen hatte, entschied ich mich für »karlmarxmanship« und hoffte, damit Tatkraft, Präzision und politische Radikalität zu demonstrieren. In meiner Abschlussarbeit in Geschichte im selben Jahr wollte ich beweisen, dass der Kommunismus die ideale Gesellschaftsform sei, doch da die großen einschlägigen Beispiele –

die DDR, die Sowjetunion, Kuba, Nordkorea – zur Stützung meiner These wenig taugten, wählte ich schließlich Kerala, den Bundesstaat an der Südwestspitze von Indien, in dem die Kommunistische Partei seit 1957 an der Macht war. Was ich über diesen Staat erfuhr, inspirierte mich: niedrige Kriminalitätsrate, religiöse Toleranz, Geschlechtergleichheit sowie die höchste Alphabetisierungsrate und Lebenserwartung in ganz Indien. Doch im Laufe der Jahre wurde mir klar, dass gewaltsame Klassenkonflikte und totalitäre Diktaturen nicht meiner Vorstellung von sozialer Gerechtigkeit entsprachen, und ich schwor dem Kommunismus ab. Wenn ich mich allerdings heute aus irgendeinem Grund bei AIM einloggen sollte, würde nach wie vor der Username »karlmarxmanship« aufpoppen, und ich hatte auch nie aufgehört, von einer Reise nach Kerala zu träumen.

Nachdem Nicola und Oliver zurück nach London geflogen waren, wo sie wieder arbeiten mussten, und ich noch ein paar Tage lesend am Strand verbracht hatte, verabschiedete ich mich in Morjim von Clive und machte mich allein gen Süden auf.

In Kerala sieht man an jeder Ecke Plakate mit dem ikonischen Che-Guevara-Konterfei, Betonwände, die mit dem Hammer-und-Sichel-Logo besprüht sind, lange Reihen wehender Hammer-und-Sichel-Fahnen und Plakatwände mit den Köpfen von Friedrich Engels, Karl Marx, Wladimir Iljitsch Lenin und Josef Stalin, die Mount-Rushmore-mäßig in die Zukunft blicken. Doch ein paar Meter weiter verkündet eine riesige Jim-Beam-Werbung:

KENTUCKY ROLLT DEN ROTEN TEPPICH
FÜR MILA KUNIS AUS

Als ich mein Hotel in einer gemieteten Rikscha verließ, wurde mir klar, dass Handel und Geschäfte in Kerala genauso funktionieren wie überall sonst. Am Rand der Fernstraße hatten Dorfbewohner ihre Stände aufgebaut. Ein alter Mann und eine alte Frau saßen auf Klappstühlen unter einem großen Sonnenschirm und präsentierten auf ihrer Decke drei große Melonen. Zehn Meter weiter wartete ein jüngerer Mann neben einem Berg Orangen auf Kundschaft. In Stadtnähe fuhren wir an einem Möbelladen ohne Laden vorbei: Unter blau-gelben Planen, die an Ästen festgezurrt waren, standen fabrikneue hölzerne Bettgestelle und Stühle.

Ich würde lügen, wenn ich behaupten würde, dass mich reines wirtschaftswissenschaftliches Interesse nach Kerala geführt hatte. In dem riesigen Bundesstaat wählte ich Kannur im Norden als ersten Zwischenstopp, weil ich mir ein Cricket-Spiel ansehen wollte und wusste, dass dort ein Ranji-Trophy-Match gegen Assam stattfand, nur eine sonnige, halbstündige Rikscha-Fahrt von meinem Hotel entfernt. Als ich um Viertel vor zehn durch den Haupteingang kam, lief das Spiel bereits. Die Rasenfläche war blass und ausgetrocknet. Der »Stadion«-Teil des Thalassery Cricket Stadium bestand aus fünf oder sechs Rängen mit jeweils einem Dutzend weißen Plastikstühlen und dahinter einer abgesperrten Loge. Es waren so wenige Zuschauer da, dass sich ein Großteil des Publikums nach mir umdrehte. Sofort stand ein Mann in einem Pullover mit V-Ausschnitt auf und schüttelte mir die Hand.

»Nein, nein«, beharrte er, »Sie brauchen kein Ticket.«

Nachdem ich ein paar Minuten dagestanden und zugeschaut hatte, tippte mir der Mann auf die Schulter und führte mich die Treppe hinauf zur VIP-Loge, aus keinem anderen erkennbaren Grund, als dass zufällig anwesende weiße Typen anscheinend in VIP-Logen gehörten. Dort stellte er mir den Präsidenten des Cricket-Verbands von Kannur vor und wies mir einen Platz neben einem dicken Mann zu, der eine blau-rote Schleife mit der Aufschrift EHRENGAST an seine lange Robe gepinnt hatte – die Art von Schleife, die ein Bauer auf einer Landwirtschaftsmesse für den größten Kürbis kriegt.

Alle paar Minuten bot mir ein Bediensteter Kekse oder eine kleine Tasse Tee mit Milch an, während unten auf dem Spielfeld Männer in weißen Pyjamas herumliefen, einen Ball hin und her warfen und zurückhaltend abklatschten, wenn es einem Mannschaftskollegen schlitternd gelungen war, einen Ball kurz vor der abgerundeten Spielfeldbegrenzung abzufangen. Doch in den Rängen jubelte niemand, und nach einer Stunde ging mir auf, dass ich womöglich gerade jene unerträgliche Langeweile verspürte, die mir Menschen, die nichts von Baseball verstehen, schon öfter beschrieben hatten. Obwohl das Spiel drei Tage dauern sollte, ging der Ehrengast, sobald der Tee alle war, und ich tat es ihm gleich und zog mich wieder in mein leeres Hotel zurück.

Im Rückblick hatte es in Goa verglichen mit Kannur von Touristen nur so gewimmelt. Nach fast einer Woche war mir im Akkara Beach Resort noch immer kein zweiter Gast über den Weg gelaufen.

Es klopfte an meiner Zimmertür. Ich kletterte aus dem Bett und öffnete in Unterwäsche. Es war Gadin, ein Hotelangestellter mit roten Haaren und gestärktem Hemd.

»Kein Frühstück heute? Sind Sie sicher, Sir?«

»Ich komme zum Abendessen«, krächzte ich.

Im Laufe des Tages klopfte er noch dreimal. Einmal wegen des Mittagessens, einmal wegen des Abendessens und einmal wegen des Wäscheservice.

Als ich den Speisesaal betrat, waren ein Dutzend leere Tische sorgfältig gedeckt, auf jedem stand eine Flasche Wasser bereit, und Gadin trat lächelnd auf mich zu, um meine Bestellung aufzunehmen. Nachdem er mich bedient hatte, nahm er wieder seine Position neben dem Tisch ein und schaute mir, Hände hinter dem Rücken, beim Essen zu, damit ihm auch ja nicht der leiseste Wunsch von mir entging. Bedächtig senkte ich meinen Löffel in die oberste Schicht eines erdig-grünen Pürees.

»Mungbohne.« Gadin hatte sich vorgebeugt und nickte beinahe unmerklich.

»Sehr gut.« Ich versuchte, überzeugend zu klingen.

Gadin entspannte sich. Die nächsten fünf Minuten schwiegen wir. Nur der Klang des Löffels war zu hören, der sich in den weichen Berg grub. Schmatzende Lippen, dann Schlucken. Gadins Füße, die sich bewegten. Das leise Rauschen des Ozeans, das mit dem Surren der Ventilatoren verschmolz. Gadin fragte, was ich von Beruf sei.

»Ich bin Musiker und Autor.«

Seine Augen leuchteten auf. »Kennen Sie die Bee Gees?«

»Klar«, sagte ich. »*Stayin' Alive.* Guter Song.«

Er zog sein Klapphandy aus der Tasche, und *How Deep Is Your Love* erklang über den schwachen Lautsprecher.

»Die Bee Gees sind die Besten.«

Ich nickte und kaute. Die Ventilatoren drehten sich. Es gab viele Ventilatoren im Raum. Zu viele Ventilatoren. Vier waren oben an der Wand hinter mir angebracht, weitere vier an der gegenüberliegenden Wand, und alle drehten sich langsam in unterschiedliche Richtungen. Wie viel kühle Luft benötigt man denn für zwei Personen? Konnten die vier Dollar, die ich für mein Abendessen bezahlte, überhaupt die Kosten der laufenden Ventilatoren decken? Ich stellte willkürliche Berechnungen an und schaufelte mir einen Löffel Mungbohnen nach dem anderen in den Mund. Ein Gast kann die Betriebskosten dieses Hotels unmöglich decken. Es wäre besser für sie, wenn keiner da wäre. Ich kam zu dem Schluss, dass ich dem Hotel mit meinem Aufenthalt keinen Gefallen tat, im Gegenteil: Ich richtete es zugrunde.

Der Song war zu Ende, Gadin ließ sein Klapphandy zuschnappen und blieb lächelnd am selben Fleck stehen.

Ich brauchte eine Massage.

Diese Ansicht äußerte Rajan, der Manager in meinem nächsten Hotel in Indien, wiederholt.

Er hatte nicht unrecht. Mein erster und letzter Besuch im Spa bei mir um die Ecke in Los Angeles war drei Jahre her, und nach der nächtlichen Zugreise war mein Nacken ganz steif. Den Großteil der dreihundert Meilen zwischen Kannur am nördlichen Zipfel von Kerala und der vergleichsweise kosmopolitischen Hauptstadt Trivandrum im Süden hatte ich schlafend verbracht. Rajan erwartete mich am Bahnhof, schüttelte mir die Hand und führte mich ein paar Blocks weiter zu seinem Auto. Sein Bed & Breakfast Malayaman war wesentlich weniger gespenstisch als das Akkara Beach Resort, aber auch hier war ich der einzige Gast.

Ohne eine ayurvedische Spa-Behandlung ist ein Aufenthalt in einem ayurvedischen Spa-Hotel völlig sinnlos, beharrte Rajan.

Eine Zeitlang konnte ich mich widersetzen. Die ersten drei Tage blieb ich in der Stadt, dann heuerte ich auf Rajans Empfehlung hin einen Führer an, um die Südspitze Indiens zu erkunden. Mein Guide Danta zeigte mir erst den Kanyakumari-Tempel, wo Pilger die Sonne auf der einen Seite der Halbinsel auf- und auf der anderen Seite untergehen sehen können, und dann ein hölzernes Fort aus dem siebzehnten Jahrhundert an der Westgrenze von Tamil Nadu, wo ich Spuren des utopischen Kerala entdeckte, das ich mir zu Highschool-Zeiten erträumt hatte. In einem der großen Speisesäle des Palastes, der einst das Zentrum des südindischen Travancore-Königreichs gewesen war, hatte der religiös tolerante Dharma Raja jahrzehntelang jeden Tag zweitausend arme Leute gespeist und mit seinem fortschrittlichen, barmherzigen Regime den Grundstein für das hohe Bildungsniveau im späteren Kerala gelegt. Doch keine zwei Räume weiter wurden in einem Glasschaukasten antike Folterwerkzeuge aus darauffolgenden Herrscherperioden ausgestellt. Vor allem eine Art Käfig-Anzug faszinierte mich, in dem Verräter ins Freie gehängt wurden, bis die Vögel sie zu Tode gehackt hatten.

Als mir nur noch zwei Tage blieben, spürte Rajan, wie mein Widerstand gegen sein Verkaufsgeschick langsam erlahmte.

Ich würde eine ayurvedische Spa-Behandlung vielleicht nicht jedem empfehlen, aber falls Sie die Vorstellung reizt, zwei Stunden lang (bis auf ein winziges Baumwolltuch über den Genitalien) splitterfasernackt auf dem Rücken zu liegen, während irgendein Typ an Ihren Gliedmaßen zerrt und Öl in jede Körperfalte reibt, dann kann ich nur sagen: Ab ins nächste Flugzeug nach Trivandrum!

Während der Massage richtete sich meine geistige Energie hauptsächlich darauf, Achtsamkeit zu bewahren und bewusst zu atmen. Ein wenig musste ich auch darauf verwenden, meine Erektion zu unterdrücken. Aber was mich vollends aus der Konzentration brachte, war das langsame Tröpfeln des heißen Öls mitten auf meine Stirn. Ein wichtiges Ziel bei der ayurvedischen Massage besteht offenbar darin, das dritte Auge zu erwecken, und zwar durch einen stetigen Strom warmen Öls auf den Punkt zwischen den Augenbrauen. Das sollte mir wohl helfen, meinen inneren Frieden zu finden, sorgte jedoch für das Gegenteil. Ich habe nämlich eine besondere Beziehung zu diesem Bereich meines Gesichts.

Als Jugendlicher war ich nicht sonderlich von Akne geplagt. Ab und zu hatte ich ein paar kleine Pickel im Mundwinkel, aber meine einzige echte Problemzone war genau dort, in der Mitte unter meiner seidig blonden Monobraue. In der neunten Klasse, einem Alter, in dem man diese schlimmen Eiterpickel ja um jeden Preis verhindern will, konnte ich jeweils förmlich spüren, wie sich die verdächtige rötliche Beule bildete. Ein paar Tage lang blieb ich standhaft. Doch früher oder später juckte es mich in den Fingern. Die Versuchung, einzugreifen ... die leise Stimme ... *Drück ihn aus. Erlöse ihn.*

So spielte es sich wieder und wieder ab, mit der verdammten Vorhersehbarkeit, die Marx dem revolutionären Zyklus zuschrieb. Der Pickel ließ sich nicht ausdrücken, also versuchte ich, mit dem Fingernagel ein wenig tiefer zu graben. Dann folgte unvermeidlich der Schorf, das Abkratzen des Schorfs und der verzweifelte Versuch, die offene Wunde mit Moms Make-up abzudecken, während sich schon der nächste Pickel darunter regte. Genau in der Mitte meines Gesichts. Und mal wieder stand ich, karlmarxmanship, in der Behindertentoilette neben der Bibliothek, der einzigen, die sich von innen abschließen ließ, und versuchte verzweifelt, geklaute rosa Foundation auf die Krater meiner geschundenen Haut zu schmieren. Nachdem ich getan hatte, was ich konnte, schlich ich mich zurück in den Geschichtsunterricht und philosophierte über die Subtilitäten des Klassenkampfs.

Als der Masseur das Öl auf die Stelle goss, von der ich meine ganze Jugend über verzweifelt jegliches Fett fernzuhalten versucht hatte, floss der offene Hahn auf meiner Stirn auf einmal andersherum, und sofort strömten auch meine größten Unsicherheiten zusammen und drohten, mir aus den Poren zu sickern. Ich versuchte, meinen Geist zu beruhigen, aber meine Gedanken flipperten in alle Richtungen: das unaufhörliche Wummern der Psytrance-Bass-Drum. Die Bettler von Goa. Die Masala Dosa bei IDLI.COM. Meine entblößten Beine und das Gefühl von Nacktheit im Sportunterricht. Mein magerer Körper hier auf der Massageliege, mit Lendenschurz, *fast ein bisschen,* durchzuckte es mich, *wie Gandhi.* Da dachte ich lieber schnell an die kobaltblauen Sonnenschirme von Mumbais exklusivem Breach Candy Club, unter denen wir gelegen und Momos und Nimbu Panis serviert bekommen hatten, während der Schatten der Sonnenschirme langsam über das Gras wanderte. Doch auf einmal legte sich ein monströser Schatten auf uns, der des noch von Baugerüsten umschlossenen JK House, eines dreißigstöckigen Luxuswolkenkratzers mit Fitnessstudio, Hubschrauberlandeplatz, zwei privaten Swimmingpools und vier riesigen Terrassen, von denen eine weiter hervorragte als die nächste, und das ganze Gebäude schien auf den Slum darunter zusammenstürzen und alles vernichten zu wollen, was in seinem Schatten stand, und ich konnte weder die knetenden Hände meines Masseurs noch das Bewusstsein verdrängen, dass er, genau wie Rajan und Gadin und Danta und Curry Kitchen hier war, um seinen Lebensunterhalt zu verdienen, und ich hier war, um für ebendiesen zu sorgen, und ob ich dabei Erleuchtung fand oder nicht, war unerheblich.

Hinterher drehte der Masseur das heiße Wasser in der Dusche an, den niedrigen Hahn, der in den großen Eimer läuft, reichte mir eine Flasche Kräutershampoo und ging ohne ein weiteres Wort. Ich trat in die Dusche, schöpfte kochend heißes Wasser mit dem kleinen Eimer aus dem großen Eimer und goss es mir über den Kopf. Die Ölschicht war so tief in meine Haut einmassiert, dass ich sie kaum abkriegte. Ich checkte aus dem Malayaman aus und machte mich auf den Rückweg nach Westen, gerüstet mit der unbequemen Erkenntnis, dass kein Ort auf der Welt den Schlüssel zu meinem Glück bereithält, dass das Reisen für sich genommen nichts löst und dass ich, wenn ich innerlich wachsen will, wohl lieber den fettigen Punkt zwischen meinen Augenbrauen akzeptieren und mein drittes Auge nach innen richten sollte.

Der Weiße Wal

Zeigt miiiir eure Titteeeeeen!«
Ludacris' Stimme dröhnte hallunterlegt von
der Bühne wie Gottes Befehl »Es werde Licht!«.

Also sprach Luda, und siehe, es war rund und
wippte, was ein Mädchen links von mir auf den
Schultern seines Freundes fröhlich zur Schau stellte.
Ich traute meinen fünfzehnjährigen Augen kaum.
Es gab auch Musik an diesem Abend, klar, aber
mein erster Besuch im Fillmore war mehr als ein
Konzert – es war ein Erlebnis. Diese Show, diese
unglaubliche Energie, die Geschichte, die in diesen
vier Wänden geschrieben worden war – und die
Titten. Es war für mich eine Offenbarung. Und bis
zum Ende meiner Highschool-Zeit studierte ich
das Konzertprogramm des Fillmore so gewissenhaft wie andere die Bibel und ging zum Gottes-
dienst, sooft ich konnte.

Das Fillmore, auf dem Höhepunkt der Sechzi-
gerjahre-Gegenkultur von einem jungen Konzert-
veranstalter namens Bill Graham gegründet, lebte

gefährlich und starb jung. Im Sommer der Liebe trat hier alles auf, was Rang und Namen hatte: Jimi Hendrix, The Doors, Velvet Underground, Creedence Clearwater, Santana, Otis Redding, Chuck Berry, The Who, Cream, Led Zeppelin, Pink Floyd, Jefferson Airplane. The Grateful Dead haben fünfzig Mal dort gespielt, und während eines Auftritts der Byrds wurde mitten in der Menge Amiri Barakas Stück *Dutchman* aufgeführt. Bill Graham veranstaltete zwölfstündige Tanzmarathons, und am nächsten Morgen gab es Frühstück für tausenddreihundert Leute. Es war das Mekka der Hippies, die Wiege der sexuellen Revolution.

Ich lernte den Club anders kennen. Das ursprüngliche Fillmore an der Ecke Geary Boulevard und Fillmore Street gab es nur zweieinhalb Jahre lang, von 1965 bis 1968. Als Bill Graham 1991 bei einem Hubschrauberabsturz ums Leben kam, beschloss seine Familie, sein Herzensprojekt zu vollenden und das Fillmore in seiner alten Pracht neu erstehen zu lassen. Die Musikszene hatte sich seit den Sechzigerjahren natürlich sehr verändert, aber 1994 feierte der Club mit einem Konzert der Smashing Pumpkins Wiederauferstehung. Das Fillmore blieb seinem eklektischen Genre-Mix treu und wurde, zwischen dem größeren Civic Auditorium und dem kleineren Slim's, zur wichtigsten Konzert-Location für Hip-Hop-Acts, die in die Stadt kamen.

Meine Erinnerungen an die Konzerte im Fillmore sind eine Landkarte der wichtigsten Stationen meiner Jugend: wie ich einmal bei einem Auftritt der Roots wegen »Alkoholabgabe an Minderjährige« rausgeschmissen wurde (ich hatte mit einem gefälschten Ausweis versucht, ein Bier für meine Begleitung zu kaufen, die übrigens älter war als ich); wie Gnarls Barkley und Band, als Mitarbeiter einer Fastfoodkette verkleidet, Hamburger an die Leute in der ersten Reihe verteilten; wie Jamie Cullum von seinem Flügel sprang; wie The Coup *5 Million Ways to Kill a* CEO brüllten; wie mein Freund Chris und ich bei einer Michael-Franti-Familienmatinee oben im Rang saßen und ich ihm gestand, dass ich endlich nicht mehr Jungfrau war, während unter uns Eltern die schreiende Kinderschar zu bändigen versuchten; wie mir die Tränen kamen, als Chali 2na von Jurassic 5 nach einem der besten, tightesten Konzerte überhaupt wieder rauskam, sich an den Bühnenrand setzte und alle Tickets signierte, die ihm vor die Nase gehalten wurden. Auch meins.

Die blassrosa Kronleuchter, die roten Samtvorhänge, die ikonischen Konzertposter an den Wänden, das große Bild von Jerry Garcia im Goldrah-

men, die riesigen, geheimnisvollen Tourbusse draußen auf der Straße – das alles hatte für mich einen
unheimlichen Zauber. Ich habe mich oft gefragt,
wie das Ganze wohl aus Sicht der Stars wirkte,
die da vorn in ihrem Heiligenschein aus buntem
Scheinwerferlicht auf der Bühne standen und
furchtlos über das Publikum geboten.

Jeder, der schon einmal davon geträumt hat, sein
Geld mit Musik zu verdienen, hat seine ganz eigene
Vorstellung von Erfolg: seiner Mom ein Haus kaufen, eine Goldene Schallplatte kriegen oder vielleicht einfach nur mit einem Pick-up-Truck, einer
Gitarre und einem Zelt durch die Gegend fahren.
Ich habe mir nie vorgestellt, vor ausverkauften Hal-
len zu spielen oder das Hotelzimmer voller Grou-
pies zu haben. Ich wollte immer nur einmal im Fillmore auf der Bühne stehen. Das war mein Traum.
Der Inbegriff davon, es geschafft zu haben.

Wie ich da hinkommen sollte, war mir jedoch ein
Rätsel. In den Jahren, die ich in der Schlange vor
dem Eingang verbracht hatte, war mir eins allerdings klar geworden: Alle, die im Fillmore spielten,
fuhren in einem Tourbus vor.

*

Als mein Tourmanager Nils und ich Anfang 2013 zum ersten Mal den Weißen Wal sahen, wussten wir sofort: Das ist er. Ein 1994er Ford E-350 ist irgendwas zwischen Bus und Van, ein langgestreckter, niedriger Kurzstreckentransporter, so wie die Dinger, in denen Passagiere vom Flughafen zur Autovermietung oder Senioren vom Altenheim in die Stadt kutschiert werden. Um die Radkästen und die Stoßstange herum war das Metall voller weißer Farbnasen, wo jemand etwas zu großzügig den Lack ausgebessert hatte. Im Inneren quoll nikotingelber Schaum aus den Rissen im Polster der fünfundzwanzig grauen, mit Kaffeeflecken übersäten Schalensitze. Unter die Gepäckablage an der Decke war eine Reihe selbstgebauter Getränkehalter geschraubt.

»Echtholz«, erklärte uns die Verkäuferin stolz. Eva war eine schmale, etwas hippiemäßige junge Frau mit braunen Haaren. »Hat mein Schwager selbst gebaut.«

Nils und ich waren zwanzig Meilen auf der 110 nach Süden gefahren, um Eva und ihren Ehemann Tom auf dem Langzeitparkplatz von A-1 Self Storage in Torrance, Kalifornien, zu treffen und uns den Bus anzusehen. Die beiden spielten alle Mängel, die wir ansprachen, herunter und schwärmten vom nagelneuen Getriebe. Eva hatte etwas Geld in die Hand genommen und den Bus aufgemöbelt, um sich endlich einen langgehegten Traum zu erfüllen und Busreisen zu den Schauplätzen paranormaler Phänomene anzubieten. Allerdings waren ihre Hoffnungen bald verpufft, offenbar nehmen bei schlechter Wirtschaftslage auch die Geistererscheinungen ab.

Für mich lief es dagegen geschäftlich ziemlich gut. Nach einigen erfolgreichen Testshows im vorigen Sommer planten Nils und ich gerade meine zweite richtige Tour, diesmal in größeren Sälen. Ich war von nervöser Vorfreude erfüllt, denn die Tour sollte in San Francisco enden, im Fillmore.

Mein Ludacris-Konzert lag schon über zehn Jahre zurück, ein Jahrzehnt voller Fehlstarts und kaum merklicher Fortschritte. In der Highschool-Zeit hatte ich hin und wieder alberne kleine Songs aufgenommen, aber wirklich ernst nahm ich die Musik erst seit dem Sommer vor dem College, seit den Keller-Sessions mit meinem Cousin Eli und dessen Freund Cameron im Sunset District. Eli und ich waren im Herbst 1986 mit einem Monat Abstand auf die Welt gekommen, unsere Mütter waren die beiden Töchter von Clem Miller. Beide heirateten sie Juden, ließen sich in San Francisco nieder und fuhren uns im Sommer mit ihren Volvo-Kombis ins Jazz Camp. Unsere ersten Aufnahmen machten wir unter dem Namen Mystery Funk Quartet, die Jazz-Hip-Hop-Songs jenes Sommers ergaben am Ende ein Album mit dem Titel *Invisible Inc.*, das wir selbst veröffentlichten. So peinlich es heute für mich wäre, diese Musik vor Publikum zu spielen, so überzeugt war ich damals von ihrer Qualität, und wir traten so oft wie möglich auf, bei Pop-up-Shows in Kunstgalerien oder auf Kellerpartys. Die überbordende Resonanz, die ich für all unsere Mühen erwartet hatte, blieb jedoch aus, und so beschloss ich, die Dinge selbst in die Hand zu nehmen.

Meine zweifelhafte Karriere als Unternehmer begann mit dem Versuch, die von Bill Graham hinterlassene Lücke zu füllen. Wenn kein Konzert-Promoter uns als Opening Act buchen wollte, dann würde ich eben selbst den Konzert-Promoter geben. Zusammen mit meinem Freund Marcus handelte ich Mietgebühren bei Clubs in San Francisco aus und holte Angebote möglicher Headliner ein. Nachdem vier verschiedene Bands meinen Mangel an Professionalität gewittert und einen Rückzieher gemacht hatten, engagierte ich schließlich einen schon etwas in die Jahre gekommenen Freestyler namens MC Supernatural und überzeugte den Vater meines Freundes Tim, seines Zeichens Manager einer Versicherungsfirma, die Miete für das Slim's vorzustrecken. Ich brütete über den Zahlen und rechnete aus, wie viele Tickets wir absetzen mussten, um die Kosten zu decken. Wir schafften es zwar tatsächlich irgendwie, alle Tickets zu verkaufen, ich hatte jedoch den im Konzertbusiness wichtigsten Faktor in meiner Kalkulation vergessen: den Alkoholabsatz. Mein Vertrag mit dem Slim's beinhaltete eine Umsatzgarantie für die Bar in Höhe von viertausend Dollar, und da wir den Saal mit minderjährigen Kids vollgestopft hatten, die sich schon vor der Show im Keller ihrer Eltern die Kante gegeben hatten, verlor ich jeden einzelnen Penny meines Darlehens.

Viertausend Dollar – das war in dieser Phase meines Lebens ein bodenloser Schuldenkrater. Mein offizieller Rücktritt als Konzert-Promoter ging in nur einem Tag über die Bühne, um Tims Vater sein Geld zurückzuzahlen, brauchte ich jedoch zwei Jahre. Nachdem ich mich ein paar Tage in Selbstmitleid gesuhlt hatte, kehrte ich ans Reißbrett zurück und schmiedete neue Pläne. Ich verschleuderte meine dürftigen Ersparnisse für Gastauftritte bekannter Rapper, überteuerte Keyboards, Mikrophone und Tontechniker, doch nichts davon hatte den erwünschten Effekt. Ich arbeitete hart, um den ersten Schritt auf dem Weg zum Erfolg zu meistern: den Misserfolg. Wer behauptet, ein

Schritt vorwärts und zwei zurück würden einen nirgends hinführen, dem halte ich entgegen: Wenn man rückwärts geht, sehr wohl.

Der gleiche selbstbewusste Impetus, der für mein Slim's-Debakel verantwortlich gewesen war, führte Nils und mich nach Torrance und zum Wal. Es hat mir nie eingeleuchtet, warum man Geld an Zwischenhändler verschwenden soll. Wozu mieten, wenn man mit seinem Kapital auch kaufen kann? Die übliche Antwort, »um das Risiko zu begrenzen«, ein Grundprinzip der Betriebswirtschaft, hat mich nie wirklich überzeugt. Nein, dieser Econoline mit den handgefertigten Getränkehaltern war nicht billig, aber wenn man an die Jahre – vielleicht Jahrzehnte! – ertragreicher Tourneen dachte, die vor uns lagen, würde sich die Investition schnell auszahlen. Der Fall schien also klar.

Wir ließen einen Mechaniker in Torrance den Bus kontrollieren. Er fand keine Schäden, fragte uns aber, was wir damit vorhätten.

»Also, nur damit Sie Bescheid wissen, der ist nicht dafür geeignet, schwere Lasten durchs Land zu transportieren«, erklärte er uns. »Eher was für kurze Strecken in der Stadt.«

»So was muss der sagen«, versicherte ich Nils, als wir die Werkstatt verließen. »Der will sich bloß absichern.«

Da der Wal eine Schrottkiste war, ließ sich nicht sagen, worin sein ursprünglicher Zweck bestanden hatte, welche tödlichen Mängel er barg, wie viele Leben schon hinter ihm lagen und was für Geschichten und Gespenster er bereithielt. Hätte Eva je die übernatürlichen Schwingungen in diesem Bus gemessen, wäre es vermutlich gewesen, wie wenn man mit einer Schwarzlichtlampe das Bett eines männlichen Teenagers untersucht. Es gab zweifellos »bessere« Busse auf dem Markt. Busse mit Schlafkojen und Toiletten und sogar Duschen. Busse, die nicht ausgeweidet und wieder neu zusammengeschraubt worden waren. Busse mit lückenlosem Fahrzeughalternachweis. Busse, die man auch wirklich so nennen konnte. Aber eben nicht in unserer Preisklasse.

Eva freute sich, als wir erklärten, dass wir den Kauf abschließen wollten. Neben dem verzweifelten Wunsch, den Bus loszuwerden, merkte man ihr aber auch Trauer über den bevorstehenden Verlust an. Sie verhökerte immerhin das letzte Stück eines Traums. Ich war jedoch zuversichtlich, dass Eva und Tom sich wieder berappeln würden. Mit ihrem grundlosen Optimismus konnte ich mich gut identifizieren. Sie waren Unternehmer, genau wie ich, und Eva hatte auch schon ein neues Projekt: Audiopornos.

»Pornos sind so auf das Optische fixiert«, erklärte sie uns. »Aber was ist mit Leuten, die beim Autofahren geil werden? Oder Blinden? Wer macht Pornos für Blinde?«

»Keine Ahnung«, gab ich zu.

Na Eva natürlich! Tatsächlich hatte sie mit ihrem Mann bereits ein Demo aufgenommen und überreichte uns zusammen mit den Busschlüsseln eine Gratis-CD mit Hörbeispielen.

※

Während ich mit meiner Band in einer Garage in North Hollywood probte, hämmerten Nils und unser Freund Zander in Torrance am Bus herum. Wir brauchten nicht alle fünfundzwanzig Sitze, also rissen sie die hinteren zwei Bänke raus, um mehr Platz für Gepäck zu schaffen, und bauten eine Sperrholzplatte als behelfsmäßige Trennwand ein. Sie flickten die zerschlissenen Sitzbezüge und wischten den Boden. Die Getränkehalter, das hatten wir so entschieden, ließen sie drin. Wie üblich hatten wir uns alles ganz genau überlegt, bis auf einen entscheidenden Punkt.

Offenbar brauchte man in Kalifornien für einen Dreiachser über 2,5 Tonnen einen Lkw-Führerschein, den keiner von uns besaß. Die schlechten

Einfälle sprudelten nur so. Wie lange würden wir brauchen, um den Lkw-Führerschein zu machen? Hatten wir irgendwelche Freunde mit Lkw-Führerschein? Sollten wir einfach hoffen, dass uns niemand anhielt, und falls doch, bedröppelt dreinschauen? Die Antwort kannten wir bereits.

Auftritt Paul Hamer.

Wir bekamen Pauls Nummer von einem Musikerfreund, der ihn schon mal als Busfahrer engagiert hatte. Er sei genau unser Mann, versicherte man uns. Er hatte schon Tourneen mit One Direction gemacht, mit Snoop Dogg, mit Prince … Paul Hamer war der Prinz unter den Fahrern. *So einen können wir uns unmöglich leisten,* dachten wir, aber fragen kostete ja nichts. Paul saß auf seiner Couch in Tennessee, als ich ihn nervös anrief und meine Verzweiflung zu verbergen suchte.

»Die Tour dauert zwei Monate. Wochensatz plus Spesen und Tagegeld. Wir schlafen in Hotels, in Doppelzimmern. Und Freitag geht's los.«

Wundersamerweise war Paul für den Zeitraum noch nicht gebucht … aber – natürlich gab es ein Aber – die Bezahlung lag unter seinem üblichen Honorar … aber – diesmal ein ermutigendes Aber – er hatte gerade Streit mit seiner Frau und brauchte einen Vorwand, um aus dem Haus zu kommen.

Ich konnte das Getriebe in Pauls Hirn geradezu

knirschen hören, das Schicksal unserer Tour hing am seidenen Faden.

»Was habt ihr denn für Ausrüstung?«, fragte er schließlich.

Paul flog am Tag vor dem Tourstart nach Los Angeles, dem Tag, an dem wir den Anhänger mit Merchandise-Artikeln, Verstärkern und Kushs umgebauter Hammond-B-3-Orgel beladen mussten. Deshalb war der Zeitplan unbedingt einzuhalten, und Nils musste den Bus die zwanzig entsetzlich langen, illegalen Meilen von Torrance nach Eastside L.A. fahren, die Maße des Gefährts nach Gefühl abschätzen und beten, dass er im toten Winkel nicht einen Betonpoller oder einen Prius mitnahm. Wir sprachen ein Ave Maria und schworen, dass wir nie wieder etwas so Dummes tun würden, wenn Nils nur heil ans Ziel kam.

Wir verließen Los Angeles am 8. März. Insgesamt waren wir dreizehn Leute auf Tour: unsere sechs Bandmitglieder plus Nils, die anderen beiden Acts (Dumbfoundead und DJ Dstrukt), Mike als Kameramann, Ellie als Fotografin, Emily als Merchandise-Verkäuferin und Paul hinterm Steuer. Wir fuhren nach Osten, unserer ersten Show in Arizona entgegen, lachten, hörten in voller Lautstärke Musik, waren optimistisch und naiv. Der Bus lief super, und draußen vor dem Fenster verschmolzen die Vororte von l. a. mit der Wüste. Aber schon wenige Stunden später spürte ich beim Schlucken ein fieses, kleines Kratzen im Hals. Halsschmerzen sind natürlich ein Desaster für einen Rapper auf Tour, und ein Tourbus ist die ideale Petrischale, um sich etwas einzufangen. Dieses erste, trockene Schlucken war ein böses Omen, wie wenn auf einen Schlag alle Vögel aus den Bäumen aufstieben. Doch ich wischte die Sorgen schnell beiseite, denn ein lang ersehnter Augenblick war gekommen: Wir würden die Fans in der Schlange vor dem Klub mit unserem neuen Tourbus beeindrucken.

Der erste Auftritt des Wals in Tempe war dann aber nicht ganz so triumphal, wie ich es mir ausgemalt hatte. Im Jahr 2013 verzeichnete die Gegend rund um Phoenix ganze sechs Regentage, und der 8. März war einer davon. Die Bürger Arizonas, so furchtlos sie sonst auch sind, stehen nicht gern im Regen an, und als wir an jenem Tag ohne viel Trara vor dem Club Red vorrollten, pladderten fette Tropfen auf die mickrige Schlange. Das Konzert jedoch schien den Leuten zu gefallen, und als Paul uns zurück zum Motel fuhr, sagte ich mir, dass wir am folgenden Tag ja schon die nächste glanzvolle Chance haben würden.

Der übliche Ablauf eines Tourtages sieht so

aus: 6 Uhr aufstehen, schnell duschen und Zähne putzen, 7 Uhr Abfahrt, sechs Stunden Bus mit Stopps an Tankstellen, um Junkfood zu kaufen (und manchmal, um zu tanken), 16 Uhr Aufbau vor Ort, Bühne klarmachen und verkabeln, 18 Uhr Soundcheck, 19 Uhr Einlass, 20 Uhr Showtime, 23 Uhr Zapfenstreich des Veranstalters, dann Abbau, um Mitternacht Rückkehr ins Hotel und alles wieder von vorn. Natürlich gibt es Abweichungen, je nach Entfernung zur nächsten Show und Partymotivation, aber es ist auf jeden Fall ein kräftezehrendes Pensum.

Aufgrund unserer Tourroute – grob gesagt eine Runde im Gegenuhrzeigersinn durchs ganze Land, mit Kalifornien als Anfangs- und Endpunkt – begann die Tour trügerisch entspannt. Zunächst war die Gruppe weitgehend zufrieden mit dem Bus, er lief ganz passabel, die Sitze waren durchgesessen, aber bequem, das Wetter mild. Und da wir keine Auftritte in New Mexico oder New Orleans hatten und in Texas nur ein kleiner Gig beim South-by-Southwest-Festival in Austin anstand, folgte auf unserer Fahrt quer durch den Süden nach Florida ein Ruhetag auf den anderen. Doch als es schließlich nicht mehr weiter nach Osten ging, verließ uns das Glück.

Bei der Ankunft in Orlando hatten sich meine

Symptome verschlimmert und die Seuche weitere Opfer gefordert. Im Bus zusammengepfercht atmeten wir alle über Stunden dieselbe infizierte Luft. Kaum wähnte ein Opfer sich über den Berg, hatte die Krankheit in der Gruppe schon die Runde gemacht, der Virus hatte sich weiterentwickelt, und die Genesenden steckten sich von Neuem mit der jüngsten, noch stärkeren Mutation an. In Atlanta war ich heiser. An einem feuchten Montagabend in Greensboro, North Carolina, erreichte mein Infekt seinen Höhepunkt, und ich flüsterkrächzte mich gerade noch durch die Show.

Bibbernd fuhren wir die Ostküste hinauf. Der Winter hielt sich hartnäckig, und der Bus hatte keine Heizung, ein Detail, das uns beim Kauf irgendwie nicht gestört hatte. Aber die Konzerte waren gut besucht, und alle kamen mehr oder weniger zurecht. Wir spielten in der Irving Plaza in New York und im Paradise in Boston vor vollem Haus, die größten Shows, die wir bis dahin gegeben hatten, und feierten aller Pestilenz zum Trotz.

Als immer mehr Leute krank wurden, begann die Suche nach Schuldigen. Ich war zwar als Erster erkrankt, aber es gab noch einen Sündenbock: die Erschöpfung. Da die Zimmerbelegung jedes Mal wechselte, hing es vom Bettnachbarn ab, ob man die Nacht durchschlief oder am nächsten Morgen gerädert aufwachte, ob man gesund blieb oder krank wurde. Und sosehr wir alle Paul mochten – er war ein freundlicher Bär von einem Kerl, der viel lachte, viel trank und viel aß –, er schnarchte auch viel, und vor allem laut. Wenn es darum ging, Zimmergenossen auszulosen, war der große Paul das kurze Streichholz.

Obwohl ich darauf achtete, dass ich die gleichen Unannehmlichkeiten auf mich nahm wie alle anderen, riss ich mich nicht gerade darum, mit Paul ein Zimmer zu teilen. Schließlich war ich aber doch dran, und meine schlimmsten Ängste bewahrheiteten sich. Es war mir nicht gelungen einzuschlafen, bevor die Kreissäge loslegte, und nachdem ich mich eine Stunde lang im Bett hin und her geworfen und meine Ohren mit Tempos zugestopft hatte, schleifte ich meine Bettdecke und das Kopfkissen ins Badezimmer, schloss die Tür und legte mich auf den Rücken. Wie ich feststellte, ist für eine 1,80 Meter große Person auf dem Badezimmerboden eines Super-8-Motels gerade noch genug Platz, sofern sie sich diagonal auf die Fliesen legt, mit den Zehen die Wand hinten links unter dem Waschbecken berührt und den Kopf in die Ecke neben der Badewanne schmiegt.

Wie das Leben so spielt, passte Paul von uns allen zwar am allerwenigsten in die winzigen Motelbadewannen, machte aber als Einziger je Gebrauch von ihnen. Beim Mittagessen auf der New Jersey Turnpike nahm er einmal einen herzhaften Bissen, spürte kurz etwas Komisches hinten im Mund, schluckte aber trotzdem. Nach einigem Herumtasten mit der Zunge an den Backenzähnen und einem prüfenden Blick in den nächsten Spiegel bestätigte sich leider sein Verdacht: Beim Kauen hatte sich eine seiner Goldkronen gelöst, und er hatte sie runtergeschluckt. Die nächsten paar Tage stimmte Paul seine Verdauung auf unsere Stunden im Motel ab, kackte in die Badewanne und stocherte dann mit einer Plastikgabel, die er von einem Frühstücksbüfett geklaut hatte, in der Schweinerei herum. Ich gebe zu, ich glaubte nicht daran, dass er die Krone wiederfinden würde. Ich erinnerte mich noch gut an das Durcheinander in dem Eulengewölle, das wir mal in der Mittelstufe seziert hatten. Die Suche nach einem fingernagelgroßen Stück Metall, das sich in jedem beliebigen Scheißklumpen verstecken konnte, schien mir die Geduld eines Mönchs zu erfordern. Aber Paul war weder feige noch zimperlich. Er hatte mal den Abwassertank eines Busses von Hand reinigen müssen, nachdem ein in den Sechzigerjahren legendärer Folksänger die Todsünde begangen hatte, die Bustoilette zu besudeln.

»Berühmte Scheiße stinkt auch nach Scheiße«, ließ er uns wissen.

Allen Zweiflern zum Trotz klaubte Paul irgendwann tatsächlich Gold aus der Badewanne. Er füllte die Kaffeemaschine mit Leitungswasser, warf die Krone hinein, kochte alles einmal auf, setzte sich das Nugget wieder ein und hüpfte zurück hinters Steuer.

Paul Hamer war vielleicht nicht der stillste Zimmergenosse, aber er war ein toller Typ. Während alle sich den Kopf darüber zerbrachen, wie sie ihm ihrer Gesundheit zuliebe entkommen konnten, sägte er selbstvergessen vor sich hin, dynamisch, fröhlich, und – wie er selbst behauptete – sehr rhythmisch. Als wir in Kanada ankamen, war jeder schon mal krank gewesen, nur er nicht. Allmählich trat die Krankheit in den Hintergrund, war keine Neuigkeit mehr, nur noch allgemein akzeptierte Tour-Realität. Es war Zeit für den großen Auftritt des Wals.

Die Sonne schleppte sich matt über einen kühlen, blauen Himmel, als wir dem Sankt-Lorenz-Strom flussaufwärts folgten, seinem Ursprung am Ontariosee entgegen. In Toronto erwartete uns das zweitgrößte Konzert der Tour, nur noch vom Fillmore getoppt, deshalb hatten wir für die Anreise besonders viel Zeit eingeplant. Doch irgendwo zwischen der kanadischen Grenze und Toronto bekam unser Motor Schluckauf. Am Anfang war es keine große Sache, aber die Geräusche unter der Motorhaube wurden immer besorgniserregender, und so hielten wir schließlich am Straßenrand. Paul fand beim besten Willen nicht heraus, wo das Problem lag, und da wir es nur rechtzeitig zum Gig schaffen würden, wenn wir weiterrumpelten, beschlossen wir, auf unser Glück zu vertrauen.

Als wir die Stadtgrenze von Toronto erreichten, waren wir bereits zu spät für den Soundcheck und kamen nicht mehr über zehn Meilen pro Stunde, obwohl Paul das Gaspedal ganz durchtrat. Während wir uns im Schneckentempo der Konzert-Location näherten und links und rechts überholt wurden, traute ich mich kaum zu atmen.

Als wir endlich das Phoenix Concert Theatre erreichten, hatte sich schon eine Schlange über die gesamte Länge des Blocks gebildet. Genau davon hatte ich geträumt: ein Publikum für unseren Bus. Doch jetzt krampfte sich mir der Magen zusammen. Auf dem Weg zur Laderampe quoll weißer Qualm unter der Kühlerhaube hervor, und der Motor rackerte sich mit jedem unheilschwangeren Meter mehr ab. Gerade als wir zum Stehen kamen, platzte die Fruchtblase, und ein großer Schwall Motorflüssigkeit schwappte auf den kalten Bürgersteig.

Ich weiß, es war bescheuert, sich dafür zu schämen, aber ich konnte mir den Gedanken nicht verkneifen: Wäre ich ein Highschool-Schüler in der Schlange vor dem Fillmore gewesen, und die Roots wären mit Verspätung in einem sprotzelnden vw-Bus vorgefahren, dann hätte ich ihre Professionalität womöglich in Frage gestellt. Mir waren ja schon genug andere Dinge peinlich, selbst wenn unser Bus nicht gerade auseinanderflog: *Eine echte Band hätte nicht das Logo der Mietlasterfirma* u-haul *auf ihrem Anhänger,* dachte ich. *Eine echte Band hätte dort einen coolen Sponsorennamen wie* dos equis *oder* monster energy drinks *stehen.* Aus derselben verfehlten Scham heraus hatte ich mich in jüngeren Jahren von meinen Eltern vor Partys und Konzerten immer eine Ecke weiter absetzen lassen.

Ich schüttelte meine Verunsicherung für den Moment ab und eilte ins Phoenix Theatre. Ich wusste, wenn man erst mal da ist, kommt es nur noch darauf an, ob man eine gute Show abliefert. Toronto war eine unserer besten, ein wahrhaft überirdischer Abend. Auf der Bühne waren alle Sorgen wie weggeblasen, aber nach dem Konzert kehrten sie gleich zurück.

Wie zur Hölle sollen wir morgen zu unserer Show in Buffalo kommen?

Gott segne Kanada. Selbst meinen alten kanadischen Sportlehrer hätte ich dafür küssen mögen, dass er so wunderbar kanadisch war.

Da die Mietwagenoptionen durch das Wochenende und die Landesgrenze stark dezimiert waren, fuhren uns ein paar barmherzige Samariter vom Phoenix-Team in einer Karawane aus Pick-ups nach Buffalo. Als wir am Morgen nach zwei Stunden Fahrt die Konzert-Location erreichten, begrüßte uns in Upstate New York ein herrlicher Tag. Wir winkten der kanadischen Crew zum Abschied und fingen an aufzubauen. Derweil fuhr Nils mit dem Taxi zum nächsten LKW-Verleih und mietete einen Umzugswagen für die Strecke von Buffalo nach Chicago. Nach dem Gig warfen wir unsere Ausrüstung in den gähnenden Frachtraum des Penske-Lasters, kletterten, da wir anders nicht ins Hotel gekommen wären, hinterher, rollten die Metalltür hinter uns zu und hockten uns auf die Kisten und Verstärker. Obwohl wir bei jedem unerwarteten Schlenker durch die Gegend kullerten, tranken wir fröhlich unser übriggebliebenes Backstage-Bier, sangen und freestylten im Dunkeln. Als wir am nächsten Tag in Cleveland mit unserem grünen LKW und zwei Mietwagen an den Wartenden vorbeifuhren, war mir das nicht mehr peinlich. Ich war stolz, dass wir es geschafft hatten.

Nach Cleveland kam Ann Arbor. Paul, der mit dem Wal in Toronto zurückgeblieben war, rief uns an und gab die Diagnose durch: Das Getriebe war hinüber. Da am Wochenende alle Werkstätten geschlossen hatten, bestand das Best-Case-Szenario darin, dass Paul im Hotel wartete, möglichst keinen Koller bekam und in Chicago wieder zu uns stieß. Er konnte das Getriebe auswechseln lassen, mit Garantie und allem, aber der Zeitplan wäre straff und die Reparatur nicht billig. Meine alte Horrorsumme: viertausend Dollar. Ich schüttelte den Kopf, meine Investition kam mir plötzlich gar nicht mehr so clever vor. Vielleicht forderte Kanada hier gerade etwas verspätet die Stoßzahnschmuggelsteuer ein, die ich dem Land schuldete.

Unser Laster und die Mietautos mussten Dienstag vor Ladenschluss in Chicago sein. Falls Paul es also nicht vor Ende der Show zu uns in die Bottom Lounge schaffte, wären wir mit unserer Ausrüstung und ganz ohne Plan B gestrandet. Aber auch diesmal glaubten wir fest daran, dass es klappen würde, und als wir den Club verließen, standen sie im Mondscheinglanz da: der mächtige Weiße Wal und Paul Hamer.

Paul verriet vorher niemandem, dass er bei unserer nächsten Show in Madison stagediven wollte. Während unserer Zugabe kraxelte er auf einmal auf die Bühne und sprang. Er segelte majestätisch durch die Luft von Wisconsin, flog in Zeitlupe auf die erste Reihe zu, sein Leib wirbelte herum wie der Knochen in *2001: Odyssee im Weltraum,* und auf wundersame Weise – alle Gesetze von Zeit und Raum waren aufgehoben – gelang es einem Pulk streichholzarmiger Teenager, den wahrscheinlich fettesten Crowdsurfer aller Zeiten in der Luft zu halten.

Nennt Paul Ismael. Von da an galt: Wäre ich aus einem Nickerchen erwacht und hätte Paul gesehen, wie er freihändig – einen Jumbobecher Big Gulp in der einen, eine Batterie Spareribs in der anderen Hand – hinter dem Steuer saß und den Bus mit seiner Wampe lenkte, ich hätte die Augen geschlossen und wäre voller Vertrauen in meinen Kapitän wieder weggedämmert.

Doch selbst Pauls erhabene Fahrkünste konnten den Wal nicht retten. Während wir über die Ebenen juckelten, ging es für unseren Bus bergab, und er ähnelte immer mehr dem Wagen der Familie Feuerstein. Seine mittig aufschwingenden Automatiktüren, die mittels einer Kurbel neben dem Fahrersitz bedient wurden, hatten schon immer kurz vor dem Kollaps gestanden. Als die Türen eines Tages in Iowa nicht mehr aufgingen, nahm Paul den Mechanismus komplett auseinander und setzte ihn wieder zusammen. Ein paar Tage funktionierten die Türen besser denn je. Doch in Kansas begannen sie erneut zu bocken, und wir verlegten uns darauf, sie per Hand zuzuzerren, auch wenn die Maschinerie jedes Mal aufheulte, weil wir ihr Innenleben derart malträtierten. Schließlich brach wohl irgendein wesentliches Metallteil, und von da an hing die linke Tür lose in der Angel und ging nicht mehr ganz zu, zwischen den Gummidichtungen blieb ein klaffender Spalt von ein paar Zentimetern. Bei dem warmen Aprilwetter war das allerdings kein großes Problem, im Gegenteil, es sorgte für einen angenehmen Luftzug.

Das änderte sich in der Nacht des 16. April. Während wir im Bauch des Wals die Rocky Mountains erklommen, brauste ein wahnsinniger Frühlingsblizzard mit aller Macht über uns hinweg. Es war ein brutaler Kampf zwischen zwei sterbenden Giganten: Die letzten Ausläufer des Winters droschen auf unseren müden Bus ein. Schneewehen türmten sich entlang der Schnellstraße, als wir, einer gewundenen Linie aus leuchtend roten Rücklichtern folgend, auf Denver zukrochen. Paul hielt das Lenkrad fest umklammert und gab sich größte Mühe, unseren Anhänger auf der steilen, vereisten Straße zu halten. Es war das einzige Mal, dass ich ihn schwitzen sah. Die Talfahrt war lang.

Schneeflocken wirbelten durch den Spalt der kaputten Bustür ins Innere und überzogen die Leute in den ersten beiden Reihen mit Zuckerguss. Es waren nicht bloß ein paar Flöckchen, es bildeten sich richtige Schneehaufen. Auch sonst trugen wir im Bus immer Hoodies unter unseren Jacken, aber in dieser Nacht holten wir alle Klamotten und Decken aus den Koffern und legten zusammengefaltete T-Shirts als Kissen vor die kalten Scheiben. Die eine Hälfte der Crew krächzte dank der dritten Seuchenmutation, und die andere Hälfte rückte so weit wie möglich von den Infizierten ab.

Als wir endlich unser Hotel in der Nähe des Stadions erreichten, war die Stimmung auf dem Tiefpunkt. Doch schon am nächsten Morgen hatte sich das Wetter dramatisch verändert. Colorado war wieder eingefallen, dass Frühling herrschte, und der Schnee schmolz so schnell, wie er gekommen war.

Nach den Rockies fühlte sich der pazifische Nordwesten wie die Ehrenrunde nach einem erfolgreichen Rennen an. Unsere Route führte uns von Salt Lake City nach Boise in Idaho, dann nach Portland und Seattle, mit einem kurzen Abstecher zurück nach Kanada, wo wir in Vancouver ein Konzert spielten. Das Wetter hielt, und unsere Karre auch. Nach Seattle standen nur noch zwei

Shows auf dem Plan: San Francisco und Los Angeles. Aber es lag eine ganze Woche zwischen s. f. und l. a. – an knüppelharter Tour hatten wir also nur noch eine letzte Strecke vor uns, die Westküste runter nach San Francisco.

Zum Fillmore.

Als Eli und ich Kinder waren, lagen unsere Elternhäuser in San Francisco nur anderthalb Meilen voneinander entfernt, durch sieben Häuserblocks und den Golden Gate Park getrennt. Meine Seite des Parks war der Richmond District, seine der Sunset District. Die zwei Viertel, die beide auf ehemaligen Sanddünen erbaut wurden und sich etwa fünfzig rechtwinklige Blocks weit bis zum Ocean Beach ziehen, haben vieles gemein: Wohnviertel, Mittelschicht, stark asiatisch geprägt. Aber wir Kinder aus Richmond und Sunset betonen lieber die Unterschiede als die Gemeinsamkeiten. Ein Richmond-Kind wird auf ewig schwören, dass Richmond besser ist, und ein Sunset-Kind wird das Gegenteil behaupten. Natürlich hat das Richmond-Kind recht, aber das würde ich den Leuten aus Sunset niemals unter die Nase reiben.

Wenn meine Familie an Thanksgiving zu Elis Haus rüberfuhr, parkten wir den Familienkombi drüben am Steilhang. Aber wenn ich bei Eli um die

Ecke in Camerons Haus Musik aufnehmen wollte, ging ich zu Fuß. Ich legte die Strecke unzählige Male zurück. Da, wo die Fifth Avenue auf die Fulton Street trifft, den Hügel rauf und rein in die Eukalyptusbäume, dann über den Pfad zwischen den Schachtischen und den Rasenflächen, wo sie Shakespeare in the Park aufführen, weiter durch den botanischen Garten, rechts an den Tennisplätzen und links am Big-Rec-Baseballfeld vorbei, scharf links raus aus dem Park und auf die Ninth Avenue, nach vier Blocks rechts auf die Lawton, dann links auf die Twelfth und schließlich zwei steile Blocks den Hügel rauf Richtung Twin Peaks.

Dort starb der Weiße Wal. Er erbebte, rülpste an der Ecke Twelfth und Lawton einen letzten Schwall Getriebeflüssigkeit hervor, genau vor dem efeuüberwachsenen Apartment, in dem Elis Eltern noch heute wohnen, und trieb schließlich kieloben. Er hatte eine Rundreise von siebentausend Meilen durch ganz Nordamerika bewältigt, doch am Ende waren es die Hügel San Franciscos, die seinem Herzen den finalen Harpunenstoß versetzten.

Wir waren gestrandet, nur wenige Meilen vom Fillmore entfernt. Allerdings zeigte sich niemand aus unserer Gruppe besonders betrübt über den neuerlichen Tod des Wals. War ja klar, sagten wir achselzuckend. Nach einer Tour, auf der so viel

315

schiefgelaufen und dann doch gutgegangen war, fühlte es sich nur stimmig an. Wir gingen davon aus, dass wir wie immer eine Lösung finden würden.

Auf diesen Augenblick hatte ich zehn Jahre gewartet. Doch ich fuhr nicht in einem Tourbus vor dem Fillmore vor, nicht einmal in einem grünen Penske-Laster; ich kam im Kombi meiner Eltern angerollt. Der Wagen war so vollgestopft mit Merchandise-Kram, dass ich zwischen meiner Mom und meinem Dad vorn auf der Mittelkonsole kauern musste. Hinter uns folgte Eli im Volvo seiner Eltern. Nachdem ich jahrelang darum gebettelt hatte, schon an der Ecke abgesetzt zu werden, fuhr ich nun mit Mom und Dad an der Menschenschlange vorbei bis zur Laderampe.

Es ist ein komisches Gefühl, wenn sich ein Kindheitstraum erfüllt. Es besteht immer die Gefahr, dass der Moment dem Hype nicht gerecht wird. Aber die Show im Fillmore war eines der wenigen Erlebnisse, bei denen meine Vorstellung und die Wirklichkeit absolut übereinstimmten.

Mit elf lehnte ich einmal am Maschendrahtzaun des Connie-Knudsen-Baseballfelds in Sausalito und machte eine mentale Momentaufnahme – die erste von vielen, die ich im Laufe meines Lebens machen wollte. Ich nahm so viele Details wie möglich auf, alles, was ich sah, hörte, roch und spürte, um sie dann in einer Zeitkapsel in meinem Hirn zu vergraben und diesen Augenblick für immer zu bewahren: wie das Leben sich mit elf anfühlt, nämlich als ob ich immer und ewig dieses elfjährige Kind sein werde. Der Duft des frischgemähten Rasens. Die engen, bis zum Knie reichenden Baseballstrümpfe. Der perfekt gebogene Schirm meiner Baseballkappe. Und mein Dad, der von der Tribüne aus zusieht.

Ich war seitdem knauserig mit diesen Momentaufnahmen, um die erste nicht zu entwerten. Bloß zwei habe ich noch gemacht. Auf der einen liege ich zusammen mit meiner Freundin auf dem Deck eines Schnellboots in Indien, wir lassen einen Joint zwischen uns hin und her wandern, sehen hoch zu den im Wind flatternden Flaggen, und neben uns segelt ein Schwarm fliegender Fische über das Wasser. Und die andere ist vom Fillmore, keuchend und schwitzend stehe ich auf der Bühne, in einem dunkelroten T-Shirt, Giants-Cap auf dem Kopf, der Schirm natürlich gebogen, in der Loge sitzen stolz meine Eltern, ein Menschenmeer singt meine Songs mit, und ich bewundere diesen Saal, in dem ich schon tausendmal war, aus einem ganz neuen Blickwinkel, nun im Besitz einer unauslöschlichen Erinnerung, von jedem Druck befreit und überzeugt: Egal, was jetzt noch kommt, der Rest ist nur noch Kür.

Menschen geben sich selten lange mit etwas zufrieden. Früher oder später schleicht sich doch immer wieder diese Leere ein, das Bedürfnis nach einem neuen Ziel, die nagende, gierige Frage: Was kommt als Nächstes?

*

Der Weiße Wal würde andere Leben leben, aber nicht mehr mit uns. Während wir auf dem Weg zum Fillmore waren, ließ Paul den Bus in eine Werkstatt abschleppen, und am nächsten Morgen riefen wir unseren Mechanikerfreund in Kanada wegen der Garantie an.

»Garantie?«, fragte er erst unschuldig, gab dann aber widerstrebend zu, dass er uns tatsächlich das volle Absicherungspaket verkauft hatte.

»Ich krieg das wieder hin, kein Problem«, lenkte er ein. »Bringt ihn einfach hierher nach Toronto in die Werkstatt.«

Das Schlitzohr merkte noch großzügig an, dass wir das Geld gern von jedem beliebigen Ort in Kanada aus einklagen konnten, falls uns die Überführung des Busses nach Toronto zu umständlich sein sollte.

Scheißkanadier, dachte ich.

Nachdem wir noch einmal viertausend Dollar berappt und den Bus in San Francisco hatten flottmachen lassen, boten wir ihn wieder auf Craigslist zum Verkauf, und ich muss gestehen, dass ich

NAGELNEUES GETRIEBE

in der Anzeige stark hervorhob.

Wenn man eine Rostlaube verkaufen will, sind die moralischen Vorgaben simpel: Wenn du weißt, dass es eine Rostlaube ist, gib's zu. Die kniffligere Frage ist: Was gilt als Rostlaube? Okay, der Bus war ein rollender Schrotthaufen, ihm fehlten zwei Sitzreihen, er hatte einen verkorksten Türmechanismus, dort, wo wir die Rückwand wieder rausgerissen hatten, ragten schartige Sperrholzstücke aus den Seiten, vermutlich gärten noch etliche Bakterienkolonien im vergilbten Schaumstoff der Polsterung, und er hatte ein störrisches Getriebe. Ein nagelneues störrisches Getriebe, wohlgemerkt, jetzt sogar mit doppelter Garantie in ganz Nordamerika.

UND MASSGEFERTIGTE GETRÄNKEHALTER
AUS HOLZ!

Monatelang biss niemand an, und wir setzten den Preis immer weiter runter. Aber schließlich, fast ein Jahr, nachdem wir den Bus auf demselben Langzeitparkplatz in Torrance abgestellt hatten, wo wir ihn einst gekauft hatten, führten Nils und ich ihn Rob vor, dem wikingergroßen, bärtigen, über und über gepiercten und tätowierten, ausnehmend herzlichen Bassisten einer Death-Metal-Band, die bald auf Tour gehen wollte.

Wir verrieten ihm nicht, dass er unser einziger Interessent war, möglicherweise witterte er unsere Verzweiflung dennoch. Ich witterte jedenfalls seine. Er hatte diesen wichtigen Aspekt der Tourplanung bis zur letzten Sekunde aufgeschoben, genau wie wir damals, und hier stand er nun und fischte im untersten Preissegment herum, wo man als Käufer nicht wählerisch sein durfte.

Vielleicht blieb der Wal schon eine Meile vom Kraftfahrzeugamt entfernt liegen, vielleicht fuhr er auch noch weitere hunderttausend Meilen ohne das geringste Zipperlein – ich werde es nie erfahren. Rob brachte das Fahrzeug zur Inspektion in eine Werkstatt, Nils und ich gingen mit ihm auf die Zulassungsstelle, um den Papierkram zu erledigen, er gab uns einen Umschlag voller Geld, und wir schüttelten einander die Hand. Als wir ihm die Schlüssel überreichten, verspürte ich das gleiche

Amalgam aus Erleichterung und Trauer, das wir damals in Evas Augen gesehen hatten.

Es war eine gute Mistkarre. Man kann einen Scheißhaufen golden anmalen, er bleibt trotzdem ein Scheißhaufen. Aber manchmal steckt in so einem Haufen ein goldener Kern – fragt mal Paul Hamer. Ein Tourbus muss nicht gut aussehen, er muss einen ans Ziel bringen. Mit unserem Weißen Wal waren wir immer ans Ziel gelangt, jedes Mal.

Konzerttickets

Da liegt die Kotze in der Badewanne, ineinander verwundene rosa und orange Schlieren wie der Hintergrund von diesem Gemälde, wo der Mann sich das Gesicht hält und schreit, *Der Schrei,* mir fällt gerade nicht ein, von wem das ist, genauso wie der Himmel auf dem Bild sieht das hier jedenfalls aus, und ich spiele darin herum, ziehe mit dem Finger Furchen durch die Kotze, sehe zu, wie sie sich wieder füllen, ziehe neue. Ich weiß, das macht man nicht, aber ich will ganz sichergehen, dass das gerade tatsächlich aus mir rausgekommen ist, und wenn das stimmt, dann ist es doch eigentlich nicht mehr eklig, wenn ich es anfasse, oder? Immerhin war es bis vor ein paar Minuten noch in mir drin. Sonst müsste es ja genauso eklig sein, dass wir die ganze Zeit mit dem Bauch voller Kotze, dem Darm voller Kacke und Armen und Beinen voller Blut rumlaufen, oder? Eklig ist daran wohl nur, dass auch was von mir selbst mit rausgekommen ist, Säure und Galle nämlich, die machen, dass es im ganzen Bad nach Apfelsinen und Kupfer riecht, weil ich so lange gekotzt habe, bis ich ganz leer war und das, was noch aus mir rauskam, tatsächlich ich war, und wenn ich nicht bald aufhöre zu würgen, dann kotze ich vielleicht so viel von mir selbst aus, dass – sofern dieser Schwindel und das Fiebergefühl jemals wieder weggehen – nicht mehr genug von mir übrig ist, um mich überhaupt wiederzuerkennen. Obwohl ich mich vor Schmerzen krümme, fällt mir wieder einmal auf, wie hübsch die silbernen Löwenfüße unseres heißgeliebten Emaillesargs sind, der Badewanne, die mit meinen Eltern hier in das Haus in Point Reyes eingezogen ist, wo *Das Dorf der Verdammten* gefilmt wurde, die haben die Badewanne damals sogar benutzt, man konnte hinterher im Film die Löwenfüße sehen, und ja, ja, ich weiß, die Geschichte ist total dämlich, Kinder mit den telepathischen Fähigkeiten von weiterentwickelten Menschen, die in einer Million Jahre hier auf der Erde leben werden. Nur, weil sie eine Million Jahre schlauer sind, heißt das noch lange nicht, dass sie auch eine Million Jahre besser sind, aber es ist trotzdem traurig, dass die Armee sie dann umbringt, egal ob sie jetzt schlau waren oder nicht, sie hatten nicht verdient zu sterben, genauso wenig wie die Mäuse auf dem Dachboden. Mom hat es gut gemeint, als sie diese ›humanen‹ Fallen gekauft hat, aus denen man sie wieder freilassen kann, aber eine ›humane‹ Falle ist ja schon ein Widerspruch in sich, außerdem klingt der Markenname ›Mäusehotel‹ einfach komisch, und es wäre für die Mäuse garantiert besser gewesen, wenn wir die herkömmlichen Dinger genommen hätten, die ihnen einfach das Genick brechen, anstatt sie wochenlang auf ihre Befreiung warten zu lassen, die dann doch nie kam, sie hockten vergessen da drin, kratzten an den Aluwänden, es wurde immer voller, sie wurden immer hungriger, bis sie schließlich starben, und die letzte Überlebende muss da drin gesessen haben, ein Dutzend Kadaver um sich herum, zu schwach, um sich zu bewegen, und den Tod herbeigesehnt haben. Als uns das Mäusehotel auf dem Dachboden irgendwann wieder einfiel, gab es keine Mäuse mehr, die wir im Garten hätten freilassen können, und auch keinen Grund, uns für unser Zartgefühl gegenseitig auf die Schulter zu klopfen, denn in der Falle türmten sich nur noch winzig kleine vergammelte Brustkörbe, die Mom in den Müll warf, aber natürlich nicht in den Abfalleimer in der Küche, sondern in den im Garten, weit weg vom Haus. Genau da, wo Sam, Taylor und ich, kurz bevor mir schlecht wurde, unter der Sonne und dem blauen Himmel auf dem Rücken lagen und ich auf die Kiefer vor uns zeigte und meinen Freunden erklärte, dass das Grüne daran keine Blätter waren, sondern eine Art Stoff, wahrscheinlich Cord, kleine Cordstreifen, die wie ein Fließband dahinglitten, wenn der Wind hindurchfuhr, oder wie diese Rollbänder im Flughafen, und Taylor wusste sofort, was ich meinte, sah den Cordbaum genauso wie ich, und ich hätte fast geweint, weil ich mich so verbunden mit ihr fühlte, mehr noch als in dem Moment, als wir uns in meinem Auto geküsst hatten, oder in der Castro Street, oder als wir uns in Santa Cruz einen Schlafsack geteilt hatten, und auch später, wenn sie älter ist und mit anderen ins Bett geht und einen davon sogar heiratet, wird mir immer die Erinnerung an den Cordbaum bleiben, und obwohl sich das wahrscheinlich jeder Typ sagt, den ein Mädchen demnächst verlassen wird – mich tröstete der Gedanke, und ich schwor mir, dass ich ein echter Freund für sie sein würde, nicht so einer, der die ganze Zeit heimlich hofft, dass doch noch mal was geht, nein, ein Freund, der für sie da ist, ohne eine Gegenleistung zu erwarten. Das schwor ich mir, und es war mir absolut ernst, und dann wurde mir plötzlich unglaublich übel, und ich rannte ins Bad. Das ist jetzt fünf Minuten her, höchstens zehn, ich starre auf die Kotze in der Badewanne, da klopfen Sam und Taylor an die Tür. *Alles okay, George? Du bist jetzt seit zwei Stunden da drin.* Wer kann schon mit Sicherheit sagen, wer von uns recht hat?

＊

Wenn man anruft, soll man nach »Konzerttickets« fragen. Ich hab ihn in meinem Handy als »Ben der Hippie« gespeichert. Seinen Nachnamen kennt keiner.

Sam und ich treffen uns mit Ben im Laurel Inn in der Presidio Avenue, das laut Schild an der Tür ein JOIE-DE-VIVRE-BOUTIQUE-HOTEL sein soll. Noch nie davon gehört. Ben wohnt hier jedenfalls für eine Woche. »Wir wollen zu einem Freund«, sagen wir dem Mann an der Rezeption und fahren in einem mit Goldblech und Perlmutt ausgekleideten Fahrstuhl, in dem leise Hintergrundmusik spielt, hoch in den zweiten Stock.

Wir klopfen zögerlich. Die Tür zu einer geschmackvoll eingerichteten Suite öffnet sich: Spiegel mit dicken Echtholzrahmen, Hochglanz-Coffeetable-Bücher, ein großes Bett mit viel zu vielen Zierkissen in verschiedenen Formen und Farben und diesem dünnen glänzenden Stoffstreifen am Fußende, bei dem man nie weiß, was er eigentlich soll. Ben umarmt uns, als wären wir alte Freunde. Er sieht genau so aus, wie man ihn sich dem Namen nach vorstellt – dichter, ungepflegter Bart, die Augenlider auf Halbmast, lange schwarze Haare, in denen sich das erste Grau zeigt, er ist barfuß, und aus dem nur halb geschlossenen Bademantel quillt Brusthaar heraus. Man könnte meinen, er wäre ein Penner von der Straße, der hier in das Hotelzimmer eingebrochen ist. Bens Freundin, klein, pummelig, rote Bäckchen, winkt uns zur Begrüßung höflich, aber knapp zu. Sie trägt Jeans und einen ausgeleierten grauen Kapuzenpulli, wie man ihn im Doppelpack bei Marshalls kriegt. Ein Hund, eine Straßenmischung, humpelt mit einem verbundenen Bein durch das Zimmer und schnüffelt an Unterwäsche und Socken, die auf dem Boden verstreut liegen.

»Hey, Jungs, cool, kommt rein.«

Ben knallt im Badezimmer nebenan schwungvoll einen schwarzen Koffer auf die Umrandung des Doppelwaschbeckens. Er öffnet das Schloss am Reißverschluss und holt nach dem Matrjoschkaprinzip einen kleineren, ebenfalls schwarzen Koffer aus dem größeren. Den schließt er auch auf, holt ein Zeitungspapierpäckchen heraus und schüttet daraus einen kleinen Berg grauer getrockneter Pilze, Hüte und Stiele, neben das Waschbecken. Eine ganze Menge, etwa so viel, wie in eine Mikrowelle passt.

»Das is Space Salad, Leute. Damit fliegt ihr bis zum Jupiter.«

Vielleicht streitet sich Ben der Hippie manchmal genauso mit seiner Freundin wie wir alle. Vielleicht hat er eine kranke Leber, vielleicht gehen die Geschäfte schlecht und er hat seit zwanzig Jahren jede Nacht denselben Alptraum, dass ihm die Zähne ausfallen. Alles möglich. Aber auf mich wirkt Ben wie der glücklichste Mensch der Welt. Er hat auch mal einen schlechten Tag, aber er weiß genau, dass jede Erfahrung wertvoll ist. Er liebt seine Lebensgefährtin über alles, und jeden Abend bettet er sein Haupt – wohlig ermattet nach einem Tag ehrlicher Arbeit – auf das weiche Kissen eines anderen Joie-de-Vivre-Hotels. Jupiterreisen verkaufen – mehr will er gar nicht.

Wenn Bens Ware einem das Gefühl gibt, so frei zu sein wie er, dann immer her mit dem Zeug.

✳

Die untergehende Sonne verfängt sich im Geweih eines Tule-Wapitis, hinter dem Zaun grast eine ganze Herde. Und ich weiß, dass ich ihm nicht hinterherschauen sollte, ich bin schließlich der Fahrer und muss auf die Straße achten, außerdem bin ich immer noch ein bisschen high, aber es ist einfach so ein wunderschönes Bild: die Skelette der verkohlten Kiefern, Überbleibsel des Waldbrands letzten Sommer, ein paar Meilen entfernt vom Grab meines Opas, von wo aus er für immer auf das Meer schaut, drei Freunde, die durch die goldenen Hügel fahren, das spröde, trockene Gras, das unter den Hufen des Wapitis leuchtet, dann blitzt die Sonne kurz hinter ihm hervor und lässt sein Geweih aufglühen, tanzt zurück in seinen Schatten, schaut noch einmal kurz hervor, und wenn er den Kopf senken würde, um zu grasen, würde er wohl die Hügel in Brand setzen. Ich schließe die Hände fest um das Lenkrad, voller Übermut, denn genau, als ich dachte, es könnte nicht besser werden, fiel mir ein, dass wir ja das größte Geschenk Gottes im Kofferraum haben, übriggebliebenes Feuerwerk von Silvester, drei wunderschöne 30-cm-Raketen. Am McClures-Strand gleite ich zielsicher in eine Parklücke, so optimistisch, wie es nur ein Mann sein kann, der ein bisschen high und ein bisschen verliebt ist und gleich ein paar Knaller zünden wird. Der Weg ist noch genau so, wie ich ihn in Erinnerung habe, jeder Grashalm ein Sprungstab für einen anderen Grashüpfer, eine Grille oder eine Heuschrecke, die mit kindlichem Vergnügen Saltos schlagen und angeben vor den Käfern und Fliegen, die über ihnen durch die Luft summen, und es sind so viele, wenn

man die Augen zusammenkneift, sieht es aus, als
wäre die Wiese aus Knallbrause, eine Quadratmeile
süßes Zeug, und das lässt meinen Magen knurren,
und ich merke, was ich für einen Hunger habe –
komisch, ich hab doch so viel Spaghetti von gestern
zum Mittag gegessen –, aber nur komisch, bis mir
wieder einfällt, wie ich mit dem Finger Linien in
die halbverdauten Nudeln in der Badewanne ge-
malt habe, genauso streifen Sam, Taylor und ich
jetzt durch den tiefen Sandsteincanyon und zwischen den hohen roten Felsen hindurch den Pfad
zum Strand runter, die Schöpfung eines Planeten,
der unter einer Milliarde Jahre Druck ein Meisterwerk nach dem anderen hervorgebracht hat, und
wir, drei übriggebliebene Feuerwerksraketen, spa-
zieren jetzt darauf herum. Die Rinne entlässt uns
schließlich ans Ufer, Felsbrocken liegen dort im
feinen gelben Sand. Taylor hüpft neben den hohen
Steinbögen, und mein Hals wird ganz eng, so wie
es Mom jedes Mal geht, wenn sie von ihrem Freund
aus Schultagen erzählt, Gefühle, die auch nach vierzig Jahren nichts von ihrer Intensität verloren haben, dieses Zittern in ihrer Stimme, ich liebe meine
Mutter dann immer noch mehr, weil ich sie in diesen Momenten verstehe, weil ich mich in diesen
Schmerz hineinversetzen kann, der nichts von unserer Familie wegnimmt, sondern uns lediglich vor

Augen führt, dass wir alle tausend andere Leben hätten leben können, wenn wir an einer anderen Küste angespült worden wären.

Ich hole die Sachen aus meinem kleinen lila Rucksack und befestige die dicke Papprolle mit Klebeband an dem bestgeeigneten Gegenstand, den ich bei uns zu Hause finden konnte, meinem San-Francisco-Little-League-Fairness-Preis von 1999, und sie passt überraschend gut da drauf, fast zu gut, möchte man meinen, und wir atmen die salzige Luft ein und lächeln, denn wir haben einen Rucksack voller Farben, und heute Nacht ist der Himmel eine Leinwand für uns drei Loser Anfang zwanzig, die hier Party machen wollen, *party like it's 1999*, wir werden dem Universum eine Botschaft zukommen lassen: Frieden, Liebe und Fairness.

Taylor holt die erste Rakete heraus und stellt traurig fest, dass die Zündschnur fehlt. Die Zündschnur der zweiten kämpft wacker gegen den Wind an, meine kalten, ungeschickten Finger rutschen immer wieder vom Rädchen des billigen BIC-Feuerzeugs ab, das Taylor an einer Tankstelle gekauft hat. Aber dann entzündet sich die grüne Schnur doch noch, sprüht entgegen jeder Wahrscheinlichkeit Funken, und ich stecke den Knaller in die Papprolle. Wir laufen schnell weg und halten uns die Ohren zu, warten auf den Knall, der jedoch ausbleibt.

Die letzte Zündschnur lässt sich leicht entzünden. Ich stecke den Böller schnell in die Rolle, und wir laufen wieder weg, der Sand gibt unter unseren Füßen nach, wir schauen nach oben, wo wir die Rakete vermuten. Es folgt eine ohrenbetäubende Explosion, lauter als erwartet, so muss der Urknall geklungen haben, aber kein neues Universum entsteht, der Himmel zeigt sich unbeeindruckt, stattdessen geht es unterirdisch so richtig los, die Erde explodiert wie nach einer Landmine, Sand, Kiesel und Treibholzstückchen fliegen uns um die Ohren, wir werfen uns zu Boden, sind auf einmal mitten *in der Farbe,* grelles Grün strömt aus allen Richtungen auf uns zu, wir sind gefangen in einem leuchtenden Spinnennetz, einem dreidimensionalen, buntgestreiften Gitter aus Blitzen, der Moment pulsiert und dehnt sich aus, so muss es im Inneren eines Gehirns aussehen, wenn irgendwelche Synapsen durchbrennen oder wenn sich ein Mensch verliebt, und dann erlischt das Glitzern am Himmel, und wir liegen auf dem Boden, Sand in den Schuhen, ein Klingeln im Ohr, und der Geruch von Schießpulver in der Luft.

»Geile Scheiße!«, ruft Sam. Wir klopfen uns den Staub ab und untersuchen unsere Abschussbasis, die Papprolle ist aufgeplatzt, sieht aus wie eine Bananenschale, hängt nur noch an einem seidenen Faden Klebeband, und mein Fairness-Preis ist voller Ruß. Ich gestehe, dass ich die Rakete vielleicht/unter Umständen/höchstwahrscheinlich falsch herum reingesteckt habe, so dass sie nicht in den Himmel gespuckt wurde, sondern stattdessen die Erde angegriffen hat. Ich habe es vermasselt.

»Sorry!«, entschuldige ich mich.

Aber Sam und Taylor versichern mir, dass es nicht schöner hätte sein können. Und wir stecken den Müll und meinen schmutzigen Fairness-Preis in meinen Rucksack, weil uns unsere nordkalifornischen Eltern vor Jahren eingebleut haben: *Nur Fotos mitnehmen, nur Fußspuren dalassen.* Obwohl ich Souvenirs eigentlich ganz gern mag und wir vergessen haben, Fotos zu machen.

Falls jemand fragt, sagt einfach, dass drei junge Leute aus der Stadt am Strand ein unglaubliches Konzert veranstaltet haben, dass es dabei ein Problem mit der Pyrotechnik gab, aber niemand ernsthaft verletzt wurde, und dass es eigentlich sogar besser war, als wenn die Show nach Plan gelaufen wäre, weil die Band nur gelacht und einfach weitergespielt und eine Zugabe nach der anderen gegeben hat, und dann noch eine.

Danksagung

Mom und Dad, ich bin euch unendlich dankbar. Ein großes Dankeschön geht außerdem an meine Lektorin Kate Napolitano, an Milena Brown, Aileen Boyle, Rebecca Strobel, Joanna Kamouh, Andrea Santoro und das ganze Team von Penguin / Plume. Und an Jenny Merling, Philipp Keel, Margaux de Weck und alle bei Diogenes. Mein Dank gilt auch Marc Gerald, Kim Koba, Kevin Morrow, John Green, Adam Mansbach, Dawn McGuire, Ted und Becca von PYE, Andrew Briggs samt Familie, Nicola, meinen Lehrern, Jackson, Brad, Nick und dem Rest meiner Familie und meiner Freunde. Danke für eure Liebe und dafür, dass ihr mich jeden Tag aufs Neue daran erinnert, was wirklich wichtig ist.

Das Diogenes Hörbuch zum Buch

George Watsky
Wie man es vermasselt

Enthält die folgenden Stories:
Stoßzahn
Blutgruppe o
Welches Jahr haben wir?
Heute Abend schon was vor?

Gelesen von ROBERT STADLOBER

2 CD, Gesamtspieldauer 113 Min.